EDITORIAL

Stadt, Land, Fluss

Die Nachbarn sind am Wochenende immer »draußen«, um das Dach ihres alten Bauernhauses zu erneuern, die Kollegin besucht regelmäßig ihren »Landlover« und schätzt den Wechsel zwischen Stadt und Land. Und ein guter Bekannter ist während des zweiten Lockdowns ganz nach Brandenburg gezogen, bewohnt ein kleines Häuschen mit Garten, baut Gemüse an und hält Hühner. Man arbeitet mobil.

Die neue Landlust hat offenbar die Großstädter erfasst. Alle wollen raus ins Grüne, Vogelgezwitscher statt Straßenlärm, einsame Wälder statt volle Parkanlagen. Das Stadtleben ist anstrengend geworden. Und die Sehnsucht danach, Rückzugsorte in Krisenzeiten zu finden, ist offenbar groß.

Besonders abgeschiedene Ecken kann man bei einer Bootsfahrt durch die Rheinsberger Seenlandschaft (S. 40) entdecken. Neue Blickwinkel lassen sich auch durch Begegnungen mit Einheimischen einnehmen, wie in unserer Wanderreportage auf dem Märkischen Landweg nachzulesen ist (S. 118).

Und selbst Künstlerinnen oder Künstler aus der ganzen Welt reisen nach Brandenburg, um auf Schloss Wiepersdorf in Ruhe zu arbeiten (S. 140). Weiterhin spannend bleibt die Entwicklung in der Lausitz, wo sich beobachten lässt, wie sich die Region vom Tagebau zum Erholungsgebiet mit Weinbergen und Südseestrand wandelt (S. 100).

Und auch wer nach wie vor gerne in der Großstadt wohnt, hat gelegentlich Lust auf eine kleine Auszeit. Schöne, ruhige und außergewöhnliche Orte für Ausflüge, Wochenendtrips und Kurzurlaube finden Sie auf den folgenden Seiten. Viel Vergnügen beim Lesen!

DIE REDAKTION

Eine falsche Bewegung und die teure Kamera wäre im Wasser gelandet. Unserem Art Director ist es aber auf seiner SUP-Tour gelungen, die Insel Werder in der Mitte des Liepnitzsees unfallfrei in Szene zu setzen (S. 24)

Inhalt

Faszinierendes Bauwerk
Die Lausitzer bezeichnen ihn als »Rostigen Nagel«, den markanten Turm aus rostrotem Cortenstahl. Er ragt 30 Meter in die Höhe und ist bei Wanderern, Radfahrern und Skatern als Ausflugsziel beliebt. Von der Aussichtsplattform ganz oben hat man einen sensationellen Blick auf die ehemalige Bergbauregion und die Lausitzer Seenlandschaft. So kann man sich den perfekten Überblick verschaffen.

FOTO Oliver Gerhard

PANORAMA

Faszinierender Beruf
Seit 1961 – damals war er 20 – zieht Arno Laube als Wanderschäfer durch Brandenburg. Und das bei Wind und Wetter, 364 Tage im Jahr – außer am Weihnachtsabend. Er hütet rund 600 Tiere, kümmert sich um Futter, Aufzucht und Verwertung. Die Schäferei gehört zu den ältesten Berufen der Welt, ist aber zunehmend durch Klimawandel, Nachwuchssorgen und geringe Rentabilität gefährdet.

FOTO Martin Krüger

LANDKARTE

ILLUSTRATION **TANYA KORNIICHUK**

Wandern in der Uckermark
Der Biobäcker, die Kunstpädagogin, die Vogelkundler – Begegnungen am Rande des Märkischen Landwegs
S. 118
ODER
UCKERMARK
LYCHEN
POLEN
OBER-
HAVEL
NORDOSTEN
Oderbruch
Bei Wind und Wetter mit Camper, Lastenfahrrad und Hund unterwegs von Niederfinow bis zur Europabrücke an der Grenze zu Polen
S. 110
Hedwig Bollhagens Erbe
Feinstes Handwerk mit Tradition: Ein Besuch in den Werkstätten und im Keramik- und Ofenmuseum
S. 148
ANGERMÜNDE
BARNIM
ALTRANFT
VELTEN
Vom Land in den Mund
Für Jäger und Sammler: Äpfel ernten, Kräuter zupfen und Pilze finden. Drei kulinarische Ausflugsempfehlungen
S. 72
MÄRKISCH-
ODERLAND
BERLIN
ODER-SPREE
Kunstarchiv Beeskow
Eine Zeitreise in die DDR: In der Sammlung gibt es vielseitige Werke zu entdecken – von Willi Sitte bis Bärbel Bohley
S. 15
Kunststadt Potsdam
Museum Barberini, Minsk und mehr: Wie Potsdam zum Hotspot für moderne Kunst avanciert
S. 132
BEESKOW
TEUPITZ
DAHME-
SPREEWALD
TELTOW-
FLÄMING
SÜDOSTEN
Ausflugsdampfer
Eine Kaffeefahrt auf der MS »Schenkenland« über den Teupitzer See und eine Begegnung mit Schiffsführer Stefan Kaubisch
S. 34
Schloss Altdöbern
Schöne Überraschung auf der Tour mit dem selbstgebauten Wohnmobil: Das Rokokoensemble des Kunstsammlers Carl Heinrich von Heineken
S. 54
ALTDÖBERN
SENFTENBERG
SPREE-NEIẞE
Voller Energie
Vom Kohlerevier zum Erholungsgebiet: die Lausitz im Wandel
S. 100
ELBE-
ELSTER
OBER-
SPREEWALD-
LAUSITZ
SACHSEN

MITREISENDE

Als die Berlinerin **Lydia Brakebusch** vor sechs Jahren nach Eberswalde zog, wo sie mit Mann, Kindern, Kater und Hühnern lebt, wurde sie von ihren Freunden für bekloppt erklärt – inzwischen sind viele nachgekommen. Wenn sie nicht gerade an ihrem alten Haus, einer ehemaligen Bäckerei, bastelt, erkundet sie die Region, auch gerne kulinarisch. Für diese Ausgabe hat sie Pilze gesucht, Kräuter gefunden und Äpfel geerntet **(S. 72)**.

Tanya Korniichuk macht Illustrationen für diverse Magazine, Buchprojekte, Poster und Webseiten. Für diese Ausgabe hat sie die Karte und die Visualisierungen der Kurztrips gestaltet. Vor drei Jahren ist die Ukrainerin für ein Projekt von Kiew nach Vilnius gezogen und ist inzwischen glückliche Wahl-Litauerin. Sie ist begeistert über die Gastfreundschaft, die Natur und das kreative Umfeld **(S. 10 und 14 ff.)**.

Fotograf **Malte Jäger** liebt das Wasser. Als Büro dient ihm ein Hausboot und derzeit baut er sich ein Haus in einem Dorf bei Rathenow, das den schönen Namen »Seeblick« trägt. Statt im Fitnessstudio Gewichte zu stemmen, geht er lieber paddeln. Für diese Ausgabe war er zusammen mit unserem stand up paddelnden Art Director Axel Völcker unterwegs auf dem Hohennauener See im Westhavelland **(ab S. 24)**.

Als **Susanne Kippenberger** gleich nach dem Mauerfall auszog, Brandenburg zu erkunden, hatte sie das Gefühl, in ihre Kindheit zurückzureisen. Alles sah aus wie früher – und schmeckte auch so. Damals besuchte sie auch Schloss Wiepersdorf zum ersten Mal. Drei Jahrzehnte später kam sie wieder, traf die dort residierenden Künstler und war bezaubert vom behutsam renovierten Schloss und der weltläufigen Lebendigkeit des Ortes **(S. 140)**.

5 Kurztrips nach Branden-burg

ILLUSTRATION TANYA KORNIICHUK

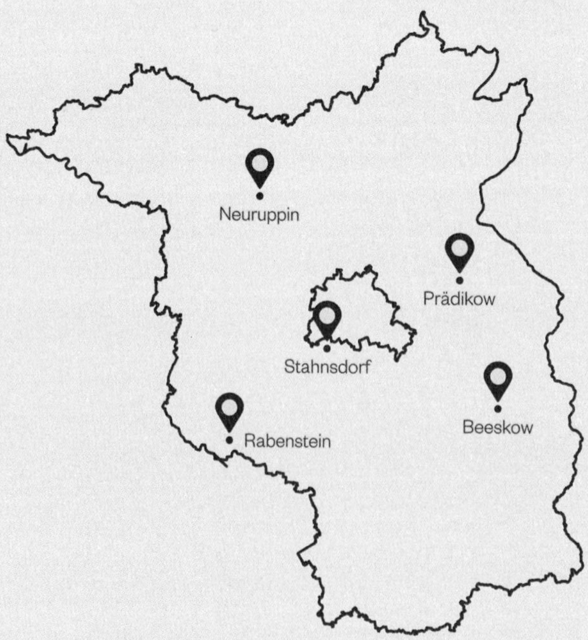

Zeitreise in die DDR

Einmal im Monat bietet das **Kunstarchiv Beeskow** Führungen an – dort werden Werke sowohl von Willi Sitte als auch von Bärbel Bohley aufbewahrt VON **ANTJE SCHERER**

KURZTRIP 1

Es fühlt sich ein bisschen an wie ein exklusiver Club – das Gebäude liegt versteckt, keine Klingel. Als wir klopfen, öffnet sich die Tür und wird hinter uns sofort wieder geschlossen. Keine Fotos, nichts anfassen! Wir sind im Kunstarchiv in Beeskow. Hier wird – in einer ehemaligen Sporthalle hinter der Burg – bildende Kunst der DDR aufbewahrt. Einmal im Monat sonntags gibt es Führungen.

Sortiert sind die Bilder – Gemälde, Grafik, Zeichnungen – in Schieberahmen, schlicht nach Alphabet. Auch für den heutigen Malerstar Neo Rauch, vertreten mit der XXL-Arbeit »Die Kreuzung«, wird keine Ausnahme gemacht. Das führt zu spannenden (Zwangs-)Familien: Auf dem Rahmen, den die Kunsthistorikerin Sabrina Kotzian für unsere kleine Gruppe herauszieht, geht es links oben mit einer naiven Tierszene los: freundliche Elefanten, Zebras und Kinder; 1980 für ein Berliner Kinderheim entstanden. Rechts unten dann ein Fleischer, gemalt 1988 von Bärbel Bohley (ja, die). Gekrümmt schleppt er an einer blutigen Schweineschulter.

Daneben »Porträt Jutta Birkholz«, eine Arbeiterin mit Kittelschürze vor Maschine. Sie hängt leicht gequetscht am Rand, Sabrina Kotzian sagt, sie tue ihr deswegen ein bisschen leid. Aber 23000 Objekte wollen nun mal untergebracht sein, neben den Bildern auch noch Plastiken und etwas Fotografie.

Präsentation wie Führung sind herrlich undogmatisch. Keine kleine Leistung bei einem so umkämpften Thema – Kunstwerke aus dem Besitz der Massenorganisationen oder des Kulturfonds. Staatlich geprüft und abgestempelt, also. Kotzian fasst die Situation nach dem Mauerfall so zusammen: »Die Frage war: Ist das Kunst oder kann das weg?« In Beeskow lagern heute die Bestände von Brandenburg, Berlin und Mecklenburg-Vorpommern. Sie hingen in Erholungsheimen, Schulungszentren, Speisesälen. Über die Werke ist mal mehr, mal weniger bekannt. Sabrina Kotzian hat parat, was die Quellenlage hergibt.

Da gibt es Leute wie Willi Sitte, Maler und Langzeit-Präsident des Verbandes Bildender Künstler der DDR. Sein monumentales Wandbild »Proletarier aller Länder vereinigt euch« (1978/79) hing im Treppenhaus der SED-Parteihochschule in Berlin. Aber auch Norbert Wagenbrett, dessen gemalte junge Pärchen derart trotzig gucken, dass man sich wundert, wie er in den 1980ern Sittes Meisterschüler werden konnte.

Viele Geheimnisse bleiben offen. Warum hat der Kulturfonds der DDR ein abstraktes Bild angekauft? 1989/90 wurden hektisch Büros geräumt, Kunst abgehängt, viele Spuren verlieren sich. Anders als bei sorgfältig kuratierten Ausstellungen fühlt man sich als Besucher im Depot aufregend nah dran. An den Bildern wie den vielen verwirrenden Untiefen der deutsch-deutschen Geschichte.

Kunstarchiv Beeskow
Frankfurter Straße 23
15848 Beeskow
Termine für Führungen und Workshops unter utopieundalltag.de

Schwitzen mit Seeblick

In der **Fontane Therme** in Neuruppin lässt es sich bestens entspannen – ob im warmen Solebad oder in der weitläufigen Saunalandschaft VON **HEIKE GLÄSER**

KURZTRIP **2**

Der Ruppiner See ist zwar nicht die Ostsee, aber wenn man sich in der Seesauna der Fontane Therme aufhält, dann fühlt es sich fast so an, als wäre man am Meer: Man schwitzt sanft schaukelnd auf den an Seilen aufgehängten Holzliegen vor sich hin und lässt den Blick durch die großen Panoramafenster über die sich leicht kräuselnde Wasserfläche gleiten. Wunderbar!

Die Fontane Therme, die zum Resort Mark Brandenburg gehört, besticht nicht nur durch ihre Naturheilsole, die 1700 Meter unterhalb der Therme entspringt, sondern auch durch Deutschlands größte schwimmende Seesauna. 70 Quadratmeter wärmende Entspannung. Und das Beste: Nach dem Saunieren kann man sich direkt im See abkühlen. Eine gelungene Verbindung von drinnen und draußen.

Es dauert allerdings ein bisschen, bis man sein Plätzchen in der Seesauna gefunden hat, die über einen Steg vom Hauptgebäude zu erreichen ist. Wer zum ersten Mal in die Therme kommt, muss sich erst mal zurechtfinden in der weitläufigen Saunalandschaft. Wo gehts zu den verschiedenen Themensaunen wie Bio- und Finnische Sauna? Oder zum Laconium, Dampfbad und Kräuterraum? Ach ja, zur Eisgrotte gehts in diese Richtung und zu den Erlebnisduschen auch. Nicht zu übersehen ist das große Süßwasser-Innenbecken sowie das Sole-Schwebebecken und die zwei Sole-Außenbecken. Hingegen die Türen zu den Relax-Räumen wie das mit Liegen ausgestattete Lesezimmer mit Fontane-Bibliothek oder das dämmrige Kaminzimmer sind etwas versteckt.

Die Fontane Therme ist immer gut besucht, wenn auch nie überfüllt, was sicher mit den relativ hohen Preisen zu erklären ist. Die Tageskarte kostet 85 Euro, die Preise sollen aber – trotz Energiekrise – das ganze Jahr über stabil bleiben. Das liegt auch daran, dass die Therme über eine Geothermieanlage verfügt, die die Sole fördert. Die Energie wird genutzt, um die Becken zu heizen. Für die Saunen reicht es allerdings nicht, sie werden mit Strom beheizt, der – wie überall – teurer geworden ist.

Um die gestiegenen Energiepreise aufzufangen, wurde vom familiengeführten Hotel Resort Mark Brandenburg zwei Maßnahmen ergriffen, die den Gästen aber kaum auffallen. Die Seesauna wird bis 14 Uhr als Biosauna betrieben mit einer reduzierten Temperatur von 60 Grad, danach wird sie auf 80 Grad aufgeheizt statt früher 90 Grad. Und neuerdings wird eines der beiden Außen-Solebecken gar nicht mehr beheizt, sondern als Kalt-Solebecken betrieben. Das ist ebenso erfrischend wie der Sprung von der Seesauna in den Ruppiner See.

Fontane Therme
im Hotel Resort Mark Brandenburg. Auch für externe Tagesgäste zugänglich. resort-mark-brandenburg.de/fontane-therme/

Garten der letzten Ruhe

Der **Südwestkirchhof** in Stahnsdorf ist nicht nur Friedhof, sondern auch Landschaftspark, Museum und verwunschene Wildnis VON **OLIVER GERHARD**

KURZTRIP **3**

Die Explosion der Farben beginnt im Mai, wenn sich die bis zu sechs Meter hohen Rhododendren in Skulpturen in Lila und Purpur verwandeln, dazwischen blühen Flieder und Azaleen. Nur wenige Schritte weiter hat saftig grünes Moos zwischen überwachsenen Gräbern einen so weichen Teppich gebildet, dass man am liebsten seine Schuhe ausziehen und barfuß laufen möchte.

Verboten wäre das »Mooskneippen« nicht: Im Südwestkirchhof in Stahnsdorf, dem zweitgrößten Friedhof Deutschlands, darf man auch joggen, Rad fahren, den Hund ausführen oder picknicken, es gibt klassische Konzerte und einmal im Jahr treibt sogar Nosferatu auf der Leinwand sein Unwesen. Schließlich liegt mit Friedrich Wilhelm Murnau der Regisseur dieses Stummfilms hier begraben.

»Manche finden diese Veranstaltungen zunächst irritierend«, sagt Friedhofsleiter Olaf Ihlefeldt. »Aber ich sehe es als Einladung, mit den Toten zusammen zu sein – das geht auch mit Leichtigkeit, etwa bei einem Glas Wein und einer Brezel wie bei unseren Kulturnächten. Wir achten sensibel darauf, dass die Grenzen der Pietät dabei nicht überschritten werden.« Außergewöhnlich war der Südwestkirchhof schon immer, angefangen bei seiner Gründung Anfang des 20. Jahrhunderts, als Gartenarchitekt Louis Meyer die mehr als 200 Hektar große Anlage in die bestehenden Wälder integrierte – mit Sichtachsen, Alleen und Rondellen wie in einem Lennéschen Park. In ihrem Herzen liegt eine Kapelle im Stil einer Norwegischen Stabkirche.

Anfangs sorgte ein eigener S-Bahnhof für die Erreichbarkeit mit dem sogenannten Witwenexpress: Nachts kamen aus Berlin die Särge, tagsüber die Trauernden. Mit dem Mauerbau fiel der Kirchhof in den Dornröschenschlaf, aus dem er nie wieder ganz erwacht ist. »Ihm verdanken wir den heutigen wildromantischen Zustand – der Friedhof gilt als der artenreichste in Deutschland«, sagt Ihlefeldt.

Als Besucher kann man sich einfach treiben lassen oder gezielt dank Lageplan, Audioguide oder der App »Wo sie ruhen« Gräber zahlreicher Prominenter entdecken – von Werner von Siemens über Engelbert Humperdinck und Lovis Corinth bis zu Manfred Krug. Am spannendsten sind jedoch die Führungen mit Olaf Ihlefeldt zu besonderen Orten, wie etwa einem expressionistischen Grab nach dem Entwurf des Architekten Max Taut – vor 100 Jahren ein Skandal. »Der Südwestkirchhof ist ein Inbegriff von Individualität, damals wie heute«, sagt der Friedhofsleiter. »Gräber sollen auch etwas erzählen dürfen.« In Stahnsdorf nehmen die Geschichten kein Ende.

Südwestkirchhof
Bahnhofstraße 2
14532 Stahnsdorf
Tel. (0179) 379 35 03
suedwestkirchhof.de
Geöffnet:
April–Sept 7–20 Uhr,
sonst kürzer

Raubvögel vor Burgkulisse

Ideal für Familien: Auf **Burg Rabenstein** gibt es viel zu erkunden, besonders ein Besuch der Falknerei und des Naturparkzentrums lohnt sich VON **KIRSTEN RIESSELMANN**

KURZTRIP 4

Rabenstein im Fläming hat etwas, was gar nicht so recht ins Bild vom platten Brandenburg mit seinen Seen, Badestegen und Kiefernwäldern passen will: eine richtige Ritterburg auf einem richtigen Berg, falls man die 153 Meter hohe Erhebung so nennen mag (– ja, mag man!). Fast 800 Jahre alt ist Burg Rabenstein auf dem »Steilen Hagen« – und die besterhaltene Feldstein-Höhenburg im Land.

Hier lässt sich ein Bergfried mit weiter Aussicht in den Hohen Fläming besteigen sowie ein Rittersaal mit den Wappen alter Adelsgeschlechter, ein Eiskeller, ein altes Backhaus, die Rosemarie-Kapelle und der schaurig gut ausgestattete Folterkeller besichtigen.

Am besten, man bucht gleich die »Erlebnisführung«, bei der auch Kobolde, Sagengestalten und längst Verblichene in Erscheinung treten. Oder man plant einen Ausflug pünktlich zum »Rabensteiner Herbst«. Dort kann man ein nettes kleines Mittelalterspektakel erleben, bei dem Hufschmiede, Gaukler, Metbrauerinnen, Spielmannsleute und Raubritter auf geharnischten Pferden ihren großen Auftritte haben.

Mag man es noch ein Stück rustikaler, kann man sich auch zu dem mit Lauten und Zimbeln begleiteten Ritteressen anmelden und bekommt dann kulinarische Highlights wie Rübensupp, Erbspüree und Rippen nach alter Art serviert.

Eine weitere Attraktion: Gleich neben der Burganlage liegt die Fläming-Falknerei, wo Dirk Grabow, Revierjagdmeister und Berufsfalkner, bei einer kommentierten Flugvorführung die alte Kunst zeigt, mit Greifvögeln zu jagen. Ein Stück Weltkulturerbe füllt sich mit federraschelndem Leben, wenn Grabow in seiner gut halbstündigen Schau Eule, Milan, Bussard, Gänsegeier, Falke und Seeadler vor der Kulisse der Burg fliegen lässt.

Und wer nach diesem schon recht prallen Ausflugsprogramm noch nicht genug hat, kann ganz wunderbar vom Burgberg hinunter ins Naturschutzgebiet Planetal und bis ins Örtchen Raben wandern, in dem die 2021 überarbeitete Dauerausstellung im Naturparkzentrum (März bis Oktober Mo-So 9-17 Uhr geöffnet) nicht nur, aber auch für Kinder einiges zu bieten hat: Hier können im Nachtraum Tiere per Taschenlampe entdeckt, Selfies im Burgdamen- und Burgherrenkostüm gemacht, Bäume zum Sprechen und Quellen zum Sprudeln gebracht und sogar ein präparierter Jungwolf aus dem Rudel in Dobbrikow bestaunt werden. Dieser Ausflug ist autofrei problemlos möglich: Raben ist vom Bahnhof in Bad Belzig aus mit dem Bus (»Burgenlinie«) gut erreichbar.

Burg Rabenstein
Infos zur Burg:
burgrabenstein.de
Infos zur Falknerei:
flaemingfalknerei.de
Infos zum Naturparkzentrum:
flaeming.net

Wandern auf Fontanes Spuren, Autor: Marie Konrad

Wandern liegt im Trend. Ob geführte Rangertour, Sternwanderung zum Wanderfest oder Fontanes Wandermarathon: Brandenburgs 15 Nationale Naturlandschaften bieten Naturerlebnisse für alle.

Das ganze Jahr laden die Naturlandschaften zu faszinierenden Wanderungen vor der Haustür ein: Ob zum Konzert klappernder Störche oder röhrender Hirsche, zum Tanz der Kraniche oder der Luftakrobatik der Seeadler – Sehens-und Hörenswertes lässt sich überall entdecken. In fachkundiger Begleitung erfahrener Ranger und Rangerinnen oder der Natur-und Landschaftsführenden gelangt man stets zur richtigen Zeit an den richtigen Ort.
Unterwegs in Gesellschaft:
WWW.RANGERTOUREN-BRANDENBURG.DE
Unterwegs auf eigene Faust:
WWW.NATUR-BRANDENBURG.DE

Am 21. Mai 2023 lädt der Naturpark Hoher Fläming zur Sternwanderung im Rahmen des Naturparkwanderfest ein. Rund um Wiesenburg gibt es Natur- und Kulturschönheiten zu entdecken: Das Schloss und der Landschaftspark Wiesenburg, der Internationale Kunstwanderweg zwischen Bad Belzig und Wiesenburg und die Schlamauer Rummeln sind nur einige der vielfältigen Highlights. Die Wanderleiterinnen und Wanderleiter des Naturparks Hoher Fläming und des Berliner Wanderverbandes haben mehr als 15 Touren mit verschiedenen Themen und Schwierigkeitsgraden vorbereitet und freuen sich über zahlreiche Begleitung. Ziel aller Wandergruppen ist CountryGolf am Bahnhof Wiesenburg. Dort werden die Wandergäste mit Speis und Trank empfangen.
Infos und Anmeldung:
WWW.NATURPARKWANDERFEST.DE

Am 9. September 2023 heißt es für Wanderlustige wieder: Schuhe schnüren und Rucksack aufsetzen. Der Fontane-Wandermarathon geht in die vierte Runde und lädt sportlich Aktive zum gemeinsamen Wandern ein. Beginnend im Theaterdorf Netzeband erwandern die Teilnehmenden eine entweder etwa 21 Kilometer Halbmarathon- oder 42 Kilometer lange Marathonstrecke durch den Naturpark Stechlin-Ruppiner Land. Auf Fontanes Spuren führt die Wanderstrecke durch die spätsommerlich blühende Kyritz-Ruppiner Heide und durch das bewaldete Naturschutzgebiet rund um die Quelle des kleinen Bächleins Kunster. Für die Marathonwanderer geht es weiter entlang der malerischen Ruppiner Seenkette durch die Ruppiner Schweiz bis in die Geburtsstadt des Schriftstellers, die Fontanestadt Neuruppin.
Infos und Anmeldung:
WWW.FONTANE-WANDERMARATHON.DE

Nationale Naturlandschaften in Brandenburg

Ein Traum von Gemeinschaft

Im genossenschaftlichen Projekt **Hof Prädikow** werden große Pläne umgesetzt – es wird gearbeitet, gelernt, gefeiert – und gut gegessen VON **KIRSTEN RIESSELMANN**

KURZTRIP 5

Überall glänzen die Pfützen auf dem Kopfsteinpflaster im weitläufigen Geviert des Hofes. Die meisten der umstehenden Gebäude sehen aus, als bräuchten sie bald eine rettende Hand, es ist still, der Himmel grau.

Aber dann kommen Kinder angesaust, Erwachsene in knatschbunten Gummistiefeln hinterher, jemand verschwindet mit Besen im Café »Schwarzer Storch«. Noch ist zu, Winterpause, aber hinter den Fenstern liegt ein einladender Raum mit polierten Holztischen, offener Bar und blau gemusterten Bodenfliesen, an der Wand lehnt eine Tafel, die das ukrainische Nationalgericht Warenyky anpreist, außerdem Curry und Kuchen. Bunte Wimpel in der Rotbuche vor dem Café und ein Pizzaofen beschwören schönste Sommerbilder.

Das genossenschaftliche Projekt Hof Prädikow in einem der größten Vierseithöfe Brandenburgs steht noch am Anfang, die Nutzung vieler der 15 Gebäude ist noch völlig unklar. Aber Gutsverwalter- und Backhaus sind saniert, 50 Erwachsene und 20 Kinder sind eingezogen, und die Liste derjenigen, die auf weiteren fertiggestellten Wohnraum warten, ist lang. 2016 erwarb eine Stiftung, die Grundstücke der Spekulation entzieht und sie einer dauerhaften sozialen und ökologischen Nutzung zuführt, das riesige denkmalgeschützte Ensemble. Bis in die DDR-Zeit wurde hier großmaßstäblich Vieh gehalten, Bier gebraut und Alkohol gebrannt. Schornstein, Schmiede, Kornspeicher und Stallungen zeugen von Betriebsamkeit, zum Volkseigenen Gut gehörten eine Kantine, Kneipe, Theaterbühne und Tanzsaal. Genau hier setzen die neuen Prädikower und Prädikowerinnen an: Sie wollen in dem 250-Seelen-Dorf am Rand der Märkischen Schweiz ein gemeinschaftliches Landleben führen, vor Ort wohnen, arbeiten und kulturell tätig sein.

Als neues Zentrum ist 2021 die »Scheune« fertig geworden, in der Konzerte, Ausstellungen und Kleidertauschpartys stattfinden, in der aber auch ein Co-Working-Space eingerichtet wurde. Außerdem kann der so luftig wie rustikal gehaltene Raum für private Feiern und Seminare angemietet werden. Es lohnt sich also, auf dem wunderschönen Fahrradweg vom S-Bahnhof Strausberg-Nord nach Prädikow zu radeln: Es gibt Gutes zu essen und zu trinken, Hofführungen und ein erstaunlich dichtes Veranstaltungsprogramm.

Und ganz en passant lässt sich beobachten, wie es den Menschen ergeht, die den Schritt raus aus der Großstadt gewagt haben, zwischen Pfützen, Bauzäunen, weitem Himmel und Wochenendbesuch.

Hof Prädikow
Dorfstraße 401 – 415
15345 Prötzel
Termine für Hofführungen und Veranstaltungen in der »Scheune«:
hof-praedikow.de

© Durch die Stadt GmbH

SaarowTherme, KeloSauna
© Ilka Richnow

Kurz fahren, lange entspannen in der SaarowTherme

Mal einfach nichts tun und sich einen Wellnesstag in Bad Saarow gönnen.

Bei der SaarowTherme ist schon die Anreise entspannt. Nach einer Autostunde von Berlin kommen Sie in Bad Saarow und am Scharmützelsee an. Hier können Sie im großen Parkhaus parken und auch Elektroautos lassen sich bei uns direkt vor der Therme ganz bequem aufladen.

Erleben Sie die verwöhnenden Kräfte der Natursole in unserem Thermalsolebad. Mit einer Solekonzentration von 3 % und einer Wassertemperatur von bis zu 36° C, fühlt sich der Körper im warmen Wasser fast schwerelos an. Whirlpools, Massagepilz, Strömungskanal, Unterwassergeysire und Massagemulden spenden Energie mit der Kraft des sprudelnden Wassers.

In unserer Saunalandschaft und Panorama-Sauna mit Blick auf Natur und See finden Sie alles, was das Saunaherz begehrt. Die Wärme der Saunen, der traumhafte Duft von frisch Gebackenem in der BrotbackSauna, Saunieren mit Filmprogramm in der KinoSauna, die zeremoniellen Aufgüsse in den finnischen Saunen, die natürliche Farbe und Textur des Saunaholzes – hier verbindet sich alles zu einem Saunaerlebnis, dass alle Ihre Sinne berührt.

Ob Anwendungen mit dem Bad Saarower Naturmoor, medizinische Massagen, Bewegungs- sowie Wärme- und Kältetherapie, in unserem Wellnessbereich können sie loslassen und ein breites Spektrum an Behandlungen erleben, die den Körper nicht nur von Ballast befreien, sondern ihm neue Energien für die Herausfor derungen des Alltags zuführen.

Gönnen Sie sich einen Wellnessurlaub in Bad Saarow und genießen Sie eine Auszeit in der SaarowTherme mit Ihrem Partner, der besten Freundin oder ganz für sich allein, in der jeder Moment wertvoll ist.
Die SaarowTherme und mehr jetzt entdecken unter **www.SaarowTherme.de**

Öffnungszeiten
So – Do: 10 – 21 Uhr
Fr & Sa*: 10 – 23 Uhr
*Kinderfreie Therme
Sommerzeit: 10 – 21 Uhr (tgl. 1. Mai – 31. August)

SOMMER-HIGHLIGHTS BAD SAAROW

Sommerfest am See
30. Juni – 2. Juli
Live-Musik, regionale und überregionale Winzer & kulinarische Köstlichkeiten.

Oper Oder Spree
27. August
Freiluft Opernaufführung in der beeindruckenden Naturkulisse am See.

Infos unter:
bad-saarow.de

SaarowTherme
...endlich Zeit für mich!

SaarowTherme
Bad Saarow Kur GmbH
Am Kurpark 1,
15526 Bad Saarow
Tel. 033631/ 8680
info@bad-saarow.de
www.SaarowTherme.de

Am
Wasser

FOTO Marcus Glahn

DAS LAND WASSER

TEXT **AXEL VÖLCKER** FOTOS **MALTE JÄGER**

ÜBERS ENTDECKEN

Axel Völcker ist nicht nur Art Director dieses Magazins, sondern auch begeisterter SUP-Paddler. Unterwegs auf dem Brett trifft er indische Sterngucker, einheimische Gastronomen und jede Menge Fische

Sieben Kilometer die Havel in südöstlicher Richtung hinaufpaddeln – dafür braucht man immerhin zwei Stunden Zeit

Fast mystisch: In den kleinen Seitenflüssen der Havel scheinen die Bäume am Ufer aus dem Wasser zu wachsen

UNTERE WESTHAVEL

Fast wie am Mississippi – einsames Flußpaddeln in unberührter Natur zwischen Schilf, Wiesen und Sümpfen

Vor Flüssen habe ich Respekt. Fordern sie einem doch gleich zu Beginn jeder Tour eine Grundsatzentscheidung ab: Mit dem Strom oder gegen ihn? Startet man gemütlich in Fließrichtung, wird die Rückfahrt anstrengend. Aber die Havel macht es einem leicht. Aufgrund ihrer geringen Strömung ist sie auch für Anfänger unter den SUP-Paddlern leicht zu befahren – egal in welche Richtung die Tour führt. Und noch ein Pluspunkt: Der Einstieg mit Board im Dörfchen Grütz gestaltet sich äußerst unkompliziert. Der 130-Seelen-Ort liegt mitten im Natur- und Sternenpark Westhavelland, dem weitläufigsten Naturschutzgebiet Brandenburgs an der Grenze zu Sachsen-Anhalt. Bis nach Rathenow sind es etwa zehn Kilometer.

Ich beginne meine Tour am Biwakplatz – einem Rastplatz für Wasserwanderer – einer gepflegten Wiese mit kleinem Strand, Bootssteg und Mini-Zeltplatz. Die an den Pkw angeschlossene elektrische Pumpe füllt das aufblasbare SUP-Board schnell mit Luft. Dann geht es los. Zunächst drehe ich ein paar Runden in Ufernähe, um mich mit dem Gewässer vertraut zu machen. Die Havel schimmert grün-braun, die Wasseroberfläche kräuselt sich leicht im Wind.

Mein Ziel ist der Rast- und Biwakplatz Göttlin, sieben Kilometer die Havel in südöstlicher Richtung hinauf. Immerhin zwei Stunden Paddelzeit braucht man bis dort, wenn man es gemütlich angehen lässt. Was mir schon nach ein paar Paddelschlägen auffällt: Für eine intensiv befahrene Gewässerstraße ist die Havel hier sehr ruhig. Ab und zu treffe ich auf einen Kanufahrer, auch ein Motorboot überholt mich. Ansonsten nur Stille und Einsamkeit, langsam fließt das trübe Wasser unter mir dahin. Etwa 50 Meter breit ist der Fluss an dieser Stelle, sein Ufer von Schilf, Büschen und Weiden gesäumt, schlängelt er sich durch die flache weite Landschaft aus Feldern, Wiesen und Sümpfen – Mississippi-Feeling pur.

Mich packt die Neugier und ich biege in einen der kleinen Seitenflüsse der Havel ab, Gänse am Himmel begleiten mich ein Weilchen. In den schmalen Seitenstraßen scheinen die Bäume am Ufer direkt aus dem Wasser zu wachsen. Eine Landschaft, die fast mystisch wirkt. Gut eine Stunde später erreiche ich Göttlin.

Am Ufer gibt es einiges zu entdecken. Bevor ich von Grütz aus losgepaddelt bin, sehe ich am Strand ein kleines Igluzelt mit riesigem Teleskop davor. Es gehörte Rahul, den die Sterne aus Indien in die Gegend lockten. Das westliche Havelland ist bekannt für die gute Sicht aufs Firmament. Nirgendwo sonst in Deutschland sieht man die Milchstraße oder den Großen Wagen so gut wie hier. Ein Grund ist die geringe Lichtverschmutzung der Region aufgrund ihrer dünnen Besiedlung. Ob ich wiederkomme? Das steht nicht in den Sternen, das ist gewiss.

Sterngucker Rahul kommt aus Indien und hofft darauf, im wenig lichtverschmutzten Havelland eine gute Sicht zu haben

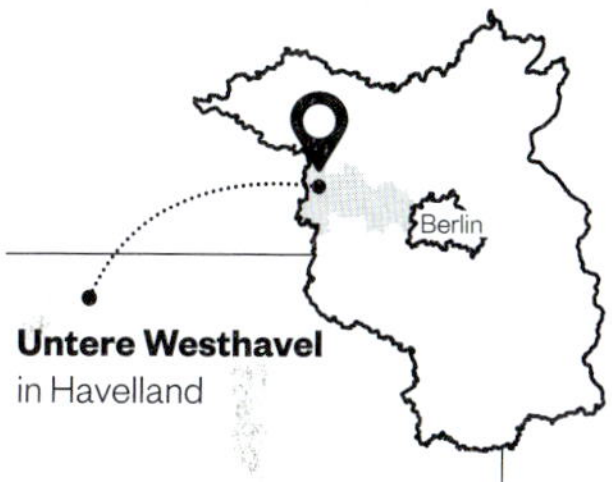

TIPPS

STECKBRIEF HAVEL
Länge: 325 km
Quelle: Mecklenburg
Mündung: Elbe
Größter Nebenfluss der Havel ist die Spree

HINKOMMEN

Mit Bahn und Bus
RE4-Züge von Berlin nach Rathenow, Bus 673 nach Göttlin

Mit dem Auto
Über die B 5 und B 188 Richtung Rathenow. Entfernung: 91 km

Natur- und Sternenpark Westhavelland
Das weitläufigste Großschutzgebiet Brandenburgs mit einer Fläche von über 1300 Quadratkilometern. Es gehört mit Havel und Nebenflüssen zu den gewässerreichsten Regionen Deutschlands. Die untere Havelniederung ist eines der größten zusammenhängenden Feuchtgebiete Europas und dank dunklem Himmel ein guter Ort zum Sterngucken, zum Beispiel im Sternencamp Rübenhorst: sternencamp.de

SUP mieten
Vor Ort kann man nach Anmeldung SUP-Boards (Allround-boards, Touring- / sportliche Boards) sowie Kanus (Kanadier) mieten. Auch SUP-Kurse.
Bresi SUP, Milower Landstraße 7 b, 14712 Rathenow, bresi-sup.de

Biwakplätze
Das Biwakieren, also Übernachten im Zelt direkt am Ufer auf ausgewiesenen Plätzen (für max. vier Zelte), ist ohne Anmeldung möglich. Offenes Feuer ist nur an der Feuerstelle erlaubt. Holz ist vorhanden. Dixi-Nutzung möglich. Übernachtung auf dem Biwakplatz kostet 2,50 Euro / Person

VERPFLEGUNG

Zur alten Schmiede
Uriges Restaurant mit regionaler Küche in der Rathenower Altstadt.
Kleine Burgstraße 10
14712 Rathenow
gastro-rathenow.de

An einem Spätsommertag im September hat unser Autor bei der einstündigen Umrundung der Insel Werder den Liepnitzsee fast ganz für sich allein

LIEPNITZSEE

Indian Summer im Wandlitzer Forst – ganz ohne Motorboote auf ozeanblauem Wasser paddelt es sich traumhaft

Der Liepnitzsee im Wandlitzer Forst – bekannt als einer der schönsten Seen Brandenburgs – ist in weniger als einer Stunde vom Zentrum Berlins aus zu erreichen. Dennoch ist das SUP-Erlebnis im Paradies mit ein bisschen Aufwand verbunden. So sollte man für den Weg durch den hochgewachsenen Buchenwald bis zum See eine gute Viertelstunde einplanen. Und auch ein passendes Transportmittel für das Board empfiehlt sich. Ich setze in solchen Fällen auf meinen »SUP-Handwagen« – das sind zwei leicht zu transportierende mit Luft gefüllte Reifen, die einfach an das Brett geklemmt werden.

Entgegenkommende, die ihr Board mühsam unter dem Arm tragen oder auf dem Kopf balancieren, schauen ein wenig neidisch auf mein schlaues Gefährt. Zwischen den dicht stehenden Bäumen blitzt der See auf – heute ist er tief blau. Die Farbe des Wassers verändert sich je nach Jahres- und Tageszeit von marineblau bis zu einem leuchtendem Türkisgrün, das eher nach Südsee aussieht als nach Brandenburg. Metertief kann man hinunter sehen auf den Grund.

Wie viele Brandenburger Seen ist der Liepnitzsee eine Hinterlassenschaft der Eiszeit und liegt in einer Rinne, die von bis zu 30 Meter hohen bewaldeten Hügeln umgeben ist. 17,5 Meter tief ist er an seiner tiefsten Stelle, er gilt als einer der saubersten Seen Brandenburgs. In der Mitte befindet sich die knapp 400 Hektar große Insel Werder, bis zum Festland sind es gerade mal 500 Meter. Bis auf eine Fähre namens Frieda, die zur Insel fährt, sind keine Motorboote auf dem See erlaubt. Traumhafte Verhältnisse für SUP-Paddler, die hier nicht von Heckwellen übermütiger Motorbootkapitäne ins Wanken gebracht werden.

Zu jeder Jahreszeit ist es schön hier. An einem warmen Juniabend, an dem die Sonne gar nicht untergehen will, fliehe ich vor den Mücken, paddle hinaus aufs Wasser und gehe am kleinen Strand auf der Südwestseite Werders an Land. Hier sind weder Menschen noch Mücken. Die Stille und das Abendlicht ziehen mich in ihren Bann. Als die Sonne sich schließlich doch entschließt, sich zurückzuziehen und langsam hinter den Baumkronen verschwindet, werden die Schatten der Stämme immer länger und die Wasseroberfläche färbt sich rot. Erst gegen 21.30 Uhr paddelte ich – erleuchtet – zurück aufs Festland.

Jetzt im Spätsommer habe ich den See für mich allein. Nur ein Reiher krächzt in der Ferne, lange schallt das Echo seines Rufs über den See. Auf meiner gut einstündigen Paddeltour entdecke ich kleine Fische, die plötzlich aus dem Wasser springen, in den Büschen am Ufer raschelt es geheimnisvoll. Der nahende Herbst wirft sein tiefstehendes Licht über den See, das grün-, gelb- und orangefarbene Laub der Bäume dahinter spiegelt sich auf der glatten Wasseroberfläche. Genauso stelle ich mir den »Indian Summer« in den kanadischen Wäldern Neuenglands vor – und bin doch in Brandenburg – nur einen Steinwurf von Berlin entfernt.

Pause für SUP-Board und Paddler auf der knapp 400 Hektar großen Insel Werder in der Mitte des Liepnitzsees

TIPPS

STECKBRIEF LIEPNITZSEE

Entfernung Berlin-Mitte: 38 km
Größe: 117 ha
Länge: 2,6 km
Tiefe: 17,5 m max.
Ist einer der saubersten Seen Brandenburgs

Die Insel im See
500 m vom Seeufer entfernt. Mehrere kleine Strände laden zum Pausieren oder zu einer kleinen Insel-Erkundung ein.

HINKOMMEN

Mit dem Auto
A 11 oder L 100
Dauer: ca. 50 Minuten

VERPFLEGUNG

Zwei Jahreszeiten
Der urige Imbiss liegt an der B 273, in der Wandlitz Chaussee kurz hinter dem »Forsthaus am Liepnitzsee«. Dort bekommt man alles, um sich für den einstündigen Fußmarsch zum Wasser zu stärken: Pommes, Kaffee oder Bernauer Bier. Die Bude ist immer voll, meist herrscht angenehme Stammkneipen-Stimmung.

Insulaner Klause
Im lauschigen Gartenlokal sitzt man im Sommer unter schattenspendenden alten Linden und Kastanien. Auf der Karte stehen deftige Suppen und Speisen vom Grill. Eis, Kaffee und Kuchen sind ebenfalls im Angebot. Wer ganz altmodische Grüße verschicken möchte, kann Postkarten mit Inselmotiven erwerben. Die Saison beginnt am Gründonnerstag und endet Ende Oktober. Am Liepnitzsee 8, 16348 Wandlitz, liepnitzinsel.de

In den See gestochen – mit der richtigen Technik gleitet man ganz leicht übers Wasser

Bis in die Abendstunden hinein geht die Paddeltour auf dem fischreichen Binnengewässer

HOHENNAUENER-FERCHESARER SEE

Auch bei perfektem Sommerwetter ist man hier oft ganz allein und wird gastronomisch bestens versorgt

Viele der großen Badeseen Brandenburgs, die man von Berlin aus gut erreichen kann, sind im Sommer überfüllt mit Hauptstädtern, die Abkühlung suchen. Der Hohennauener-Ferchesarer See im Havelland kühlt auch ganz gut, ist nur 70 Kilometer von Berlin entfernt, und dennoch bisher noch wenig bekannt. Zumindest scheint es so, denn trotz besten Strandwetters geht es an der kleinen Badestelle im Dorf Seeblick an diesem sonnigen Sonntag im August recht ruhig zu. Um den See herum liegen hübsche Orte wie Semlin, Hohennauen und Ferchesar, »die Perle des Havellands«, das bereits 1920 ein beliebtes Ausflugsziel für Berliner war.

Das Auto nur etwa 20 Meter weit von der Badestelle geparkt, lasse ich mein Board, angeschlossen an die Pkw-Steckdose, mittels Kompressor elektrisch aufpumpen. So spare ich Kräfte fürs Paddeln. Kurz darauf drehe ich ein paar Runden auf dem langgestreckten See und schaue zurück an den Strand, an dem Kinder im feinen Sand spielen, zur Badeplattform, von der gerade ein paar Frauen in den See springen. Das braungrüne Wasser des Sees kann sicher nicht mit dem klaren Nass des Stechlinsees gut anderthalb Stunden nordöstlich von hier mithalten. Aber ich bin ja nicht zum Tauchen hier, sondern möchte mit meinem Board sanft über das Wasser gleiten und die Landschaft genießen.

Obwohl ich mir die Puste beim Aufblasen des Boards gespart habe, geht sie mir bald aus. Nach nur einer halben Stunde auf dem See knurrt mir der Magen und ich paddle schon wieder zurück in den Hafen. Als ich mein Brett am Bootssteg festzurre, treffe ich den Wirt des Fischrestaurants »Strandgut«, das sich – einladend mit seiner großen Sonnenterrasse – direkt dahinter befindet. Heute lockt es seine Gäste mit frischem Zander, gefangen von Fischer Schröder im Naturschutzgebiet Gülper See, ganz in der Nähe. Als Ostseekind habe ich eine Schwäche für frischen Fisch. Den Teller nehme ich to go. Und genieße am Bootssteg ein perfekt auf der Haut gebratenes Zanderfilet mit Couscous, dazu frische Tomaten und Kräuter aus der Gärtnerei des Albertinenhofs bei Rathenow. Aus dem Garten beziehungsweise Gülper See direkt auf den Teller – schon jetzt begeistert mich der Ausflugsort mit seiner überraschend guten Küche.

Dann geht es wieder hinaus aufs Wasser. Das sich von Osten nach Westen erstreckende Binnengewässer ist fast acht Kilometer lang und gilt als sehr fischreich. Hobbyangler fangen hier das gesamte Fischsortiment – von Aal bis Zander. Da das Ufer bis auf wenige Stege und Badestellen naturbelassen ist, geht mein Blick weit auf Schilfgürtel, Wiesen und Bäume des Havellandes.

Erst nach Sonnenuntergang erreiche ich erschöpft aber glücklich den kleinen Bootssteg in Seeblick. Trotz fortgeschrittener Stunde hat das Restaurant »Strandgut« noch geöffnet. Flaschenbier am Hauptstadt-Späti war gestern, heute beschließe ich den Tag mit einem frisch gezapften Feierabendbier und beobachte, wie sich die Dämmerung über den See senkt.

Kulinarischer Genuss am Bootssteg: fangfrischer auf der Haut gebratener Zander aus dem Fischrestaurant »Strandgut«

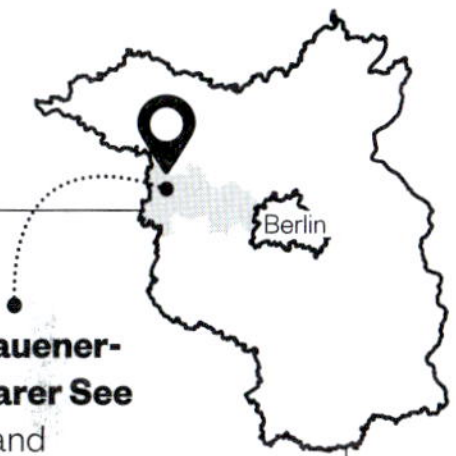

TIPPS

Hohennauener-Ferchesarer See
in Havelland

STECKBRIEF HOHENNAUENER-FERCHESARER SEE

Länge: 10 km
Fläche: 427 ha
Der See ist über einen Kanal mit der Havel verbunden. Das Hohennauener-Ferchesarer Seengebiet befindet sich im Westhavelland. Um den See liegen die touristisch erschlossenen Orte Semlin, Ferchesar, Wassersuppe und Hohennauen.

HINKOMMEN

Mit Bahn und Bus
RE4-Züge von Berlin nach Rathenow, Bus 684 nach Hohennauen, Dorf

Mit dem Auto
Über die B 5 und B 188 Richtung Rathenow, auf K 6317 nach Seeblick. Entfernung: 88 km

VERPFLEGUNG

Strandgut
Das Fischrestaurant bietet heimischen Fisch aus dem Gülper See von der Fischerei Schröder. Dazu wird regionales Gemüse aus biologischem Anbau serviert. Angeschlossene Eisdiele und Vinothek sowie Hausboot-Catering.
Am Hohennauener See 2 a
14715 Seeblick
fischrestaurant-strandgut.de

Fischerei Schröder
Wolfgang Schröder ist Fischereimeister in vierter Generation. In seinem Hofladen und Imbiss gibt es Räucher- und Frischfisch zu kaufen.
Gahlberg 2
14715 Havelaue OT Strodehne
fischerei-schroeder.eu

Albertinenhof
Hier kann man im Bauwagen oder Tiny House übernachten, aber auch einfach campen und in die Sterne gucken.
Rhinower Landstraße 193
14712 Rathenow / Albertsheim
albertinenhof-havelland.de

Das vier Meter lange Touringboard an einem der einsamen Strände am Carwitzer See – das wasserfest verstaute Gepäck ist auch dabei

Das Wasser ist hier so klar, dass man Fische vorbeihuschen sieht. Und es herrscht eine Stille, wie sie der Großstädter nicht kennt

CARWITZER SEE

Ein Familientreffen am und auf dem Wasser – hoch oben im Norden an der Grenze zu Mecklenburg-Vorpommern

Dort, wo die Uckermärkische Seenlandschaft auf die Mecklenburgische Seenplatte trifft, liegt der Carwitzer See. Genau genommen befindet sich der See in Mecklenburg-Vorpommern, sein südliches Ufer aber ist brandenburgisches Territorium. Hier bin ich heute zum Familientreffen auf dem Wasser verabredet. Schon auf der Hinfahrt über viele Nebenstraßen durch die malerische Uckermärkische Seenlandschaft fällt auf, dass die vielen Seen immer grüner und blauer werden, je weiter ich gen Mecklenburg komme.

Auf dem kleinen Campingplatz in Carwitz am nördlichen Ufer flirrt um die Mittagszeit die pralle Augustsonne. Ein Dauercamper im Rentenalter grillt Koteletts, bekleidet mit nur einer Grillschürze. Meine Neffen nehmen mich freudig in Empfang und lotsen mich direkt zum Highlight ihres Sommerrefugiums – einem Badesteg, von dem aus sie mir ihre akrobatischen Saltos in den klaren See präsentieren. Eine Mutprobe als Begrüßungsritual: Ich versuche einen Handstandüberschlag vom Steg und brilliere. Der sich anschließende kurze Applaus für den Onkel ist wohl eher ein Zeichen des Respekts vor dem Alter.

Später lassen mein Bruder und ich unsere SUP-Boards zu Wasser und stechen in See. Wir wollen ins gut drei Kilometer entfernte Thomsdorf paddeln. Von Nord nach Süd, quer über den See, braucht man ein gutes Stündchen, wenn man gemütlich unterwegs ist. Das Wasser ist hier so klar, dass wir Plötze und sogar einen Hecht unter uns aus etwa zehn Metern Entfernung sehen können. Auch Ukelei, Karpfen und Aal finden hier einen optimalen Lebensraum, an einigen Stellen ist der See bis zu 30 Meter tief.

Fast irritierend ist diese unglaubliche Ruhe. Es ist nicht die Art von Stille, die uns Großstädter praktisch an jedem See außerhalb der Stadtgrenze Berlins beeindruckt. Nein, die gesamte Umgebung ist unberührt von Zivilisationslärm. Keine Straßengeräusche in Hörweite, auf dem gesamten See sind keine motorisierten Boote gestattet. Außer uns Paddlern ist keine Menschenseele weit und breit zu sehen.

Wir gleiten vorbei an kleinen, unbewohnten Inseln, die aus Schilfgürteln und ein paar Bäumen in der Mitte bestehen und Bohnenwerder oder Gänsewerder heißen. Schließlich erreichen wir den Strand bei Thomsdorf. Angekommen auf Brandenburger Festland legen wir die Boards an der schilfumsäumten Badestelle ab, an der gerade rund zehn Gäste im seichten Badewasser planschen und auf Handtüchern dösen.

Kurz darauf spazieren wir auf alten Pflastersteinen durch das verträumte knapp 200-Seelen-Örtchen Thomsdorf. Vorbei an der gotischen Feldsteinkirche stoßen wir auf die sogenannte Kantinenwirtschaft des Kunsthandwerkerhofs Thomsdorf – einem mit Werkstätten und Ateliers umgebauten Dreiseithof. Einen Flammkuchen und ein Weizenbier später sind wir zurück auf dem Carwitzer See. Enten begleiten uns nun auf der Rücktour. Wer die zweistündige Anreise in Kauf nimmt, wird hier mit schönster, einsamer Natur zur Sommerhauptsaison belohnt.

FOTOS Axel Völcker

Das macht Laune: Am Badesteg springen die Neffen mit akrobatischen Saltos in den klaren See

TIPPS

STECKBRIEF CARWITZER SEE

Entfernung Berlin-Mitte: ca. 120 km
Längste Seite: 2,6 km
Fläche: 395 ha
Maximale Tiefe: 30 m
Nur der Fischer darf auf dem See unter Motor fahren. Der Carwitzer See ist der größte der Feldberger Seenlandschaft. Eigentlich gehört er bereits zu Mecklenburg.

HINKOMMEN

Mit dem Auto
Über die A 11, B 96 oder L 21, circa zwei Stunden

RUMKOMMEN

Hans-Fallada-Museum
Alles über das Leben und Werk des Schriftstellers kann man hier erfahren. Das heutige Museum befindet sich im ehemaligen Wohnhaus Falladas, in dem er zwischen 1933 und 1944 lebte und arbeitete.
Zum Bohnenwerder 2, 17258 Feldberger Seenlandschaft OT Carwitz, fallada.de

Kunsthandwerkerhof
Keramikwerkstätten und Galerien. Die Kantinenwirtschaft ist auch auf dem Gelände.
Thomsdorf 36 a, 17268 Boitzenburger Land, kunsthandwerkerhof-thomsdorf.de

UNTERKOMMEN

Campingplatz Conow
Der Naturcampingplatz mit Badesteg ist ideal für Paddler. Er befindet sich am Nordufer des Carwitzer Sees.
campingplatz-conow.de

VERPFLEGUNG

Kantinenwirtschaft
Flammkuchen aus regionalen Zutaten werden auf selbstgetöpferter Keramik serviert. Kaffee und selbstgemachter Kuchen. Schöner Garten.
Thomsdorf 36 a
17268 Boitzenburger Land
diekantinenwirtschaft.de

Herum geschippert

TEXT **HELLA KAISER** FOTOS **ESPEN EICHHÖFER**

Eine Rundfahrt mit der MS »Schenkenland« auf dem Teupitzer See – mit Eisbecher und Matrosengrog

34

Kommt auf ruhigem Gewässer zum Glück nur selten zum Einsatz: der Rettungsring

Die Ausflügler kommen – und Stefan Kaubisch setzt seine Kapitänsmütze auf. »Die trage ich immer zur Begrüßung und zur Verabschiedung der Gäste«, sagt er. Genau genommen ist er Schiffsführer. Kapitäne fahren ausschließlich auf hoher See, und wir wollen mit der MS »Schenkenland« ja nur über Binnengewässer schippern. 150 Passagiere könnte die »Schenkenland« transportieren, aber so viele haben sich an diesem Mittwoch nicht eingefunden. »Wir kommen selten an unsere Grenzen«, sagt der 45-Jährige.

Das Städtchen Teupitz versteckt sich ein bisschen im Dahme-Spreewald-Kreis. Hier beginnt die Tour, aber hier komme man eben nicht einfach so vorbei, sagt Kaubisch. »Nach Teupitz muss man wollen, es liegt ja praktisch in einer Sackgasse.« Nur auf dem Wasser geht es weiter. Von einem See zum anderen kann man gleiten – bis zur Dahme. Zehn Seen hintereinander könnte man mit dem Schiff entdecken, die heutige Tour wird vier präsentieren.

Leinen los: Um 11 Uhr verlässt die »Schenkenland« den Anleger »Bohr's Brücke«. »Absolut pünktlich«, lobt eine Mitreisende. Schon naht die freundliche Kellnerin und nimmt Bestellungen auf. Eisbecher werden geordert, für den allseits beliebten Matrosengrog (Kakao mit Rum) ist es wohl noch zu früh – und vor allem zu warm. Ein Herr entscheidet: »Ach, bringen Sie mir ein Bierchen!« Würstchen und Kartoffelsalat gibts später.

Ruhig und glatt liegt der Teupitzer See da. So, wie ihn wohl auch Theodor Fontane Ende des 19. Jahrhunderts erlebt und in einem Feuilleton beschrieben hat. »Der Teupitz-See ist fast eine Meile lang und eine Viertelmeile breit, an einigen Stellen, wo er sich buchtet, auch breiter. Sein Wasser ist hellgrün, frisch und leichtflüssig; Hügel mit Feldern und Hecken fassen ihn ein, und außer der schmalen Halbinsel, die das ‚Schloß' trägt und sich bis tief in den See hinein erstreckt, schwimmen große und kleine Inseln auf der schönen Wasserfläche umher.«

Fontanes Schwärmerei dürfte dazu beigetragen haben, dass sich Teupitz bald zu einem beliebten Ausflugsziel der Berliner mauserte. Mehrere Seegaststätten entstanden, darunter das »Marwitz«, »Krügers Waldfrieden« oder »Tornows

Gut gelaunt: die Passagiere auf dem Fahrgastschiff »Schenkenland«

Die Vier-Seen-Tour bietet schöne Ausblicke und kühle Erfrischungen

Idyll«. Alles perdu. »Tornows Idyll« besaß einen Aussichtsturm, sieben Liebeslauben und einen Saal für 300 Personen. Inzwischen ist das Ensemble zur Ruine verfallen.

Sylter könnten neidisch werden

Zu DDR-Zeiten blieb Teupitz eine Reise wert. Zwischen 1958 und 1989, sagt Ortschronist Lothar Tyb'l, habe es hier drei Mal in der Woche Fahrten von Berlin bis Teupitz gegeben. »Es war ein putzmunterer Schiffsverkehr.« Viereinhalb Stunden vom Treptower Hafen bis Teupitz habe eine Tour gedauert. Solche Angebote gibt es nicht mehr. »So lange halten die Leute heute nicht mehr durch«, glaubt Tyb'l. »Sie müssen ja auch wieder zurück.« 1969 war der Schriftsteller Joachim Seyppel mit einem Dampfer der »Weissen Flotte« auf der Strecke unterwegs und notierte: »Da wird in Zeitlosigkeit und Vergessen geschlemmt, und zwar zwischen Treptow und ‚Tornows Idyll', da lobe ich mir die Christliche Seefahrt und stelle sie noch über die Deutsche Reichsbahn – und zwischen diesen Polen, zwischen Bummelzügen und Dampfern, suche ich mein Glück.«

Nun findet man das Glück mit der »Schenkenland«. So viel gibt es rundherum zu entdecken. Hier blitzt ein rotes Holzhaus aus dem Grün, dort ein taubenblaues. Zwei Paddler passieren in ihrem Boot, wir winken – und sie winken zurück. Ein Reiher verharrt stumm am Ufer, zwei Schwäne gleiten majestätisch vorüber, Möwen sitzen auf dicken Pfählen. Auf einem Grundstück steht eine filmreife Hollywoodschaukel. Eine ältere Dame mit Badekappe schwimmt im See. Ein Angler im winzigen Boot versucht sein Glück. Beißen die Fische am Vormittag? Er lacht und zuckt die Achseln. Vielleicht ist ihm das egal. Ein Campingplatz verbirgt sich halb hinter Bäumen. Wer hier zeltet, bekommt die romantische Badestelle gratis dazu.

Wir gleiten in den Schweriner See. An der Steuerbordseite liegen die herrlichen Anwesen auf der Halbinsel »Schweriner Horst«. Sylter könnten neidisch werden. Durch einen Kanal namens Mochgraben, 1749 gebaut, gelangen wir auf den Zemminsee. Es wird aufregend. Gleich drei Brücken unterfahren wir, die Autobahnbrücke der A 13, die Rankenheimer Brücke und zuletzt die besonders tief gelegene Eisenbahnbrücke. »Achtung, Achtung«, warnt Kaubisch die Passagiere an Deck: »unbedingt sitzen bleiben!«

Nix passiert. Wir gleiten über den Schulzensee und erspähen die Turmspitze der Kirche von Groß Köris. Aussteigen und den Ort erkunden? Keine Chance. Es ist ja eine Rundfahrt. Die »Schenkenland« wendet und legt nach rund zwei Stunden wieder in Teupitz an.

Die Sieben-Seen-Fahrt hätte uns bis nach Klein Köris geführt. Wir hätten zwischen Schulzensee und Großem Moddersee die Zugbrücke erleben können, die Fontane auf seinem Segelschiff »Sphinx« so begeistert hatte. Oder wir hätten, binnen fünf Stunden, gleich zehn Seen erleben können, diesmal, wie es sich für echte Kreuzfahrer gehört, mit Landgang in Prieros.

Kaubischs Vater hatte nach der Wende in Teupitz Ausflugsfahrten mit einer Barkasse angeboten. Nur zwölf Personen fanden darauf Platz. 2008 stieg dann Sohn Stefan, gelernter Koch, ins Schiffsgeschäft ein. Seine »Schenkenland« fährt mit Diesel. Stefan Kaubisch lobt den niedrigen Verbrauch, neun Liter pro Stunde, und den leisen Motor. Irgendwann wolle er auf Hybridbetrieb umstellen, aber noch »stecke diese Entwicklung in den Kinderschuhen«.

Keine Fahrt ist wie die andere

Still und verträumt ist Teupitz geblieben. Das von Fontane gerühmte Schloss droht zu verfallen. Von 1990 bis 1993 war es »für touristische Zwecke« noch geöffnet, weiß Ortschronist Tyb'l. 2005 wurde das Anwesen zwangsversteigert, ein österreichischer Immobilienmakler bekam den Zuschlag. Was dieser damit vorhabe, wisse man nicht. »In Teupitz«, so bedauert Tyb'l, »sind die lohnenden Ziele alle verlustig gegangen.« Wie konnte das geschehen, bei dieser Lage? 1900 schrieb die Schriftstellerin und Frauenrechtlerin Anna Plothow: »Ein schwermütiger Zauber liegt über der Gegend, gleichsam als habe der Flügel der Zeit hier seine

Schiffsführer Stefan Kaubisch trägt immer seine Kapitänsmütze, wenn er das Steuer der MS »Schenkenland« übernimmt

Schwelgen in Erinnerungen: Kaubischs Vater hatte nach der Wende bereits Ausflugsfahrten mit einer Barkasse angeboten

Schwungkraft verloren und breite sich schirmend gegen die Außenwelt über die wandellose Einsamkeit dieser Gefilde ...«

Stefan Kaubisch ist zu beneiden. Oder wird es vielleicht langweilig, immer im selben Revier herumzuschippern? Er schüttelt vehement den Kopf. »Niemals«, sagt er, »keine Fahrt ist wie die andere.« Als wir ankommen, stehen die nächsten Gäste schon am Anleger. Können wir nicht einfach sitzen bleiben – und noch einmal losfahren? Eine Zwei-Stunden-Rundfahrt wirkt wie ein Wochenendurlaub. So entspannt – und den Kopf voll mit bunten Bildern. Wie hatte Fontane geschrieben: »Überschlage ich meine eigene Reiserei, so komme ich zu dem Resultat, daß ich von solchen Spritzfahrten in die Nähe viel, viel mehr Anregung und Vergnügen und Gesundheit gehabt habe als von den großen Reisen, die sehr anstrengend und kostspielig sind ... In Teupitz und Wusterhausen aber bin ich immer glücklich gewesen.«

Dahme-Schifffahrt-Teupitz
in Dahme-Spreewald

TIPPS

HINKOMMEN

Mit der Bahn
Von Berlin-Hauptbahnhof mit dem Regionalzug RE7 bis Groß Köris. Dort umsteigen in die Buslinie 726 bis Teupitz. Die Bushaltestelle »Teupitz, Markt« befindet sich direkt an der Anlegestelle »Bohr's Brücke«.

RUMKOMMEN

Rundfahrten mit der MS »Schenkenland«
Die Saison geht von April bis Oktober. Die Fahrt über vier Seen dauert rund zwei Stunden und kostet 16 Euro. Die Sieben-Seen-Fahrt (drei Stunden) kostet 18 Euro, wer alle zehn Seen erleben möchte, ist rund fünf Stunden unterwegs und zahlt dafür 22 Euro. Ermäßigungen für Kinder von sechs bis zwölf Jahren. Reservierungen empfohlen unter der Telefonnummer (033766) 415 55. Die Tickets gibt es an Bord (nur Barzahlung). dahme-schifffahrt.de

Freilichtmuseum Germanische Siedlung
Erdarbeiten führten Archäologen auf die Spuren eines untergegangenen Dorfes und lösten 1976 eine Spurensuche aus. Die Ausgrabungsarbeiten dauerten bis 1995. In dieser Zeit konnten etwa drei Viertel der gesamten Fläche freigelegt werden.
Buschweg 2, 15746 Groß Köris OT Klein Köris
germanische-siedlung-klein-koeris.de

Badestellen
Die Teupitzer Badestelle befindet sich in der Gutzmannstraße. Dort gibt es auch eine Verleihstation von Stand-up-Paddelbrettern. Ein Badesteg ist in Planung. Empfehlenswert in der Nähe ist die Badestelle in Tornow am Tornower See. Hier gibt es eine kleine Liegewiese sowie eine schwimmende Badeplattform im See. Im nahe gelegenen Halbe existiert ein Strandbad mit Sandstrand am Heidesee. Einkehr ist möglich im Café del Mar, direkt am Strand.

VERPFLEGUNG

Tubtzer Hafen
Das Gasthaus serviert einfache rustikale Speisen. Man sitzt dort an Biertischen auf einer Wiese am Wasser, gleich neben dem Anleger.
Markt 16, 15755 Teupitz

Eiscafé Wronowski
Das berühmte Eiscafé hat eine lange Tradition und genießt inzwischen Kultstatus.
Markt 21, 15755 Teupitz

ZWEI

Vor abgeschiedenen Buchten ankern, den Kormoranen beim Tauchen zusehen und die leuchtenden Wolken des Abendhimmels bestaunen: eine Tour mit dem Motorboot über die Rheinsberger Seenlandschaft

IN EINEM BOOT

TEXT **TABEA HERTZOG**
FOTOS **MARCUS GLAHN**

Anfängerglück: Unsere Autorin und Freundin Alina machen sich nach kurzer Einweisung mit dem Motorboot auf den Weg

Sobald die Tage wärmer werden und sich das Grün der Baumkronen verdichtet, wächst in mir die Sehnsucht nach Ausflügen in die Umgebung. Dann kann ich es kaum erwarten, in den ersten kalten See zu springen. Das Schwimmen hat eine so große Anziehung für mich, dass es selten einen Sommer ohne blaue Lippen gibt. Am liebsten bin ich dort, wo es gleich mehrere Seen auf einmal gibt. Zum Beispiel im Rheinsberger Seengebiet. Hier verbinden Kanäle und Flüsse mehr als 70 Seen zu einer wunderschönen Wasserlandschaft, deren Weite wir diesmal mit einem führerscheinfreien Motorboot entdecken wollen.

Tag 1

Gegen 9 Uhr fahren meine Freundin Alina und ich mit dem Auto aus Berlin los. Keine anderthalb Stunden später erreichen wir das Hafendorf Rheinsberg am südöstlichen Ufer des Rheinsberger Sees. Beim Boat-City Bootsverleih kann man unterschiedliche Typen von führerscheinfreien Motorbooten leihen. Angefangen vom Angelkahn mit 2 PS Elektromotor, bis zu komfortableren Booten, die Platz für acht Personen bieten und mit einer maximalen Leistung von 15 PS fahren. Am Hafen heißt uns ein Einweiser willkommen. Da weder Alina noch ich jemals zuvor ein Motorboot gefahren sind, entscheiden wir uns für den Einsteiger unter den führerscheinfreien Motorbooten: Der »Kormoran« ist knapp fünf Meter lang, hat bis zu 5 PS und bietet Platz für vier Personen.

Am Steg bekommen wir eine zehnminütige Einweisung. Dann geht es weiter an die Verkehrsregeln und die wichtigsten Verkehrszeichen. An Bord gibt es Rettungswesten, einen Erste-Hilfe-Kasten und natürlich die Wasserkarte. Sie zeigt uns den Verlauf der Fahrrinne auf den Gewässern und versorgt uns mit praktischen Informationen zu Schleusen, Liegeplätzen, Badestränden, Servicedienstleistungen wie Wasser und Strom sowie touristischen Angeboten. Unsere Route erstreckt sich über sechs Seen: Vom Rheinsberger See bis zum Schwarzen See. Dort liegt unsere Unterkunft für die Nacht. Am morgigen

Die Tour erstreckt sich über sechs Seen – vom Rheinsberger See bis zum Schwarzen See

Ehrfürchtiges Staunen: Wie groß der See ist! Wie golden die Sonne im Wasser versinkt! Und ist das dort hinten nicht ein Kormoran?

Tag wollen wir die Route zurückfahren. Wir haben eine Strecke ohne Schleusen gewählt, denn gerade an warmen Sommertagen kann es an Schleusen immer wieder zu längeren Wartezeiten kommen. Wir wollen lieber unabhängig sein und abgeschiedene Plätze finden.

Rheinsberger See und Schlabornsee

Unsere Rucksäcke und etwas Proviant verstauen wir in der kleinen Halbkajüte. Ich mache die Leinen los, Alina sitzt schon hinterm Steuer. Mühelos entfernen wir uns vom Ufer, lassen das Hafendorf und die farbigen Ferienhäuser hinter uns. Auf geht es Richtung Norden.

Endlich ist um uns herum nur Wasser. Wie weit die bewaldeten Ufer nun schon entfernt liegen. Erst jetzt fällt uns auf, wie groß der Rheinsberger See ist, in dessen Mitte sich die halbmondförmige Remusinsel befindet. Von allen Ufern ist sie von dicht stehenden Bäumen umgeben. Wir nähern uns dem Nordufer bei Schlaborn. Dort befindet sich eine Bucht, von der seitlich ein Kanal zum Schlabornsee führt. Das ist unsere Richtung. Die Brückenpfeiler im Schlabornkanal stellen die erste Herausforderung dar. Denn beim Drehen des Lenkrads reagiert das Boot mit einigen Sekunden Verzögerung, anders als beim Auto. Das wird in der Enge der Kanäle im Gegensatz zur offenen See deutlich spürbar: Unser Boot liegt schnell quer und blockiert beide Richtungen. Zum Glück hilft einem immer

Alles dabei: Wer auf große Fahrt geht, sollte immer genügend Proviant im Gepäck und an Bord haben

Der Weg führt weiter durch den etwas engeren Schlabornkanal

auch der Rückwärtsgang, und ein wenig Fingerspitzengefühl gehört auch dazu. Wir lernen: einfach die Geschwindigkeit etwas rausnehmen und nicht aus der Ruhe bringen lassen. In entgegengesetzter Richtung hat sich inzwischen ein Motorboot genähert. Als wir schließlich wieder mit dem Bug nach Norden stehen und es weitergehen kann, ruft die ältere Frau von ihrem Boot freundlich herüber: »Gehört alles dazu. Passiert uns auch noch hin und wieder.«

Der Himmel klart auf, wir freuen uns über das Sonnenlicht. Es muss gar nicht durchweg blauer Himmel sein, denn gerade auf dem Wasser gehören die Wolken zu den schönsten Anblicken. Als wir den Schlabornsee erreichen, steigt die Vorfreude auf den ersten Sprung ins Wasser. Doch noch wollen wir etwas weiter.

An der Halbinsel, südwestlich des Sees, liegen einige an den Strand gezogene Kanus. Dahinter erstreckt sich ein Campingplatz, dessen Areal zwischen den Bäumen genügend Stellflächen für Wohnmobile und Wohnwagen bietet. Die Halbinsel ist vom Wasser und über Rad- und Wanderwege zu Lande gut zu erreichen. Am Ostufer liegt Zechlinerhütte. Einst stand hier eine Glashütte mitten im Wald, in der Kristall- und Farbgläser sowie vergoldete Gläser hergestellt wurden. Der Polarforscher Alfred Wegener verbrachte mit seiner Familie oft die Ferien in Zechlinerhütte. Heute informiert die Alfred-Wegener-Gedenkstätte über den Geowissenschaftler, der durch seine Theorie der Kontinentalverschiebung berühmt wurde. Das Museum lässt sich vom Anleger der Fahrgastschifffahrt zu Fuß in etwa zehn Minuten erreichen. Abgesehen von den Dörfern

Der Polarforscher und Geowissenschaftler Alfred Wegener verbrachte mit seiner Familie oft die Ferien in Zechlinerhütte

ist der Schlabornsee von Wald und moorigen Feuchtbiotopen umgeben. Nach Westen lässt sich über den Kanal ein Abstecher zum Dollgowsee machen. Hier empfiehlt es sich, lieber mit einem Kanu zu paddeln, um den Seerosenarealen zu weichen und die Ruhe der im dichten Schilf lebenden Tiere nicht zu stören.

Für uns geht es noch immer weiter Richtung Norden über den Hüttenkanal. Aus entgegengesetzter Richtung steuert nun ein Hausboot heran. Alina hält unser Boot mühelos auf gerader Linie. Ich bin beeindruckt. Mann und Kind winken uns zum Gruß. Im Windschatten der Bäume beobachte ich die Spiegelungen auf dem Wasser. Die innere Ruhe und Abgeschiedenheit, die ich spüre, bringt vor allem der große Waldreichtum, oft aus Kiefern- und Buchenmischwäldern mit sich, der die Seenlandschaft umgibt. Dazwischen liegen hin und wieder saftige grüne Wiesen, versteckte Bänke laden zum Picknicken ein.

Tietzowsee, Zootzensee und Großer Zechliner See

Wir erreichen den Tietzowsee, der nach Norden über eine Enge mit dem großen Prebelowsee verbunden ist. Hier lässt es sich weiter zu den Gewässern der Mecklenburgischen Seenplatte schippern. Wir halten uns allerdings links, biegen gleich in den Zootzenkanal ein. Den Nordosten des Tietzowsees wollen wir lieber morgen auf der Rückfahrt erkunden. Jetzt darf ich ans Steuer. Im Kanal nehme ich erstmal die Geschwindigkeit raus, das habe ich mir von Alina abgeguckt. Um ein Gefühl für die Bewegungen und Reaktionen des Bootes im Wasser zu bekommen. Dann entdecken wir unseren ersten Kormoran an diesem Tag. Der Vogel sitzt auf einem Holzpfosten am Ufer, schüttelt sein Gefieder aus, im Sonnenlicht glänzen seine dunklen Federn bläulich.

Alina verschwindet in der Halbkajüte, es raschelt. Mit einem Apfel im Mund klettert sie wieder heraus. »Picknick?«, fragt sie. »Unbedingt«, antworte ich. Das

Landgang – verbunden mit einem Besuch im Alfred-Wegener-Museum in Zechlinerhütte

Das Schöne beim Motorboot: Man kann jederzeit und überall den Anker setzen und eine Pause einlegen oder vielleicht doch einfach weiterfahren

Schöne mit einem Boot: Jederzeit lässt sich eine ruhige Stelle finden, um den Anker zu setzen und eine Pause einzulegen. Im Zootzensee suchen wir uns also, etwas abseits, ein schönes Plätzchen. Ich lasse den Anker ins Wasser gleiten. Auf dem Sonnendeck des Bootes schneidet Alina das selbstgebackene Brot, ich stibitze schon mal eine der schwarzen Oliven. Wir genießen die Stille, meine Augen folgen einem weißen Wanderruderboot in der Ferne. Dann entdecken wir den nächsten Kormoran. Etwa zehn Meter entfernt taucht er ins Wasser, einige Sekunden danach wieder auf. Im Schnabel hält er einen Fisch. Den Vogel zu beobachten, weckt nun auch in mir den Drang endlich in die Kühle zu tauchen. Etwas später nimmt Alina die Treppe hinten am Boot, lässt sich sanft ins Wasser gleiten. Ich zähle bis drei und springe dann direkt vom Boot ins kühle Nass. Vergnügt schwimmen wir ohne Ziel hinaus, der Wind raschelt durchs Schilf. Schließlich entdecken wir einen abgelegenen Steg, von dem es im Schatten der Baumkronen etwas hügelig ans Festland geht. Ein Blick und ein verschmitztes Lächeln zwischen uns genügen, wir haben die gleiche Idee. Alina schwimmt an den Steg, ich hole das Boot. Eine Weile genießen wir das schattige Plätzchen, beobachten die Libellen und Fische am klaren Ufer.

Hilfreich: Neben Rettungswesten und Erste-Hilfe-Kasten gibt es an Bord auch eine detaillierte Wasserkarte

Vom Wasser erfrischt und zurück auf dem Boot, steuern wir über den Repenter Kanal den Großen Zechliner See an. Hoch oben am Himmel zieht ein Fischadler seine Kreise. Das späte Nachmittagssonnenlicht funkelt auf dem Wasser. Die Zeit ist wie im Flug vergangen. Im Zechliner See gibt es einige versteckte Sand-Badestellen. Die heben wir uns für morgen auf. Der Große Zechliner- und der Schwarze See sind die tiefsten unserer Tour. Sie weisen teilweise Tiefen von über 30 Metern auf.

Abends wird das Boot an Land gezogen und fest vertäut – um in einer Ferienwohnung in Haus Elsenhöhe zu übernachten

Schwarzer See

Auf geht es nach Flecken Zechlin am Schwarzen See. Das Haus, in dem wir übernachten wollen, liegt auf einem Hang inmitten von Bäumen. Schon vom Wasser aus sehen wir die helle Fassade von Haus Elsenhöhe. Beim Anlegen am hauseigenen Steg sitzt Alina wieder hinter dem Lenkrad, ich gebe die Richtung vor, ziehe das Boot an Land und knote die Leinen fest.

Der Inhaber von Haus Elsenhöhe Bernd Hasenbalg begrüßt uns herzlich und führt uns zu unserer Ferienwohnung. Ein kurzer Blick hinein: gemütliche Betten und eine Küchenzeile, die mit allem ausgestattet ist. Wir legen rasch die Rucksäcke ab und brechen dann noch einmal auf. Unser Ziel: die Fischerhütte Gehrt. Inzwischen geübt steuern wir über den Schwarzen See und finden am Anleger der Fischerhütte noch einen Platz zwischen den anderen Booten. Die reetgedeckte Hütte liegt unmittelbar am Steg. Rustikale Tische und Bänke im Freien laden zum Essen des fangfrischen Fisches ein. Wir bestellen Forelle, Schlei und Fischsuppe, dazu Bratkartoffeln und kaltes Bier. Bald sind alle Bänke um uns herum belegt. Fahrradhelme und Sonnenbrillen liegen auf den Tischen. Nach dem Essen geht es noch einmal raus mit dem Boot, um den schönsten Platz für den Sonnenuntergang auf dem See zu finden. Wir bleiben,

Nach dem Essen gehts nochmal raus mit dem Boot – zum Sonnenuntergang auf dem Schwarzen See

Wohlverdientes Abendessen in der Fischerhütte Gehrt in Flecken Zechlin

Endlich schwimmen: Im Zootzensee gibt es das perfekte Plätzchen, um sich zu erfrischen

bis es abkühlt, die Sonne längst hinter den Baumkronen verschwunden ist. Später im Bett spüre ich noch immer den Seewind im Gesicht und diese angenehme Müdigkeit, die eintritt, wenn man den ganzen Tag draußen war.

Tag 2

Es zieht mich früh aus dem Bett. Im Badeanzug eile ich barfuß über die nasse Wiese. In der Nacht hat es geregnet. Was gibt es Schöneres als in der Stille des Morgens in einem See zu schwimmen? Zwischen den Bäumen blitzt er schon graugrün hervor. Nun kann ich es kaum erwarten. Ein Hase hoppelt über die Steinstufen. Ich folge ihm hinunter zum Steg. Eine herrliche Stille erfüllt die Luft. Ein Schwanenpaar mit seinen Jungen zieht lautlos vorüber. Das Wasser ist angenehm kühl. Ich schwimme weit hinaus.

Als ich zurückkomme, hat Alina schon Croissants und Brötchen vom Bäcker am Markt besorgt. Unser Gastgeber klopft an die Tür, reicht eine Tasse gemahlenen Kaffee hinein. Wir frühstücken auf der kleinen Terrasse vor dem Haus. Die Luft erwärmt sich langsam. Das Boot müssen wir im Hafendorf Rheinsberg bis zum Mittag wieder abgeben. Bis dahin wollen wir noch eine schöne Badestelle finden und einen Spaziergang am Schloss Rheinsberg unternehmen. Also geht es nach dem Frühstück zügig zurück zum Boot.

Abschluss der Tour – ein Spaziergang zu Schloss Rheinsberg, bevor das Motorboot im Hafendorf wieder abgegeben werden muss

Stilecht auf Bootstour: Fische im Wasser und auf dem Teller

Die Leinen sind gelöst. Doch der Motor springt nicht auf Anhieb an. Alina erinnert sich an den Hinweis unseres Einweisers: »Den Pumpball etwas kneten, so wird Kraftstoff eingepumpt.« Genau das mache ich also. Und nach dreimaligem kräftigem Ziehen am Starterseil klappt es schließlich.

Im Großen Zechliner See finden wir eine schöne abgelegen Sand-Badestelle unter Bäumen. Wir waten durchs Wasser und klettern auf einen der Bäume. Auf der Rückfahrt über die Seen versuche ich, so lange wie möglich, das Grün der bewaldeten Ufer zu genießen. Für einen Augenblick möchte ich gar nicht ankommen. Die schönsten Dinge sind oft die, die man zum ersten Mal erlebt.

TIPPS

HINKOMMEN

Mit dem Zug
RE-Züge fahren ab Berlin Hauptbahnhof mit einem Umstieg nach Rheinsberg.

Mit dem Auto
Über A 111 und B 96 bis Rheinsberg.

UNTERKOMMEN

Haus Elsenhöhe
Das Haus liegt auf einem Hang inmitten von Bäumen. Übernachtet wird in Apartments oder Ferienwohnungen. Am Morgen unbedingt im See schwimmen! Strandweg 1, 16837 Flecken Zechlin, Tel. (033923) 721 00, elsenhoehe.de

Für Zeltschläfer, Wohnmobile und Wohnwagen
gibt es einige Campingplätze in der Seenlandschaft, z. B. berner-land.de oder camping-platz-warenthin.com

VERPFLEGUNG

Marmelo Manufaktur Brandenburg
Hier gibt es Frühstück, sehr guten Kaffee & Kuchen sowie schöne Mitbringsel zum Start oder Ausklang der Touren. Mühlenstraße 12 16831 Rheinsberg marmelo-manufaktur.de

Fischerhütte Gehrt
Die Gaststätte befindet sich im Ort Flecken Zechlin, unmittelbar am Schwarzen See. Man kann mit dem Boot direkt am Steg anlegen. Es gibt frischen Fisch direkt vom Fischer. Dazu Bratkartoffeln, Pommes Frites, Folienkartoffeln oder Salat. Seestraße 5, 16837 Rheinsberg, Tel. (033923) 705 30

RUMKOMMEN

Boat-City Hafendorf Rheinsberg GmbH
An warmen Sommertagen und in den Ferien sind die größeren führerscheinfreien Motorboote meistens bereits ausgebucht. Deshalb vorab reservieren. Mit dem Kormoran dagegen hat man oft Glück, weil es vor Ort bis zu fünf gibt. Motorboote kosten pro Tag ab 150 Euro zzgl. Treibstoff. Kaistraße 3, 16831 Rheinsberg, Tel. (033931) 80 545, boat-city.de

DIE BESTEN 5

Tauchen, Segeln oder Kitesurfen: Das Angebot an **Wassersport** auf Brandenburgs Seen ist schier unerschöpflich. Hier sind unsere feuchten Favoriten

Wasserskipark Zossen

»Über den Kicker jumpen, sliden, Inverts springen, Features rocken« – das klingt ein wenig nach coolem Skaterslang und ist auch ganz nah dran. Im Wasserskipark Zossen sind hoch über dem Baggersee jede Menge Seile gespannt, über die sich Wasserskifahrer und Wakeboarder ab 16 Jahren in beachtliche Geschwindigkeit versetzen lassen können (die Seilbahnnutzung kostet ab 20 Euro die Stunde). Und das rockt durchaus. Für Profis stehen auch Hindernisse und Rampen auf dem Wasser zur Verfügung. Anfänger- und Fortgeschrittenenkurse gehören zum Programm, ebenso wie der Sandstrand mit Bademöglichkeit, Umkleidekabinen und Café. Für Kinder werden spezielle Wakeboard-Kurse angeboten, dazu dürfen sie auch im benachbarten Aquaglide-Park klettern, rutschen, jumpen und toben (ab 1,20 Meter Größe). Übrigens: Wer ein gültiges Ticket für den Wasserskipark besitzt, hat auch Zutritt zum Familienstrand.

Zossen OT Horstfelde Schünower Straße 19
wasserskipark-zossen.de

Tauchbasis Stechlinsee

Schon Anfang April beginnt hier die Tauchsaison. Eines der schönsten Wasserreviere Brandenburgs ist der Große Stechlinsee mit bis zu 70 Metern Tiefe. Eine gute Sicht von bis zu zehn Metern ermöglicht Unterwasserausflüge, bei denen man in der üppigen Flora nicht nur Plötzen, Schleien und Barsche, sondern auch mal kapitale Hechte entdecken kann. Die Tauchbasis verleiht auch Ausrüstungen, gibt Kurse für Anfänger (Schnuppertauchen) und Fortgeschrittene und organisiert Kinderferiencamps.

Stechlin Fischerweg 2, vom 1. April – 15. Oktober 2023, Hauptsaison: Mo – So 10 – 18 Uhr, Nebensaison: Fr – So 10 – 18 Uhr, tauchbasis-stechlin.de

Kanusport Dahmeland

Die erfahrenen Profis des Bootsservices verleihen klassische Kajaks und Kanadier in bestem Zustand, darunter auch 10er-Mannschaftskanadier, die sich bestens für Familien- oder Betriebsausflüge eignen. Vorbestellte Boote können auch zum Campingplatz oder zum Hotel geliefert werden. René Rathmann und Thomas Reinsberg organisieren in Zusammenarbeit mit der nahe gelegenen Jugendherberge in Größ Köris auch Klassenfahrten und geben Tipps für individuelle Touren.

Märkisch Buchholz Eisenbahnstraße 12, Saison von Mai bis September 9 – 18 Uhr, kanusport-dahmeland.de

Segelschule Bollmannsruh

Am Oberen Beetzsee im Havelland herrschen meist angenehme Windbedingungen, ideal für Anfänger und entspannte Freizeitkapitäne. Die erfahrene Segelschule arbeitet seit vielen Jahren mit Anfängern und Fortgeschrittenen und bietet nicht nur Kurse zum Erwerb des »Sportbootführerscheins Binnen«, sondern auch für den »Sportbootführerschein See (Salzwasser)« an. Dazu wird auf mehreren Segeljollen und einem Katamaran geübt. Die wichtigen Grundkenntnisse zum Wind und zu Manövern wie Wende und Halse gehören ebenso zum Erlernten wie die Bergung von Personen in Seenot. Die Segelboote, aber auch Motorboote sowie Kanus und Kajaks können ebenfalls gemietet werden.

Päwesin Bollmannsruh 13
segelschule-bollmannsruh.de

Kitesurfen im Lausitzer Seenland

Wind, Wasser, Geschwindigkeit und vor allem Spaß, das sind die vier Grundlagen des Kitesurfens. Die besten Kite-Reviere in Brandenburg sind, nach Meinung lokaler Kitesurfer, im Südosten des Landes. Darüber hinaus finden sich im »Lausitzer Seenland« zahlreiche geflutete Tagebauseen mit guten Windverhältnissen, dazu gehören der Senftenberger See, der Geierswalder See und der Bärwalder See (Sachsen). Wegen Badegästen und Schiffsverkehr ist das Kitesurfen aber nicht überall erlaubt.

Lausitz Senftenberger See, Geierswalder See, Bärwalder See
kitesurf-lausitz.de/news

TEXTE Michael Pöppl

Zu Gast

FOTO Promo

Nicht weit vom Gülper See macht unsere Autorin Pause, legt sich ins Gras und beobachtet Pferde auf der Koppel

Unterwegs im wilden Brandenburg

TEXT UND FOTOS **MARLENE GAWRISCH**

Der ausrangierte Feuerwehrbus ist wieder zum Leben erwacht. Vor vier Jahren hat unsere Autorin und Fotografin einen 30 Jahre alten Mercedes erstanden, restauriert und zum Camper ausgebaut. Seitdem ist sie mit ihrem »Grobi van Van« getauften Mobil unterwegs. Eine Reise quer durchs Havelland und durch die Lausitz

Das Fenster runterkurbeln, der Sommer schwebt herein. Kassette ins Radio schieben, Choke ziehen, Kupplung treten und den Schlüssel umdrehen. Der Wagen springt sofort an und los geht die Fahrt – mit maximal 80 km/h rollt Grobi zu Fleetwood Mac durch die Natur. Eigentlich hatten wir eine feste Route geplant, biegen dann aber doch mal hier, mal dort ab. Wir legen spontane Zwischenstopps ein, führen nette Gespräche am Wegesrand, sehen Kinder, die uns zuwinken. Ganz entspannt suchen wir uns den schönsten Schlafplatz direkt am **Gohlitzsee** südlich von Kloster Lehnin.

Irgendwann kommen wir im **Sternenpark Westhavelland** an, einem Naturpark im Westen Brandenburgs, der besonders dünn besiedelt ist. Wenig Häuser und vor allem wenig Licht. Das ist günstig zum Sternegucken. Der Sportplatz Gülpe ist perfekt zum Übernachten. Mit Rotwein und Fernglas im Gepäck laufen wir raus aus dem Ort. Über uns eröffnet sich ein Sternenhimmel mit unendlich vielen Leuchtpunkten. Wir sind sprachlos, überwältigt und fühlen uns unendlich klein. Am nächsten Tag fahren wir zum Beobachtungsturm Gülper See, danach liegen wir im Gras und sehen Pferden auf der Koppel zu.

In **Brandenburg an der Havel** treffen wir den Berliner Künstler Wolfgang Ganter, der dort ein altes Umspannwerk erworben hat. Gemeinsam mit seiner Lebensgefährtin Ria Wank, ebenfalls Künstlerin, baut er das alte Gebäude zu einem Atelierhaus samt Ausstellungsort um und aus. Es erfordert viel Kraft, Mut und Technik, der Ruine wieder Leben einzuhauchen. Den lauen Sommerabend verbringen wir im alten Zentrum der Stadt, setzen uns auf die Stufen am Ufer der Niederhavel neben der Jahrtausendbrücke. Getränke gibt es im Brückencafé, die Abendsonne und Boote gucken gratis dazu.

ECHT MILD
SÜFFIG
MIT 6 %
Jetzt probieren!
SOWAS VON
BERLINER
PRANKE
BERLINER
PRANKE
ECHT
MILD
SÜFFIG
BIER
6%

Wir fahren nach **Altdöbern** am Rande des ehemaligen Tagebaus Greifenhain. Dort muss man entgegen dem Vorurteil »Nimm was zu Essen mit, wir fahren nach Brandenburg« nicht darben. Im Café Schauwerk schauen wir bei Kaffee und köstlichem Kuchen direkt in die Backwerkstatt. Danach widmen wir uns ganz dem Schloss mit Parkanlage und Teich. Nach der langen Fahrerei auf alten Sitzen ist es Zeit, sich zu bewegen. Wir umrunden den Salzteich und wandeln durch den weitläufigen Schlosspark, entdecken dort eine Reithalle und andere versteckte Geheimnisse. Die Orangerie mit Café ist leider geschlossen.

Der sächsische General Alexander Dietrich von Eickstedt ließ seinen Ruhesitz in Altdöbern bereits um 1720 zu einem stattlichen **Barockschloss** mit Lustgarten ausbauen. Mitte des 18. Jahrhunderts erlebte das Schloss eine erste große Glanzzeit unter Carl Heinrich von Heineken. Dresdner Hofkünstler schufen für ihn ein außergewöhnliches Rokokoensemble aus Architektur und Gartengestaltung. Das Schloss ist teilweise saniert. Wir erkunden das Innere und entdecken wunderschöne Wandmalereien, die wieder freigelegt wurden. Stellenweise ist das alte Gemäuer noch im Rohbau.

Wir gönnen uns ein Stück Frankreich auf der **Halbinsel Werder**: im Restaurant Duval! Die große Käse- und Wurstplatte reicht für zwei, dazu einen kühlen Weißwein und hausgemachte Limonade mit Granatapfelkernen. Das alles genießen wir auf der Terrasse in der Abendsonne. Drei-Gänge-Menüs und an manchen Abenden Livemusik gibt es auch. Man spürt, mit wie viel Liebe das Restaurant betrieben wird. Wir übernachten am Ufer der Havel, linker Hand vor der Überfahrt gibt es einen Stellplatz für Wohnmobile mit Strom. Ein romantischer Spazierweg führt von dort zum Duval und zur Altstadt.

TIPPS

Camper mieten
Bei »Rent a Bulli« gibt es neue und alte VW Busse, zum Beispiel alte T3 Busse. Sie sind super ausgestattet und bieten in der Hochdachvariante vier Schlafplätze. Preis in der Hauptsaison: 69 – 89 Euro / Nacht rent-a-bulli.de
Wer mehr Auswahl sucht, bekommt bei Roadsurfer neue Vans unterschiedlicher Hersteller angeboten. Ein Mercedes mit vier Schlafplätzen kostet ab 125 Euro / Nacht in der Hauptsaison. roadsurfer.com

Reiselektüre
Ebenfalls empfehlenswert ist das Buch »Take Me to the Lakes«, das man am besten ins Handschuhfach legt. Dort werden Seen in Berlin und Brandenburg vorgestellt. Perfekt für einen spontanen Wochenendausflug mit Bus.

Duschen
Auf Zeltplätzen kann man gegen kleines Geld duschen und Frischwasser tanken, einfach nett an der Rezeption fragen. An manchen Tankstellen findet man erstaunlich saubere und bezahlbare Duschen vor. Im Sommer reicht aber auch oft der Sprung in den See.

Parken
Empfehlenswert ist der Stellplatzführer von Landvergnügen, der Parkmöglichkeiten bei Bauernhöfen auflistet. So lernt man gleich Ort und Leute kennen. Das Buch gibt es auch als App. landvergnuegen.com
Die park4night-App bietet Champingplätze und Parkplätze an. Sie wird von einer Community gespeist. Fotos und Beschreibungen helfen dabei, gute Ecken zu finden. Immer den Müll mitnehmen, bitte! park4night.com

Wild parken
Einfach auf Parkplätzen zu übernachten ist meist verboten. Schilder weisen darauf hin. Es gibt aber die Möglichkeit der: »Wiederherstellung der Fahrtüchtigkeit«, das kann schon mal eine Nacht dauern.

Grobi van Van
Touren, die Marlene Gawrisch mit Grobi unternimmt, findet man auch auf Instagram (@grobi_the_van).
Steckbrief: Mercedes T1 (Bremer), Erstzulassung 5.1.1993, 100 PS, Benziner (sehr selten!).

FERIEN WIE IN BULLERBÜ

TEXT **DANIELA MARTENS** FOTOS **JULIA NIMKE**

Zwischen Pferdeweiden, Wald und Seen liegt das Ferienland Luhme – ein Paradies für alle Kinder, die sich austoben wollen

Entspannte Vater-Tochter-Zeit: Im Ferienland Luhme finden Familien viel Raum für Erholung im Grünen

Es gibt einen Ort in Brandenburg, wie er sonst nur in Kinderbüchern vorkommt. Ein großes Gelände voller hübscher Häuschen, auf dem sich Kinder jeden Alters frei bewegen, kleine Abenteuer erleben und durch den Wald und über Wiesen stromern können. Sie tollen in einer Scheune herum, werden stundenlang nicht von den Eltern gesehen, bis abends das Lagerfeuer angezündet wird. Sie streicheln Tiere – und beerdigen die verstorbenen. Doch dazu später.

Ferienland – das klingt so, wie es ist: eine eigene kleine Welt, mitten im Nirgendwo – und ist dabei nur rund hundert Kilometer nördlich von Berlin entfernt. Das Ferienland liegt nicht direkt im Dorf Luhme bei Rheinsberg, sondern in einem noch kleineren Ortsteil namens Heimland, zwischen Pferdeweiden, Wald und Seen. Drei Wege führen dorthin, aber nur einer ist geteert. Man solle nicht zu großzügig parken, steht sinngemäß auf einem Schild am Parkplatz, denn es kämen ja noch mehr Berliner. Und wirklich, die meisten Familien, die dort im Sommer anreisen, kommen aus Berlin – und zwar jedes Jahr aufs Neue. Spätestens am letzten Ferientag buchen viele Eltern schon eines der 25 unterschiedlich großen Ferienhäuschen oder eine der Wohnungen fürs Folgejahr. Man darf aber auch sein Zelt unter den Obstbäumen aufbauen.

Die meisten Familien, die im Sommer anreisen, kommen aus Berlin

Wenn der Neunjährige sich an einem kalten Winterabend an jenen warmen Sommertag erinnert, an dem es um die Tierbeerdigungen ging, legt sich eine Art Strahlen über sein Gesicht. »Wir haben den ganzen Tag tote Tiere gesucht, ihnen Namen gegeben und sie beerdigt«, erinnert er sich. Einen Buntspecht, eine Maus und eine Hornisse. Sie bekamen kleine Holzkreuze, »und einen großen Grab-

Überblicksplan für das weitläufige Gelände mit Ferienhäusern, Zeltplätzen auf der Obstwiese, Pferdekoppel, Feuerstelle und vielem mehr

Gründer und Betreiber der Ferienanlage: Freke Over mit Lebensgefährtin Nele Redlich (o.), Blick in den Speisesaal (u.)

Es gibt viele Plätze auf dem Gelände zum Klettern und Austoben, zum Abhängen und Ausruhen

stein, auf den wir die Namen mit Filzstift geschrieben haben«. »Wir« – das waren die Kinder, die zu jenem Zeitpunkt ihren Urlaub in den Hütten des Ferienlandes Luhme verbrachten. Da machte es nichts aus, dass einige der kleinen Bestattungsunternehmer erst drei oder vier Jahre alt waren, andere schon zehn oder zwölf.

Ein Ort der etwas anderen Art war Heimland schon in früheren Zeiten, allerdings im Negativen: Anfang des 20. Jahrhunderts wurde es auf dem Gelände eines ehemaligen Gutes von einer »völkischen« Siedlungsgesellschaft mit antisemitischen Motiven gegründet, als eine Art »Arche« für »arische Familien« aus der Stadt, die sich etwas Neues aufbauen wollten. In den 1920er-Jahren kam eine »Erziehungsschule für Erwachsene« hinzu, in der junge Städter »Spartanergeist und innere Disziplin« lernen und nicht etwa »ohne ernste Arbeit von Luft- und Sonnenbädern« leben sollten, wie es wohl einige gern getan hätten. Diese und noch viel mehr historische Details lassen sich auf der Internetseite des Ferienlandes finden. Die dunkle Vergangenheit wird nicht verschwiegen. Ein großes Hakenkreuz soll damals die Scheune geschmückt haben.

Heute findet man hier ein klares Bekenntnis gegen rechte politische Einstellungen: »Kein Urlaub für Rassisten« und »Heimland – alles andere ist Brandenburg«.

Die Ferienkinder dürfen hier auch die Schweine füttern

Das steht auf einem Schild an der Badestelle am Kapellensee, die dem Ferienland am nächsten liegt – neben Ermahnungen, kein Feuer zu machen, nicht zu rauchen und den Müll wieder mitzunehmen. Was in diesem Zusammenhang offensichtlich darauf anspielt, dass in der Gegend rechtsextremes Gedankengut weit verbreitet ist.

Dagegen engagiert sich schon lange Johann Frederik Wilhelm Gerhard Over, genannt Freke, der das Ferienland gegründet hat. Nachdem er in den späten 1980ern und frühen 1990ern erst in der Anti-Atomkraftbewegung aktiv und dann Teil der Berliner Hausbesetzer-Szene war, saß er von 1995 bis 2006 für die PDS im Berliner Abgeordnetenhaus. 2006 kaufte er das Gelände in Heimland, das zu DDR-Zeiten als betriebliche Ferienanlage für Mitarbeiter des VEB Stahl- und Walzwerk Hennigsdorf, des VEB Glaswerk Berlin-Stralau und der Konsumgenossenschaft Berlin genutzt worden war – und zog mit der Familie – er hat drei Kinder – dorthin. Politisch blieb er aktiv, er ist Fraktionsvorsitzender der Linken in der Stadtverordnetenversammlung Rheinsberg, einer Stadt, in der ein Rechtsextremer im Tourismusbüro die Gäste begrüßt und ein Mitglied der Linken kein Feuerwehrmann werden darf.

In der Ferienzeit findet man Over oft an der kleinen Theke in einer Ecke des Speisesaals, in der noch ein Schild

Malerisch gelegen – die Badestelle am Kapellensee in der Nähe von Rheinsberg Luhme

hängt: »Ferienheim der Konsumgenossenschaft.« Heute gehen dort stattdessen Mitglieder der Konsumgesellschaft – sprich die Feriengäste – aus und ein und versorgen sich bei Freke Over mit frisch gebackenem, auch veganen, Kuchen, Hafermilch-Cappuccino – und Kleinigkeiten des täglichen Bedarfs, wenn sie keine Lust auf den weiten Weg in den nächsten Laden haben. Auch T-Shirts bietet er feil, mit dem Aufdruck »Old white Man for Future«. So eins trägt er auch selbst gern.

Mit seinem manchmal etwas brummigen Charme verkauft er Eis aus der Tiefkühltruhe an die Kinder, die gerade vom Baden zurückkommen, im nächsten Moment repariert er eine verstopfte Toilette in einem der Ferienhäuser oder bringt gesammelte Äste zur Feuerstelle fürs abendliche Lagerfeuer. Bevor das an Sommerabenden, an denen die Waldbrandgefahr nicht zu groß ist, angezündet werden kann, müssen aber noch die Schweine, Ziegen, Meerschweinchen, Hühner und Kaninchen gefüttert werden. Dabei dürfen die Ferienkinder helfen.

»Ich finde in Luhme jedes Jahr neue Freunde«, sagt der Neunjährige, der sich schon sehr auf den nächsten Sommer freut. Er kennt das Ferienland auch von Fahrten mit seiner Kita, denn auch außerhalb der Ferien sind dort Kindergruppen willkommen. Hoffentlich gebe es wieder eine Nachtwanderung, im vergangenen Jahr zog er dafür mit einer anderen Familie los. Nachts, wenn alle Tiere sicher in ihren Ställen schlafen, alle bis auf das freilebende Kaninchen Karl-Heinz. Das ist vor Jahren ausgebüxt, hat sich einen Bau unter den Brombeerbüschen gebaut und sitzt tagsüber oft auf der Ziegenweide oder in der Nähe der Zelte. Gestreichelt werden will es nicht, dann hüpft es einfach genervt zur Seite. Im Ferienland Luhme sind eben sogar die Kaninchen etwas anders.

Ferienland Luhme
in Ostprignitz-Ruppin

FERIENLAND LUHME
Ostprignitz-Ruppin
Heegeseeweg 8 – 9,
16837 Luhme OT Heimland,
Tel. (033923) 714 25,
ferienland-luhme.de

WARUM NICHT MAL BIO?
ENTDECKEN SIE UNSERE PRODUKTVIELFALT
Über 50x in Berlin
Auch in Ihrer Nähe, mehr Infos unter:
biomarkt.de
Bahnhof Gesundbrunnen,
Bahnhof Ostkreuz,
Bahnhof Zoo
365 Tage geöffnet
Denns Bio
biomarkt.de

Vom Land in den Mund

TEXT **LYDIA BRAKEBUSCH**

ILLUSTRATIONEN **DANIELA BUSTAMANTE**

Mehr als Wald und Wiesen:
Die Streusandbüchse Brandenburg bietet aufmerksamen Spaziergängern reiche Ernte. Drei Touren für Jäger und Sammler

72

Sapora
Parasolpilz
Brennnessel
Spitzwegerich
Marone
Gravensteiner

Bitter oder blumig

Vom Spitzwegerich bis zur Eberesche – bei einem Spaziergang mit Naturpädagogin Maria Moch kann man viele heilsame und essbare Wildpflanzen entdecken und probieren

Wir sollen kurz die Augen schließen, den Boden unter den Füßen spüren. Neun Frauen stehen im Kreis, irgendwo auf einer Wandlitzer Wiese und lauschen der Stille – und dem Rauschen der nahe gelegenen Straße. Die Heilpraktikerin und Natur- und Kräuterpädagogin Maria Moch hat zum zweistündigen Wildpflanzen-Spaziergang geladen und trifft auf veritable Flora-Fans: Nadine erinnert sich noch an das Rezept für Giersch-Brennnessel-Suppe aus dem letzten Workshop. Sabine hat zu Hause gerade erst Rotöl angesetzt – das Heilmittel aus den Blüten des Johanniskrauts soll besonders bei empfindlicher Haut helfen und ist »dieses Jahr besonders schön dunkel geworden«. Und Cora ist gern in der Mittelalterszene unterwegs und interessiert sich für Hildegard von Bingen. Doch auch Laien schließt der andächtige Kreis mit ein. Alle einmal tief durchatmen, Augen wieder auf – und die Erkundungstour über die Wiese startet.

Nach nur wenigen Schritten geht Maria Moch in die Knie und tippt mit dem Finger gegen die ährenförmigen Blütenstände eines Breitwegerichs. Ein feines Puder entweicht. »Seht ihr, dass der gerade bestäubt? Und diese kleinen Kapseln hier: Auch der Breitwegerich trägt Früchte!« Die 43-Jährige reist eine Ähre ab, zieht sie durch die Zähne, sodass nur der kahle Stängel bleibt, und zerkaut mit Genuss die Fruchtkapseln. »Dass wir so was Unkraut nennen, ist unerhört.« Wir tun es ihr nach, und tatsächlich erfüllt ein mild-nussiger Geschmack den Mund, während Maria Moch über die Superkräfte der Wildpflanzen spricht. Die seien meist viel nährstoffreicher als unser Supermarktgemüse, denn sie müssten sich in der Natur selbst behaupten – diese Widerstandskraft schlage sich auf den Gehalt an Mineralstoffen, Vitaminen, Spurenelementen oder Ölen nieder. »Alle heimischen Pflanzen sind auch Heilpflanzen«, sagt sie. »Und wenn ihr nur drei kennt, seid ihr schon das ganze Jahr beschäftigt, denn: Sie verändern sich ja ständig!« Und manchmal sind sogar alle Stadien gleichzeitig vertreten: Einzelne hellgrüne Breitwegerich-Knospen sind noch zu finden – die kann man roh knabbern oder ähnlich wie Spargel zubereiten. Die schon braunen Samen geben Salaten als Topping eine nussige Note. Und die Blätter schmecken im Frühjahr besser, wenn sie ihr pilzartiges Aroma entfalten – eignen sich aber ganzjährig zur Wundversorgung, indem man beim Wandern beispielsweise ein zerriebenes Blatt direkt in den Strumpf auf die Blase am Fuß legt.

Die Blätter des Spitzwegerichs, direkt daneben, schmecken leicht nach Rucola. Und auch das Labkraut ist, bei einer Vorliebe für Bitterstoffe, gut genießbar. »Ich find das so kratzig«, sagt Maria Moch, »aber wer ein Smoothie-Typ ist – in Smoothies kann man ja allet rinhauen.«

Die erste Stunde ist vorbei und wir stehen noch immer an derselben Stelle: So viel gibt die Wiese her. »Wir könnten auch einfach hierbleiben, aber wir laufen mal so pro forma weiter«, sagt Maria Moch. Sie führt uns vorbei an Kratzbeerensträuchern – die Früchte sind weniger aromatisch als Brombeeren, aber für Marmelade bestens geeignet – und Brennnesselbüschen – das einheimische »Superfood« wurde zur Heilpflanze des Jahres 2022 ernannt und steckt voller Eisen, Eiweiß, Vitaminen und gesunden Fettsäuren.

Vor einer imposanten hochgewachsenen Pflanze bleibt sie stehen: Die großen Blüten sehen eher nach Gewächshaus aus als nach Wildblume, eine Biene nach der anderen zwängt sich gierig in die rosa Kelche. Das Indische Springkraut wurde vor rund 150 Jahren als Zierpflanze aus dem Himalaya nach Europa gebracht und ist als invasive Art, die sich in den vergangenen Jahren stark verbreitet hat, umstritten. Maria Moch erinnert der Geschmack der Samen an grüne Haselnüsse.

Es geht in Richtung Schrebergärten und schon poppen Hecken- und Kartoffelrosen am Wegesrand auf. »Jede Rose produziert Hagebutten«, sagt Maria Moch, »und alle sind essbar.« Ihr Tipp: Wenn der erste Frost in ihnen war, pflückt man sie und drückt sie aus, direkt in den Mund. »Da kommt so eine Hagebuttenwurst raus – die ist ein richtiger Booster fürs Immunsystem.«

Einfach zugreifen und kosten – oft ist die Scheu dabei groß. Ist es giftig? Und was ist mit dem Fuchsbandwurm? Die Gefahr, sich mit dem Fuchsbandwurm zu infizieren, ist hierzulande verschwindend gering. Rund 20 Fälle werden jährlich gemeldet und betreffen meist in der Landwirtschaft Beschäftigte oder Hundehalter. Wer dennoch sichergehen will, pflückt nicht in Bodennähe oder erhitzt die Ernte vor dem Verzehr auf über 60 Grad. Und die Sache mit dem Gift? »Etliche Pflanzen werden in Bestimmungsbüchern als giftig bezeichnet – weil beispielsweise ein übermäßiger Verzehr zu Kopfschmerzen oder Übelkeit führen könnte«, sagt Kräuterexpertin Maria Moch. Solche Mythen würden dann über Generationen weitergetragen.

So kostet es denn auch, nach all den Warnungen in der Kindheit, einen kurzen Moment der Überwindung, eine Vogelbeere in den Mund zu stecken. Der rohe Verzehr ist eine saure Herausforderung – gekocht aber ist Ebereschenmus ein altes Hausrezept gegen Magen-Darm-Beschwerden. Und die weißen Beeren vom Knallerbsenstrauch? »Die kann man nicht essen. Aber sie retten einen durch lange Spaziergänge mit Kindern.«

Wildpflanzen-Spaziergang
Die Heilpraktikerin und Kräuterpädagogin Maria Moch bietet regelmäßig Kräuterwanderungen und -führungen an. Termine unter mariamoch.de

Kratzbeere
Breitwegerich
Indisches Springkraut
Giersch
Knallerbsenstrauch
Vogelbeere

TC3
Boskoop
Glockenapfel
Golden Reinders
Pinova
Elstar

Süßes oder Saures

Keine Lust mehr auf die mehligen Gala-Äpfel aus dem Supermarkt? Auf Feld, Wiesen und vielen Brandenburger Höfen ist die Auswahl so viel breiter. Und Selbstgepflücktes schmeckt ohnehin am besten

Die Turnschuhe sind durchgeweicht, der Griff des Handwagens rutscht aus den Fingern – es regnet in Schnüren, und anders als gestandene Landwirte sind wir dafür absolut nicht ausgestattet. Ernten wollen wir trotzdem.

20 Apfelsorten hält das Obstgut Müller im »Apfeldorf« Wesendahl für die herbstliche Selbstpflücke bereit. Klingende Namen wie Berlepsch, Mairac oder Wellant verheißen Abwechslung zu den Standardsorten aus dem Supermarkt. Schätzungsweise 2000 Apfelsorten soll es in Deutschland geben, weltweit zwischen 20000 und 30000 – in den Ladentheken aber reicht das Angebot meist nur von Gala über Jonagold bis Granny Smith.

Hier, auf dem 20 Hektar großen Gelände in Altlandsberg, Märkisch-Oderland, reiht sich Reihe an Reihe, Sorte an Sorte. Und alle, die selbst pflücken wollen, haben die breite Auswahl: süß oder säuerlich, fest oder weich, rot oder gelb? Manche Bäume sind schon abgeerntet, andere biegen sich noch unter ihrer Last. Auch die Birnen und Pflaumen sind reif und wandern in die Kartons auf dem Wagen.

Das Obstgut Müller ist ein Familienbetrieb. Anke Wollanik betreibt ihn heute gemeinsam mit ihrer Tochter Cathleen Schirmer. Gegründet wurde er vor 30 Jahren von Wollaniks Eltern, Franz und Jutta Müller. Die zwei Apfelbäuerinnen Wollanik und Schirmer haben das Erbstück modernisiert: Bio-Zertifizierung, eigener Instagram-Kanal – und in den Hochphasen gibt es jedes Wochenende ein Familienprogramm mit Hüpfburg, Theater, Streichelzoo oder Kinderschminken.

Das Highlight an diesem Oktobertag ist die Apfelsorten-Bestimmung. Der Pomologe Mathias Bartsch ist auf dem Hof zu Besuch, hat seinen Tisch regensicher umplatziert und analysiert dort die Ernte von den Gästen: Wer einen besonders geliebten Apfelbaum im Garten hat, aber nicht benennen kann, bringt mindestens drei Früchte und am besten auch Baumblätter mit, und Experte Bartsch versucht, die Sorte zu erkennen. In seiner kleinen Baumschule vermehrt er alte Sorten – die neuen zu bestimmen, sagt er, sei fast unmöglich. »Die haben keine markanten Merkmale, weil sie alle auf dieselben vier oder fünf zurückgehen.«

Ein Herr aus Marzahn hat einen Apfel aus seinem Garten mitgebracht – er will »gar nichts anderes mehr essen« und unbedingt wissen, wie das Obst heißt, bevor der knorrige Baum sein Leben aushaucht. Bartsch vermutet, dass es sich um einen Sämling handelt, die Frucht einer geschlechtlichen Vermehrung. »Das ist dann wie bei uns Menschen auch: Diesen Apfel gibt es nur das eine Mal, den Namen können sie sich also selbst ausdenken.«

Apfelhof
Das Obstgut Müller lädt zur Selbstpflücke von Äpfeln, Birnen und Pflaumen ein – und zum Besuch des Hofladens. Infos unter obstgut-franz-mueller.de

Sein Rat: Im Frühjahr drei Triebe des Baumes in einen gepolsterten Umschlag stecken und an ihn schicken. In seiner Baumschule zieht Bartsch dann einen Nachkömmling des bisher einzigartigen Exemplars.

Woran erkennt ein Pomologe die jeweilige Apfelsorte? Bartsch rattert eine Reihe von Merkmalen herunter: Die Grundform kann kugelig, kegelförmig, plattgedrückt, hochgebaut oder auch walzenförmig sein. Der Apfel ist stiel- oder mittelbauchig, je nachdem, wo er am breitesten ist. Unterschiedlich stark ausgeprägte Rippen, leichte Erhebungen, können über das Äußere der Frucht verlaufen. Die Schale ist ein- oder mehrfarbig. Oft sind bestimmte Stellen gefärbt, wie bei der Sorte Gloster – einem roten Apfel mit grünleuchtendem Kelch, rund um den Stiel. Viele Früchte sind durchzogen von unscheinbaren, größeren oder gar erhabenen Punkten. Eine Kollegin, erzählt Mathias Bartsch, studiere die Haut des Apfels sogar mit der Lupe. Manchmal sind die kleinen Punkte auch sternförmig – wie bei der Roten Sternrenette, einer beliebten alten Sorte, die früher als »Weihnachtsapfel« den Christbaum schmückte.

Wer Äpfel zum Pomologen bringt, sollte sie vorher nicht waschen, denn auch Eigenheiten wie eine Bereifung, eine abwischbare Schicht auf der Schale, sind hilfreiche Erkennungsmerkmale. Weiter geht es im Inneren: Ist das Kerngehäuse geschlossen oder offen, wie beim Klapperapfel, der klappert, wenn man ihn schüttelt? Erst ganz am Ende kommt der Geschmack. Das sei eine Frage des Zeitpunkts, sagt Bartsch, bevor er in ein Ausstellungsstück auf seinem Infotisch beißt. »Der hier schmeckt in einer Woche noch viel besser. Denn die Säure wandelt sich nach und nach in Zucker um.«

Bei unserer Ernte aber zählt nur der Geschmack und nicht die Optik. Nachdem die Kinder beim Ponyreiten ihre Kreise gedreht haben, geht es endlich aufs Feld! Das Aroma der vielfältigen Sorten ist auf dem Lageplan bei den Namen der Äpfel vermerkt und darf auch per Schnellverkostung erprobt werden. Wir suchen die säuerlichen Sorten auf, füllen den Handwagen mit verschiedenen Farben und Größen, zupfen auch ein paar Birnen ab und freuen uns über unterwegs entdeckte Wiesenchampignons. Wer über Lagerräume verfügt, kann sich bei der Selbsternte üppig bevorraten und das Obst, je nach Sorte, sogar mehrere Monate aufbewahren. Ideal für Äpfel sind kühle, frostfreie Keller mit hoher Luftfeuchtigkeit.

Der Regen prasselt weiter. Wir rennen mit polterndem Wagen zum Hofladen, wo die Ernte gewogen, berechnet und der erworbene Rhabarberschnaps direkt entkorkt wird. Wärmt nicht die nassen Füße – aber den Hals.

Giftig oder gut

Ein Fliegenpilz ist auch für Laien erkennbar, doch nicht alle ungenießbaren Arten warnen uns mit einem knallroten Hut. Wie man sie unterscheidet, lernt man auf der Pilzexkursion im Naturschutzgebiet Nonnenfließ-Schwärzetal

»Eine Hexe!« – Wir sind tief im Wald. Die Sonne schimmert durch die Blätter, die Äste knacken unter den Füßen. Verwundern würde es nicht, wenn jetzt eine bucklige Märchengestalt um die Ecke käme. Aber der Ausruf stammt nur von einer Pilzsammlerin, die stolz einen Flockenstieligen Hexenröhrling in die Höhe hält. Unter Hobby-Mykologen auch »Hexi« genannt. So wie der Steinpilz »Steini« heißt und der Champignon »Champi«. Wenn Pilzsuchende durchs Laub streifen, ist viel Liebe zum Objekt im Spiel.

Tamara Pilz-Hunter nimmt den Fund in die Hand, schneidet ihn längs durch und klappt die Hälften auseinander: Sofort verfärbt sich der Pilz blau, das ist ein Erkennungszeichen. Und längst nicht alles, was man über den Röhrling wissen muss. Roh ist Hexi giftig, 20 Minuten lang gekocht aber ein köstlicher Speisepilz.

Pilz-Hunter ist Pilzsachverständige und nein, ihr Name ist kein Pseudonym. Erst Jahre nachdem sie als geborene Hunter einen Herrn Pilz geheiratet hatte, wuchs das Interesse an der Mykologie, der Wissenschaft von den Pilzen, bis hin zur BUND-Prüfung zur Pilzsachverständigen. Heute bildet sie andere aus oder gibt ihr Wissen weiter, auf Pilzexkursionen wie dieser, veranstaltet von der Berliner Akademie für Umweltbildung.

Nach einer kleinen Einführung dürfen wir 20 Minuten lang ausschwärmen. Bei der Ernte in deutschen Wäldern gilt die Handstraußregel: Kleine Mengen für den Eigenbedarf sind erlaubt. Hier im Naturschutzgebiet Nonnenfließ-Schwärzetal, im Barnim, ist das Sammeln von Pilzen eigentlich verboten. Für Gruppen wie unsere gibt es eine Sondergenehmigung.

Wir breiten unsere Ernte zu den Füßen der Expertin aus. Ausgerechnet der Teilnehmer, der keinen Korb dabei hat, freut sich über reiche Ernte: einen riesigen Steinpilz und einen Parasol, dessen Hut eine ganze Bratpfanne ausfüllen wird.

Pilz um Pilz analysiert die Mykologin und gibt Tipps für die Einordnung. Wie unterscheidet man den giftigen, grünblättrigen Schwefelkopf von seinem rauchblättrigen und köstlichen Namensvetter? Mit dem Schein einer Schwarzlichtlampe, die ersteren grün fluoreszieren lässt. Warum sollte man beim Wurzelnden Schleimrübling den Stiel weglassen? Weil er wahnsinnig zäh ist. Woher hat der Tintling seinen Namen? Er zerfließt zu Tinte. Die Römer haben damit geschrieben, heute zaubern sich Veganer und Veganerinnen mit der schwarzen Farbe ein pflanzliches »Sepia«-Risotto.

Tamara Pilz-Hunter gerät ins Schwärmen angesichts der Vielfalt zu ihren Füßen. »Sie müssen mich stoppen«, sagt sie mit Blick auf die Uhr. »Nur den einen noch!« Sie hält einen harmlos wirkenden Babypilz in die Höhe. Der Pantherpilz ist hoch toxisch, sein Verzehr kann zu Wutanfällen und Sinnestäuschungen führen oder sogar im Koma enden. Pilze wie dieser begründen die Devise von Pilzexperten: Nur pflücken, was anhand von mindestens drei Merkmalen eindeutig erkennbar ist. »Einen Pilz von oben angucken – das ist, wie einen Käfer von unten angucken: Man kann ihn nicht bestimmen«, sagt die Mykologin. Alle Seiten müssen beleuchtet werden.

Und selbst eine Pilz-Hunter legt sich nicht immer zweifelsfrei fest: »Diesen Pilz würde ich als Hasenpfote ansprechen«, sagt sie angesichts eines zarten Gewächses am Wegesrand. »Aber ich bin mir nicht sicher.« Was mangels eindeutiger Zuordnung nicht in den Korb wandert, darf ruhig im Wald zurückgelassen werden – und wächst womöglich woanders neu heran. »Wir verbreiten die Sporen«, sagt Tamara Pilz-Hunter. »Wir sind die Bienen!«

Wer einen bekannten Pilz abgeschnitten oder einen unbekannten mit dem Messer herausgehebelt hat, um auch sein Unterteil zu analysieren, deckt die Stelle am besten etwas ab. So kann das Mycel, das unterirdische Wurzelgeflecht, dessen Fruchtkörper wir bei unserer Suche entdecken, ungestört weiterwachsen. Es lohnt sich auch, den Fundort einer Marone im Gedächtnis zu behalten: »Die Pilze rennen ja nicht weg!«

Und sie haben verräterische Nachbarn: Die Zeigerpflanzen geben Hinweise auf das Milieu des Bodens – und damit auf die Wahrscheinlichkeit, eine bestimmte Sorte zu entdecken. Der beliebte Steinpilz beispielsweise liebt sauren Boden, und Brandenburg, sagt Tamara Pilz-Hunter, »ist normalerweise quietschsauer!« Hier im Endmoränengebiet aber ist der Boden nicht homogen: Da steht das Frauenhaarmoos, ein Sauerbodenanzeiger, unweit von der großen Sternmiere, die basischen Boden mag. Und der Waldmeister zeigt einen neutralen Boden an. Doch alle drei Untergründe können Pilzsammler erfreuen, je nach geschmacklichen Vorlieben.

Jeder Pilz hat eigene Bedürfnisse, so entsteht die Vielfalt im Sammlerkorb. Die Folgezersetzer machen Holz zu Humus, wie das Gemeine Stockschwämmchen oder der Beringte Buchenschleimrübling. Die parasitären Pilze befallen Pflanzen – oder unsere Füße. Und die Symbiosepilze? Sie findet man meist an Hängen, wo die Bäume es schwer haben, an Nährstoffe zu gelangen. Denn der Baum entscheidet, ob er auf einen Pilz angewiesen ist, ob er eine Liaison mit ihm eingeht.

»Es ist ein Handel«, sagt Tamara Pilz-Hunter. »Der Baum gibt dem Pilz Zucker, und der Pilz gibt dem Baum Nährstoffe und Wasser. And they lived happily ever after.«

Pilzwanderungen
Termine für Pilz-Exkursionen, die die Mykologin Tamara Pilz-Hunter anbietet, können gebucht werden unter pilz-seminare.de

Gemeine Stockschwämmchen
Fliegenpilz (giftig!)
Steinpilz
Flockstieliger Hexenröhrling (roh giftig!)
Tintling
Schwefelkopf

SCHÖNER SCHLAFEN ANDERSWO

TEXT **BETTINA HOMANN**

Auf dem Wasser, in den Baumwipfeln oder in der historischen Villa – mal nicht zu Hause zu wohnen, macht einen großen Teil der Reisefreude aus. Brandenburg bietet inzwischen eine breite Auswahl besonderer Quartiere. Sieben Empfehlungen

Im Pfarrhaus Mödlich trifft historisch auf modern: die Mischung aus alten und neuen Möbeln gibt den kalkverputzten Räumen den besonderen Charme

Fließend: BunBo

Mit der schwimmenden Holzkiste über Seen und Flüsse schippern, an den schönsten Badeplätzen ankern und eine Runde schwimmen gehen, abends an einem einsamen Uferplätzchen oder in der komfortablen Marina vor Anker gehen, den Grill anschmeißen und sich, wenn man müde wird, ins Bett kuscheln und von den Wellen schaukeln lassen. Der Hausbootverleih bietet unterschiedlich große Varianten an, zwei bis sechs Personen können komfortabel schlafen. Ein Bootstyp hat sogar Elektroantrieb. Dank Kaminofen und verglaster Veranda bietet sich die Hausbootfahrt sogar im Winter an. Der perfekte Ausflug für Eisschwimmer.

Brandenburg-Plaue Große Mühlenstraße 24 f, bunbo.de

Besinnlich: Pfarrhaus Mödlich

Still und einsam steht es hinter dem Deich, das Pfarrhaus von 1865. Aus der größten der drei Ferienwohnungen – geeignet für bis zu sieben Personen – im Dach hat man einen weiten Blick über die Auen und die Elbe, an der man endlos spazieren gehen kann. Zwei weitere Ferienwohnungen – für zwei beziehungsweise vier Gäste – liegen im Erdgeschoss. Das Haus wurde liebevoll renoviert, die Dielenböden, Türen, Kastenfenster und Kachelöfen erhalten. Die Möbel sind in schlichten Naturtönen gehalten, in den weichen Sofas kann man sich an einem verregneten Nachmittag mit einem Buch wunderbar einrichten. Dank des großen Raums im Obergeschoss lässt sich das Haus auch gut für Retreats nutzen.

Mödlich Lenzener Straße 23, pfarrhaus-moedlich.de

Ausgefallen: Alte Schule

Die stilvolle Instandsetzung des alten Schulgebäudes in der Prignitz beweist, dass cooler Look nicht teuer sein muss. Die Wände in den vier Schlafzimmern, in denen bis zu neun Personen übernachten können, sind unverputzt, die alten Fliesen einfach übermalt, die Böden teilweise gespachtelt. Die Möbel sind eine bunte Mischung aus Erbstücken, Vintagefunden und Designklassikern. Im großen verwilderten Garten laufen ein paar Hühner herum, ein Grill und aufblasbare SUP-Boards stehen zur Verfügung. Und der Clou für laue Sommerabende: Mit dem Beamer lässt sich ein Open-Air-Kinoabend veranstalten.

Sechzehneichen urlaubsarchitekturde

Himmlisch: Baumhäuser Hafencamp

Im Kiefernwald am Ufer des Senftenberger Sees kann man sich einen Kindheitstraum erfüllen und in fünf Metern Höhe im Baumhaus übernachten. Die hier im Hafencamp angebotenen sind wahrscheinlich komfortabler als die selbst gebauten aus der Jugend. Der kombinierte holzgetäfelte Wohn-Schlafraum bietet bequem Platz für zwei Personen, Küche und Bad mit Dusche gibt es auch. Man hört das sanfte Rauschen der Baumwipfel und eventuell das Klopfen eines Spechts. Das Camp am See bietet diverse Beschäftigungsmöglichkeiten: Man kann Boote, Flöße, Surfbretter und Fahrräder mieten. Im benachbarten Familienpark gibt es Trampoline, Minigolf, Kletterwand und Wasserrutsche.

Senftenberg Straße zur Südsee, senftenberger-see.de/de/hafencamp

Nachhaltig: Gut Fergitz

Wer Sehnsucht nach Land hat, aber nicht unbedingt auf Landhausstil steht, ist in Gut Fergitz in der Uckermark richtig. Architekt Ferdinand von Hohenzollern und Künstlerin Ilona Kálnoky haben des verfallene Anwesen am Ufer des Oberuckersees konsequent modern gestaltet. Es stehen mehrere unterschiedlich große Ferienwohnungen zu Verfügung, die Platz für bis zu sechs Personen bieten. Auch als Arbeitsplatz auf dem Land ist das Anwesen perfekt geeignet. In der Parkscheune finden regelmäßig Kulturveranstaltungen wie das UM-Festival statt und Nachhaltigkeit wird groß geschrieben: Geheizt wird mit Erdwärme und Solarenergie, das Abwasser biologisch geklärt.

Gerswalde Fergitz 4, gut-fergitz.de

Toskanisch: Villa am Trumpf

Von der großen Terrasse über die Säulenbalustrade hinweg gleitet der Blick über die weite Hügellandschaft, sanft fällt die Wiese ab zum Ufer des Sees. Die Villa auf dem Land ist eine Rarität in der Gegend und ein romantischer Traum. Hier wird der etwas hochtrabende Beiname der Uckermark »Toscana des Nordens« mit Leben gefüllt. Drei Ferienwohnungen gibt es, die kleinste im Erdgeschoss ist eher sachlich-schlicht eingerichtet, die beiden größeren im Obergeschoss haben mit dem freistehenden Fachwerk eine rustikalere Anmutung. Im Foyer gibt es einen offenen Kamin, um den herum auch eine kleine Festgesellschaft (circa 20 Personen) gut gemeinsam Platz findet.

Melzow Gramzower Weg 35 – 37, villa-am-trumpf.de

Extravagant: Wasserwerk Bad Saarow

Jahrzehntelang stand es leer, das alte Industriegebäude im Kurpark. Jetzt ist es zu neuem Leben erwacht und bietet spektakuläre Unterkünfte. Das 143 Quadratmeter große E-Werk Loft mit den neun Meter hohen Wänden etwa, in dem einst die Trafos standen, die die Stadt mit Strom versorgten. Oder der Wasserturm, in dem man auf vier Ebenen residiert, die oberste rundum verglast mit Wahnsinnsblick über den Scharmützelsee.

Bad Saarow Ulmenstraße 12, wasserwerk-badsaarow.de

Vorspeise mit Produkten aus dem Garten wie die Tomatensorten Black Cherry, San Marzano, Green Zebra und Ochsenherz, dazu Pfirsich und Quinoa

Quer beet

Sternekoch Thomas Hübner verarbeitet in der »Alten Überfahrt« Schoten, Knollen, Blüten und Kräuter aus dem restauranteigenen Garten und richtet sein Menü so konsequent an dem aus, was dort gerade wächst

TEXT **FELIX DENK** FOTOS **MARIA SCHIFFER**

Die Borlotti-Bohne ist so was wie die Diskokugel des Gemüsebeets. Die weißen Tupfen funkeln Ende August zwischen den grünen Blättern im Schlosspark Petzow. Um die Sträucher herum schwirren Bienen und Hummeln, Patagonisches Eisenkraut mit seinen langen Stielen und lila Blüten wiegt im Wind, ein Schmetterling landet auf purpurfarbenen Echinacea-Blüten, es riecht pfeffrig nach Basilikum und ätherisch nach Bronzefenchel. Ein Trompetenkürbis kringelt sich auf der Erde. Der Sommer geht in die letzte Runde und legt sich nochmal voll ins Zeug.

Thomas Hübner hält Ausschau nach den grazilen Borlotti-Schoten am Strauch und trennt sie mit einem kleinen Messer vom Stängel. Der Koch in der »Alten Überfahrt« in Werder, der vergangenes Jahr mit einem Michelin-Stern geehrt wurde, sucht nicht nur die schönsten Exemplare, sondern schneidet nur so wenig ab, dass es gar nicht auffällt. Denn der Schlossgarten mit seinem herrlichen Blick auf den Schwielowsee liefert nicht nur Gemüse für seine feinsinnige Küche, am Wochenende zieht dieses prächtige Stück Brandenburger Gartenkultur viele neugierige Besucher an. »Am besten ist, wenn man gar nicht sieht, dass was fehlt«, sagt Hübner aus Erfahrung.

Zwei bis drei Mal die Woche komme er mit seinem kleinen Team hierher, sagt Hübner, zupft noch ein paar Brombeeren, legt sie in eine Schale und trägt die Kisten mit jungen Trompetenkürbissen, Kapuzinerkresse, Kohl- und Tomatensorten zum Auto. »Brombeeren gab es dieses Jahr so viele, da haben wir ein eigenes Dessert draus gemacht. Tomaten wiederum gab es kaum.«

Ein Restaurant mit eigenem Garten. Spätestens, seit die gehobene Küche auch in Deutschland das Thema Regionalität für sich entdeckt hat und versucht, den Rhythmus der Natur auf den Tellern sichtbar zu machen, ist das eine zentrale Sehnsuchtskombination. Schon weil Gemüse immer mehr Aufmerksamkeit in den Überlegungen der Köche erhält. Doch kaum einer kann in einem so schönen Garten ernten wie Thomas Hübner und nur wenige richten ihr Menü so konsequent an dem aus, was dort gerade wächst. Er ist einer dieser Glücksfälle,

Chefkoch Thomas Hübner

»Brombeeren gab es dieses Jahr so viele, da haben wir ein eigenes Dessert draus gemacht«

Junges Gemüse: Hier pflückt der Chefkoch noch selbst – was die Jahreszeiten so hergeben, zum Beispiel diese seltene Auberginenart

Thomas Hübner im Schlosspark Petzow bei der Ernte der Borlotti-Bohne, deren Hülsen weiß-violett getupft oder marmoriert sind

Zum Dessert: Brombeeressenz, Molkeeis, Joghurt, Angel Cake, Buchweizen, gewürzt mit Pfeffer und Kaffeebohnen

Restaurant »Alte Überfahrt«: Das Gebäude von 1805 liegt direkt am Steg, wo die Fähre aus dem Wildpark auf der anderen Seite anlegt

Aromatischer geht es nicht: Die frisch geernteten Tomaten werden kurz darauf in der Küche des Restaurants verarbeitet

Patrick Schwatke wirbelt im Service, Thomas Hübner in der Küche

die es gar nicht so oft gibt. Während viele junge Köche, die es wissen wollen, international auf Wanderschaft gehen, und in Spitzenhäusern in Frankreich, Spanien und Skandinavien hospitieren, verschlägt es wenige nach Italien. Hübner schon. Er ist gebürtiger Berliner, lernte bei Kolja Kleeberg im »Vau«, arbeitete in jungen Jahren bei Gemüsepionier Michael Hoffmann im »Margaux« und verliebte sich dann nach einer kurzen Station bei Michael Kempf im »Facil« in eine italienische Erasmusstudentin – und folgte ihr über die Alpen in den Süden. Zwölf Jahre blieb er in Italien. Als er später mit der Familie in seine alte Heimat zurückkam, erlitt er erstmal einen saftigen Eigenkulturschock: Warum gibt es hier kaum was auf den Märkten? »Nur Weißkohl, Kartoffeln und dann noch kaum Sortenvielfalt. Dabei kann man hier so viel anbauen, wenn man sich damit beschäftigt.«

Wanderjahre in Italien

Das hatte er anders in Italien kennen und lieben gelernt. Gleich bei seiner ersten Station in Florenz, im »Cibrèo«, einer Institution für klassische toskanische Küche. »Das Restaurant ist exakt 20 Meter vom Markt entfernt. Wenn morgens um 7 Uhr die Händler ihre Stände aufbauten, kamen sie gleich in die Küche mit Kisten voller Gemüse.« Dass er schon reichlich Erfahrung in der Spitzengastronomie gesammelt hatte, interessierte dort niemanden. »Ich habe jeden Morgen erst mal eine Babybadewanne voll Zwiebeln kleingeschnitten.« Mal kochen? Vielleicht später. Pasta machen? Höchstens zuschauen. Seinen Wissendurst hat das nicht gebremst. »Ich habe dann mit den Augen gekocht, geschaut, was passiert um mich herum? Was machen die, und wie machen die es?«

Überhaupt Pasta: Die funktioniert nicht nach Rezept, wie er heute weiß. »Man muss die Mengen immer anpassen, an die Temperatur, ans Mehl.« Heute hat er das Gefühl in den Fingern. Gefüllte Pasta steht regelmäßig bei ihm auf der Karte, vor allem in den kalten Monaten, wenn in Petzow der Frost nur noch wenige Sorten Wintergemüse wachsen lässt.

Elf Minuten sind es mit dem Auto vom Schlossgarten in die »Alte Überfahrt« in Werder. In seiner Küche stellt Thomas Hübner erstmal die Kisten ab. Jetzt wird sortiert: In eine Schüssel kommen die kleinen, dunklen Black Cherry Tomaten, die länglichen San Marzanos, die knubbeligen Ochsenherzen und die hellgrün gestreifte Green Zebra. Dazu gibt es heute fein gehobelten weißen Pfirsich, etwas gepoppte Quinoa, gerösteten Pumpernickel und Stracciatella – ein Frischkäse aus Büffelmilch und verschiedene Sorten Basilikum. Daneben liegen grüne Blätter: Sibirischer Kohl, Mangold Lukullus, Butterkohl. Die begleiten in der Pfanne gebraten die Brust vom Weidehuhn und den in Hühnerfett gegarten Pattison, einen Kürbis, der eher wie Zucchini schmeckt und den Kinder locker für ein Ufo halten könnten. Gerichte mit italienischer Leichtigkeit, elegant wie prägnant, und mit genauem Blick für das Produkt im Zentrum.

»Wir haben kein Kühlhaus, schon deshalb müssen wir oft in den Garten«

Chefkoch Thomas Hübner

»Wir haben keine Lagermöglichkeiten, kein Kühlhaus«, sagt Hübner. »Schon deshalb müssen wir oft in den Garten.« Die paar Schubladen, die er in der schmalen Küche hat, sind randvoll gefüllt mit selbstgemachten Fermenten wie Garum aus Karpfen oder Miso aus Erbsen und Pistazien. Und sowieso schmecke Gemüse ja am besten, wenn es möglichst frisch vom Strauch kommt.

Wie in Berlin-Mitte – nur mit schönerer Aussicht

Seit 2016 kocht Hübner in der »Alten Überfahrt«, einem stolzen Backsteingebäude, 1805 gebaut als Hotel mit Café direkt am Steg, wo die Fähre aus dem Wildpark auf der anderen Seite anlegte. Das tut sie heute noch. Im Inneren ist es smart gestaltet: salbeigrüne Wände, eine umlaufende Bank, skandinavische Leuchten. Das Restaurant könnte so auch in Berlin-Mitte sein. Nur wäre da die Aussicht nicht so schön.

Dass er hier landete, war Zufall. Eigentlich suchte der Patron Patrick Schwatke, der mit dem Restaurant den Sprung in die Selbstständigkeit wagte, Personal für den Service. Kochen kann er schließlich selbst ganz ordentlich. Fünf Jahre stand er im »Kochzimmer« am

Hauptgang: Brust vom Odefey-Weidehuhn mit Sibirischem Kohl, Mangold Lukullus, Butterkohl, Zucchiniblüte, sauren Mirabellen und Aubergine

Herd, damals noch in Beelitz, heute in Potsdam. Als er die Kündigung eingereicht hatte, bekam das Restaurant den Stern. Weil sich aber kein Servicepersonal gemeldet habe auf die Kleinanzeige, die er geschaltet hat, sondern eben Hübner, zog er sich aus der Küche zurück und übernahm den Service.

Ein Schlossgarten als Showroom

Zu den frühen Stammgästen zählte Klaus Kosakowski. Er hatte damals nach 25 Jahren Einsatz die historische Gartenanlage aus dem frühen 19. Jahrhundert zu neuer Blüte gebracht. 19 Parzellen kaufte er nach der Wende zusammen, 900000 Kilo Schutt entfernte er, das historische Tor baute er neu auf, denn der Garten ist nach englischem Vorbild eingefriedet mit einer Mauer aus Steinen. Damit wollte die Familie Kaehne vor 200 Jahren zeigen, was sie kann. Ein Schlossgarten als Showroom: Mit den Ziegeln, die sie herstellten, kamen sie zu jenem Reichtum, der es ihnen ermöglichte, das Ensemble aus Schloss, Kirche, Dorf und Garten anzulegen. Fertig ist Kosakowski mit seinem Garten noch lange nicht. Aktuell kämpft er noch um die Genehmigung für zwei weitere Wirtschaftshäuser. Das Gemüse, das sie hier ziehen, ist schon in besten Händen. »Einmal im Jahr machen wir gemeinsam Pflanzpläne«, sagt Hübner. Den Garten kennt er mittlerweile besser als er sich das wohl selbst gedacht hätte. Während der Lockdowns, als das Restaurant geschlossen bleiben musste, arbeitete er dort halbtags, mähte Rasen, hackte Holz. Mit Jan Dirks, der sich hauptberuflich um den Garten kümmert, verbindet ihn eine Leidenschaft für italienische Gemüse und seltene Sorten. Allein drei verschiedene Auberginen haben sie, eine heißt »Slim Jim«, wie ein Westernheld, auch eine der seltenen Kohlarten, die auf Geschmack ausgelegt sind, nicht auf die Lagerfähigkeit oder Robustheit für den Transport, erklärt Dirks.

Allein drei verschiedene Auberginen haben sie, eine heißt »Slim Jim«, wie ein Westernheld

Ein paar Raritäten treiben hier auch in der Erde aus. Etwa die speckige Kartoffelsorte Sweet Caroline. Die hat ein ehemaliger Kommilitone von Dirks mal für ein Kartoffelverarbeitungsunternehmen gezüchtet. »Für die technische Verarbeitung hatte die aber ein paar ungünstige Merkmale. Und mit der violetten Farbe wäre sie vielleicht zu Halloween

Auf Sterneniveau: Thomas Hübner und sein Küchenteam bei den Vorbereitungen in der Restaurantküche

Geschmackssicher im skandinavischen Stil eingerichtet: der Gastraum in der »Alten Überfahrt«

Die Lage ist einfach traumhaft: Am Steg von der »Alten Überfahrt« auf Werder Insel an der Havel

Perfekt eingedeckt: Für den Service im Restaurant ist Patron Patrick Schwatke zuständig

Der Rosenkohl wächst und gedeiht im eigenen Restaurantgarten

Ein paar Raritäten treiben hier in der Erde aus, etwa die speckige Kartoffelsorte »Sweet Caroline«

geeignet gewesen – als Special Edition von Chips oder so.« Jetzt kommen sie im Sternerestaurant auf den Teller – im Sommer, wenn die Knollen den perfekten Reifepunkt haben. Neulich, sagt Thomas Hübner, hätte sein Schwiegervater eine alte Sorte Knoblauch entdeckt. »Die hat sehr großen Zehen.« Die haben wir eingepflanzt – und sie ist tatsächlich gekommen. »Wie in Italien«, freut sich Hübner. Und doch nur elf Minuten von seiner Küche entfernt.

ALTE ÜBERFAHRT
Potsdam-Mittelmark
Fischerstraße 48B, 14542 Werder (Havel),
Tel. (03327) 7313336, alte-ueberfahrt.de

Brandenburg an der Havel

Wassererlebnis, Waldmöpse und über 1000 Jahre bewegte Geschichte

Kajaktouren durch historische Kanäle, die Havel und Anlegemöglichkeiten inmitten der Stadt: Brandenburg an der Havel hat sich von einer Industriemetropole ins „Venedig der Mark Brandenburg" verwandelt. Fast 20 Prozent ihrer Fläche sind von Wasser bedeckt: Seen, Kanäle, mittelalterliche Flutgräben – und natürlich die Havel, die sich hier in mehrere Arme verzweigt. Wie eine Lebensader verbindet der Fluss mit zahlreichen Wasserarmen die drei historischen Inselstädte, wobei die Dominsel als ältester Siedlungskern auf eine über 1000-jährige Geschichte zurückblickt. Mit historischen Kleinoden empfangen Alt- und Neustadt, die jeweils im 12. Jahrhundert gegründet und 1715 vereinigt wurden, die Besucher.

Brandenburg an der Havel war seit dem Mittelalter wirtschaftlich erfolgreich, zunächst als Mitglied der Hanse, später als Industriestandort. Doch nach der Wende mussten viele Fabriken schließen. Seitdem hat sich Brandenburg an der Havel in eine Modellstadt für das Leben am und auf dem Wasser entwickelt: Historische Mühlen verwandelten sich in Lofts, Fabriken in Hotels, und auf dem Gelände einer einstigen Spinnerei residiert ein Drive-in-Supermarkt mit eigenem Anleger für Yachten und Hausboote. Brandenburg an der Havel bietet für Wassersportfans und Angler ideale Möglichkeiten, um sich aktiv zu erholen. Für Yachten, Hausboote, Segler, Surfer und Wasserwanderer hält das Revier reizvolle Törnziele bereit. Unternehmen Sie eine ungewöhnliche Paddeltour – ob mit Kanu oder Stand-Up Paddle – entlang der Innenstadtkerne Alt- und Neustadt sowie Dominsel, durch historische Kanäle, zwischen Ursprung, Moderne und Wildnis. Natur pur – und doch mitten in der Stadt. Denn wenn während der Tour ausgestiegen wird, sind die beliebtesten Einkaufsstraßen der Havelstadt im Nu erreicht. Als Startpunkt ist der Mühlendamm empfehlenswert. Für Radler stehen gut ausgeschilderte Wege bereit, die direkt an Fluss- und Seeufern oder durch geschützte Landschaften mit beeindruckenden An- und Aussichten entlangführen. Lassen Sie die Seele bei einem Tagesausflug durch die Natur baumeln. Die ausgeschilderten Rundkurse der 7-Seen-Tour und des Storchenradweges verführen dazu, die Natur und das direkte Umland von Brandenburg an der Havel zu entdecken. Aber aufgepasst, Sie werden beobachtet: Die Waldmöpse vom Brandenburger Ehrenbürger Vicco von Bülow alias Loriot schauen Ihnen interessiert zu. Die gehörnten, plattnasigen Tierchen mit Ringelschwänzen sind im gesamten Innenstadtbereich ausgewildert, an der Johanniskirche sind sie sogar im Rudel anzutreffen. Die etwa 50 Zentimeter großen Bronzefiguren sitzen, stehen, schlafen, schnüffeln und heben das Bein. Sie können die Waldmöpse individuell mit der Mops-Revierkarte entdecken oder an einer Mops-Führung teilnehmen. Darüber hinaus wird im Herbst 2023 eine Sonderausstellung anlässlich des 100. Geburtstags von Loriot eröffnet.

TIPPS FÜR IHREN AUSFLUG NACH BRANDENBURG AN DER HAVEL:

STADTSCHNUPPERTOUREN:
Entdecker-Tour, April - Oktober
Schnuppertour durch die Altstadt, April – Oktober

MOPS-FÜHRUNGEN:
Juni - September jeden Sonntag,
April, Mai und Oktober jeden 1. Sonntag

INFORMATIONEN ZU DEN WALDMÖPSEN:
www.havel-möpse.de

Stadt Brandenburg. Ausflug an der Havel

Touristinformation Brandenburg an der Havel
Neustädtischer Markt 3
14776 Brandenburg an der Havel
Tel. 0 33 81 – 79 63 60
info@erlebnis-brandenburg.de
www.erlebnis-brandenburg.de

DIE BESTEN 5

Ob von Ziegen, Jerseykühen oder Büffeln: Auf die gute Milch kommt es an bei der Produktion der ausgereiftesten **Käsespezialitäten** aus Brandenburg

ILLUSTRATIONEN **DANIELA BUSTAMANTE**

Bauernkäse vom Ökodorf Brodowin

Den Käse vom Ökodorf Brodowin findet man deutlich leichter in Berlin als so manch anderen; sogar im Supermarkt, etwa bei Rewe, gibt es ihn zu kaufen. Gerade der Bauernkäse ist einer für alle Fälle. Aus Demeter Milch von Kühen aus artgerechter Haltung, vier Wochen gereift, mit einer zarten Rinde, die man essen kann. Ein milder, zart würziger Schnittkäse. Wer's mag: Den Käse gibt es auch mit grünem Pfeffer und Möhre und Kürbiskernen.

Chorin OT Brodowin Weißensee 1, Hofladen
brodowin.de

Mozzarella und Burrata von Paolella

In Brandenburg grasen ja nicht nur Kühe, Ziegen, Schafe, sondern auch Wasserbüffel. In Kremmen stellt die Familie Paolella, die aus Kampanien stammt, aus der Büffelmilch wunderbar cremigen Mozzarella und Burrata her, wie man sie hierzulande nie vermuten würde. Herrlich zu Tomaten, aber auch zu Pfirsichen, Orangen oder was sonst so gerade Saison hat an Obst und Gemüse. Mehr Italiensehnsucht? Einen feinen Ricotta macht Familie Paolella auch.

Mittenwalde Am Waldschlösschen 2, Hofverkauf
mozzarella-paolella.de

Frischkäse von der Hofkäserei Hennig

Frischkäse mag auf den ersten Blick nicht das aufregendste Produkt der Welt sein, aber so ein feiner Vertreter seiner Zunft wie der, den die Hofkäserei Hennig macht, der adelt jedes Sauerteigbrot. Der Familienbetrieb in dritter Generation ist in Töplitz bei Werder ansässig, die Milch stammt von den eigenen Kühen, deren Futter vom eigenen Hof. Quark, Joghurt, Rohmilch und einige saisonale Spezialitäten haben sie auch im Programm.

Werder (Havel) OT Töplitz Weinbergstraße 18, direkt vom Bauernhof
hofkaeserei-hennig.de

Kuhmilchkäse von Urstrom Kaese

Eine lange gewachsene Käsetradition kann Brandenburg nicht vorweisen. Dafür spannende Quereinsteiger. Zum Beispiel Paul Thomas und Yule Seifert, er Engländer, sie Belgierin, beide betreiben die Hofmolkerei Urstromkäse bei Baruth. Thomas ist studierter Biochemiker, arbeitete lange in Großbritannien, verfasste Bücher zum Thema. Seifert wiederum ist studierte Ingenieurin und lernte bei Belgiens Top-Käseaffineur. Einige Käsesorten, die sie mit der Milch der Jerseykühe vom Nachbarhof herstellen, sind englisch geprägt. Großartig ist etwa der Mulberry mit Kohle. Gibts auch bei Alte Milch (Markthalle Neun, Eisenbahnstraße 42/43, Kreuzberg) oder freitags im Hofladen.

Baruth / Mark Dämmchen 15, Hofladen
urstromkaese.de

Ziegenkäse vom Capriolenhof

Der Capriolenhof ist selbst für Brandenburger Verhältnisse ab vom Schuss. Von dem Dörfchen Bredereiche bei Fürstenberg geht es eine halbe Ewigkeit an der Havel entlang über Stock und Stein bis an den alten Schleusenhof Regow. Dort leben Sabine Denell und Hanspeter Dill mit ihrer Ziegenherde seit 30 Jahren. Die Tiere grasen auf der Heide, der Käse, den sie aus der würzigen Milch herstellen, hat viele Fans, nicht zuletzt Fritz Blomeyer, der Berliner Käsepapst, der ihn in seinem Laden (Pestalozzistraße 54a) verkauft. Im Hofladen gibt es den Käse natürlich auch.

Fürstenberg OT Bredereiche Schleusenhof Regow 1,
Winterpause bis 9. April 2023, capriolenhof.de

TEXTE Felix Denk

In Aktion

FOTO Name Nachname

Im Land der
Energie

48 Stunden im Lausitzer Seenland: Im Süden Brandenburgs erlebt man den Wandel vom Kohlerevier zum Erholungsgebiet – mit zwei Dutzend neuen Seen, zwei Weinbergen, einem liegenden Eiffelturm und dem ältesten Wolfsrevier in Deutschland

TEXT UND FOTOS **OLIVER GERHARD**

wende

1. Tag

16 Uhr. Fenster zum Tagebau

Der erste Blick ist erschreckend – und gleichzeitig faszinierend: Abraumhalden in Ocker, Grau und Schwarz türmen sich bis zum Horizont, zu unseren Füßen klafft ein gigantisches Loch, düster und leer. In der Ferne nagen riesige Bagger, Dampfwolken stehen über den Kühltürmen des Kraftwerks Schwarze Pumpe. Alle paar Sekunden pfeift hinter uns eine der Pumpen, die den Tagebau Welzow-Süd vom Grundwasser freihalten.

Um die Lausitz zu verstehen, besucht man am besten als Erstes das »Fenster zum Tagebau«, ein Aussichtspunkt am Rande der Stadt Welzow. Der Kohleausstieg ist zwar beschlossen, doch hier wird nach wie vor in großem Stil Braunkohle abgebaut. Mehrere Milliarden Tonnen lagern noch unter dem einstigen Energiebezirk der DDR, damals ein industrieller Hotspot mit zahlreichen Kraftwerken und Fabriken.

Doch auch der Strukturwandel und die Energiewende sind nicht zu übersehen: Überall stehen Windräder und Solaranlagen. Abraumberge verwandeln sich zurück in Wiesen, Äcker und Biotope; Restlöcher füllen sich mit Wasser für rund 25 neue Seen. »Über Kippen werden Boote segeln«, fasste DDR-Landschaftsplaner Otto Rindt diese Vision schon in den 1960er-Jahren zusammen. Die Wildnis dazwischen ist die Heimat eines Bewohners, der fast 150 Jahre lang verschwunden war: der Wolf.

Vorschnitt-Bagger im Braunkohletagebau Welzow-Süd, im Hintergrund ist das Kraftwerk Schwarze Pumpe zu sehen

Guide und Wolfsbeauftragter André Pfeiffer mit seinem Schäferhund Cäsar, der ihm bei der Pirsch hilft, Wölfe aufzuspüren (l.). Wenn es dämmert, bringt sich die Wolfscommunity in Warteposition (r.)

17 Uhr. Safari auf Wolfsspuren

»Heute früh waren sie hier!«, flüstert André Pfeiffer. »Ihre Spuren sind ganz frisch.« Deutlich zeichnen sich Pfotenabdrücke im feuchten Boden ab: zuerst als chaotisches Gewusel, später als kerzengerade Spuren, die sich nach 500 Metern im Gras verlieren. »Vermutlich Jungtiere, die getobt haben« sagt der Guide, und erklärt, dass nur Wölfe solche Spuren hinterlasssen, weil sie die Hinterpfoten exakt in den Abdruck der Vorderpfoten setzen.

Wie wandern schweigend durch Kiefernwälder und über sandige Brachen. Jedes Geräusch könnte die Wölfe vertreiben. Vorneweg trabt Andrés Schäferhund Cäsar, schnuppert an Gräsern, bleibt stehen, markiert, läuft wieder. »Er ist meine größte Hilfe bei der Pirsch«, hatte der Guide zuvor erklärt: Sind Wölfe in der Nähe, gibt Cäsar sofort ein Zeichen.

Die Lausitz war die erste Region in Deutschland, in der zu Beginn der Jahrtausendwende wieder Wölfe Fuß fassten. Damals packte den 56-Jährigen die Leidenschaft für die vierbeinigen Rückkehrer. »Ich fing an, sie zu suchen – aber es dauerte ein Jahr, bis ich meinen ersten Wolf sichtete.« Heute kennt Pfeiffer ihre Reviere wie kaum ein anderer. Von Beruf Archivar, beschäftigt er sich jede freie Minute mit den Tieren: als Guide, im Monitoring, als offizieller Wolfsbeauftragter und in Vorträgen.

»Wenn ihr Wölfe erleben wollt, müsst ihr viel Geduld mitbringen, denn sie sind unberechenbar – manchmal sieht man sie täglich an der gleichen Stelle, dann sind sie wieder lange wie vom Erdboden verschluckt«, erklärt er. »Aber wenn sie erst einmal kommen, ist das Warten schnell vergessen.«

Bei Einbruch der Dämmerung steuert André einen Treffpunkt der Wolfscommunity an. Ein halbes Dutzend Kameras und Spektive sind schon auf die Seenlandschaft ausgerichtet. Kaffeetassen und Bierflaschen kreisen, über einem Gaskocher blubbert ein Süppchen, ein Guide zeigt Kindern Wolfsvideos auf dem Tablet.

Zu Beginn der Jahrtausendwende gab es erstmals wieder Wölfe in der Lausitz

Als es schon fast dunkel ist, gibt plötzlich jemand ein Zeichen und deutet in die Ferne: »Wölfe!« Sofort werden alle still und richten ihre Ferngläser auf die andere Seite des Sees, wo drei Tiere am Strand entlangtollen. »Ein Jährling und zwei Welpen«, wispert eine Stimme. Sie tapsen am Ufer entlang, balgen kurz, dann tauchen sie im Unterholz ab – und hinterlassen Glückshormone bei den Wolfsfans.

FOTO Steffen Seiber

Mit Stefan Röhrscheid, promovierter Forstwirt und Projektleiter der NABU-Stiftung Nationales Naturerbe, im Schutzgebiet Grünhaus

2. Tag

9 Uhr. Naturparadies Grünhaus

Grillen zirpen, Wildbienen summen, an einem See picken Watvögel im Sand – Tiere, die sich in den letzten beiden Jahrzehnten im Naturparadies Grünhaus angesiedelt haben. »Sobald der einstige Tagebau saniert ist, überlassen wir die Natur sich selbst und beobachten die Entwicklung«, sagt Stefan Röhrscheid, Projektleiter der NABU-Stiftung Nationales Naturerbe.

Das knapp 2000 Hektar große Schutzgebiet kann man auf zwei Panoramawegen selbst erkunden oder man schließt sich einer geführten Tour in sonst gesperrte Bereiche an. »Mit Glück stoßen wir auf einen Wiedehopf, einen Brachpieper oder einen Steinschmätzer«, sagt Röhrscheid – drei der rund 90 Brutvogelarten, die heimisch geworden sind. Jeden Herbst fliegen Hunderte Kraniche und Tausende Wildenten ein – bislang noch ein Geheimtipp unter Birdwatchern.

Unterwegs stoßen wir auch auf Teile von Bergbaumaschinen und fossile Holzstücke. Jede Ecke von Grünhaus befindet sich in einem anderen Entwicklungsstadium, erklärt der promovierte Forstwirt. So gibt es schilfbestandene Seen, an denen die Rohrweihe brütet, aber auch Gewässer, die noch zu sauer für jedes Leben sind.

Einmal laufen wir durch eine bunte Wiese, in der Röhrscheid Tausendgüldenkraut, Bergsandknöpfchen und Rispen-Flockenblume identifiziert. Doch auch die offenen, nährstoffarmen Flächen, die der Tagebau hinterlassen hat, seien nicht wertlos für das Ökosystem, erklärt der Projektleiter: »Sie bieten vielen Insekten und Vögeln Brutplätze.«

11 Uhr. Besucherbergwerk F60

Beim Wandern fällt der Blick immer wieder auf eine Stahlkonstruktion am Horizont, ein Superlativ der DDR-Ingenieurskunst: Die Abraumförderbrücke F60 gilt als größte bewegliche technische Anlage der Welt. Die 500 Meter lange Maschine wurde 1992 stillgelegt – gut ein Jahr nach Inbetriebnahme. Rund zehn Jahre später erwachte die F60 als Besucherbergwerk zu neuem Leben – und wurde unter dem Spitznamen »liegender Eiffelturm« zu einem Wahrzeichen.

»Glück auf!«, begrüßt uns Rainer Dißler am Fuße des Bauwerks. »Ich bin hier der Alterspräsident«, sagt der rüstige 79-Jährige, der mehrmals am Tag mit Gästen über steile Treppen und Eisengitter auf die Anlage kraxelt. Sonnenstrahlen bringen rostige Ketten zum Leuchten, rostige Lampen und lose Kabel schwingen im Wind. »Die F60 wiegt so viel wie 2000 Elefanten«, sagt Dißler, der die Gruppe mit Fun Facts bei Laune hält, bis die Spitze der F60 in 80 Metern Höhe erreicht ist. In der Tiefe glitzert die Wasserfläche des Bergheider Sees, der seit knapp zehn Jahren vollständig geflutet ist. An seinem Nordufer erstreckt sich ein einsamer, goldgelber Sandstrand – ein willkommener Bade-Abstecher nach der Kletterpartie.

Der liegende Eiffelturm: Führung im Besucherbergwerk Abraumförderbrücke F60 aus dem Braunkohletagebau

Imposantes Industriedenkmal: die Biotürme aus der DDR-Koksproduktion in Lauchhammer

2 000 Sonnenstunden im Jahr bekommen die Weintrauben an ihrem Südhang ab, weiß Winzerin Cornelia Wobar, die mit ihrem Mann dort besonders pilzresistente Sorten anbaut

14 Uhr. Biotürme Lauchhammer

Das Besucherbergwerk war Teil der »Internationalen Bauausstellung Fürst-Pückler-Land«, die den Strukturwandel ab dem Jahr 2000 mit neuen Ideen und Know-how befeuerte und viele Projekte initiierte – von neuen Radrouten über schwimmende Häuser bis zu Industriemuseen. Dazu gehören zum Beispiel auch die Biotürme aus der DDR-Koksproduktion in Lauchhammer, die wir als nächstes ansteuern.

Weil die große Anlage mit ihren 24 Backsteintürmen aussieht wie eine berühmte Burg in Apulien, nennen die Einheimischen sie auch das »Castel del Monte der Lausitz«. Doch dieser Stolz entwickelte sich erst im Laufe der Jahre. Nach der Wende sagten viele erstmal: »Sprengt die Türme weg!« Schließlich reinigte man hier giftige Abwässer der umliegenden Großkokerei auf biologische Weise – verbunden mit entsprechendem Gestank.

Ein leichter Schwefelgeruch steigt uns immer noch in die Nase, als wir die vielen Treppen zu den gläsernen Aussichtskanzeln hinaufsteigen. »Wo Sie Wiese und Wald sehen, erstreckte sich damals ein Industriebetrieb neben dem anderen«, erklärt der Guide des Fördervereins. »Wir alle in der Region lebten von der Kohle – und wollen deshalb hier die Arbeit unserer Vorfahren würdigen.« Eine Möglichkeit, dies zu tun, ist eine große Feier, die für das Jahr 2025 in Planung ist: Dann nämlich jährt sich der Bau des ersten Hochofens zum 300. Mal.

16 Uhr. Weinberg im Tagebau

»Vielleicht wächst ja sogar Wein über einstigen Kohlegruben?« Vom Ergebnis dieser verrückt klingenden Idee kann man sich heute in zwei Weinbergen überzeugen: Ein Energieversorger pflanzte Reben auf dem Wolkenberg. Und die Weine vom Großräschener See stehen inzwischen überall in der Lausitz auf den Getränkekarten.

»Es ist ein Südhang mit mehr als 2000 Sonnenstunden im Jahr«, sagt Cornelia Wobar, die mit ihrem Mann sogenannte PIWI-Weine anbaut, besonders pilzresistente, gezüchtete Sorten. »Sie sind jung wie das Seenland und brauchen kaum Pflanzenschutzmittel«, erklärt die Winzerin beim Spaziergang vor der Kulisse des riesigen Sees.

Vor 15 Jahren stand man dort noch vor einem riesigen Loch: »Als wir die Straße zum Tagebau Meuro in Seestraße umbenannten, staunten alle zunächst«, erinnert sich Wobar. Doch das Werk ist nicht vollendet: Im neuen Stadthafen liegen noch keine Yachten vor Anker – der Großräschener See soll nicht vor 2025 schiffbar sein.

Dafür sitzt man ungestört im Bistro der IBA-Terrassen oberhalb des Weinbergs und kann einen Pinotin, Solaris oder Johanniter verkosten. »Am Anfang mussten wir in der Region noch Klinken putzen«, sagt die Winzerin. »Aber inzwischen gewinnen wir Goldmedaillen bei den PIWI-Awards.« Seit neuestem gibt es sogar den ersten Sekt – Méthode Champenoise aus dem Kohletagebau.

Unterwegs mit dem Hausboot auf dem Senftenberger See sind keine Spuren der Bergbaugeschichte mehr zu entdecken

Pavillon der IBA Fürst-Pückler-Land am Großräschener See (o.) Wie im Urlaub: der Sandstrand am Senftenberger See (u.)

3. Tag

9 Uhr. Im Hausfloß über den See

Edith ist startklar! In dem Hausfloß mit Holzdeck und kleiner Kajüte darf man auch ohne Führerschein über den Senftenberger See schippern. »Vorsicht an der Schleuse, da ist immer viel Betrieb«, gibt uns der Vermieter noch mit auf den Weg. Das rückwärts Ausparken klappt auf Anhieb, dann tuckert Edith los.

Der Senftenberger See bildete vor 50 Jahren die Keimzelle des Lausitzer Seenlandes. Auf den ersten Blick sind keine Spuren der Bergbaugeschichte mehr zu sehen: Wälder erstrecken sich bis an die Sandstrände und im Wasser tummeln sich so viele Hechte, Barsche und Maränen, dass ein Fischer gut davon leben kann. Allerdings ist die Insel in seiner Mitte gesperrt, da es weiterhin zu Rutschungen kommen kann. Zwei Dutzend künstlich angelegte Seen soll es nach Vollendung des Projektes geben, jeder mit einem eigenen Charakter: einige für den gemütlichen Familienurlaub, andere für Party People und schnelle Sportarten, aber auch Biotope ohne Besucher.

Private Wassergrundstücke wurden bewusst nicht geplant, stattdessen führen Radwege um viele Seen. Von zehn geplanten Kanälen sind schon zwei vollendet. Der älteste liegt jetzt vor uns: Der Koschener Kanal unterquert den Lauf der Schwarzen Elster, dann erreichen wir die Schleuse, in deren Café Radler und Wanderer gerade die tägliche Show genießen: Ein Motorboot kracht gerade unfreiwillig an die Schleusenwand.

Wir kommen auch ins Schlingern und drehen uns einmal um uns selbst. Die Zuschauermenge scheint zufrieden. Dann liegen wir endlich sicher vertäut und ziehen den grünen Hebel – das Schleusentor zum benachbarten Geierswalder See kann aufgehen.

14 Uhr. Ab in die Südsee

Es sind 30 Grad, die Sonne glüht vom Himmel, Badewetter. Doch wo ist das Strandleben am besten? Auf einer der Liegewiesen mit Sandstrand neben dem neuen Stadthafen von Senftenberg? An der Badestelle Buchwalde mit Wasserrutsche und eigenem FKK- und Surfabschnitt? Oder in Großkoschen, dem ältesten Strand im Seenland, mit Blauer Flagge für beste Wasserqualität?

Wir entscheiden uns für die »Südsee« und entdecken bald eine kleine schilfbestandene Bucht mit Blick auf den Wildwuchs der gegenüberliegenden Insel. Nun muss nur noch das Klara vorbeikommen, das Schiff, das den See regelmäßig mit Kalk anreichert, um den PH-Wert zu verbessern – dann färbt sich das Wasser türkis und macht das Südsee-Gefühl (fast) perfekt.

TIPPS

HINKOMMEN

Mit dem Auto
aus Richtung Berlin oder Dresden über die A 13.

Mit der Bahn
Es gibt zahlreiche RE-Verbindungen ab Berlin, Dresden und Cottbus. Neu ist die Direktverbindung mit dem RE7 von Dessau über Berlin und Lübbenau nach Senftenberg.

RUMKOMMEN

Excursio
Touren in den aktiven Tagebau mit dem Geländewagen, Quad oder Mannschaftswagen. Zu buchen über das Besucherzentrum: Heinrich-Heine-Str. 2, 03119 Welzow, bergbautourismus.de

Expeditours
Vermietung von Motor-, Segel- und Hausbooten sowie SUPs auf dem Senftenberger See. Straße zur Südsee 2, 01968 Senftenberg OT Großkoschen, Tel. (03573) 808 67 66, expeditours.de

Naturparadies Grünhaus
Geführte Wanderungen an rund zehn Terminen zwischen April und Nov. Tel. (03531) 60 96 11, gruenhaus.org

Weinbau Wobar
Weinbergführungen und moderierte Weinproben am Großräschener See auf Anfrage unter Tel. (0151) 11 62 23 15, weinbauwobar.de

Wolflandtours
Tagestouren, mehrtägige Exkursionen und Workshops. Tel. (0157) 71 89 83 36, wolflandtours.de

Besucherbergwerk F60
Führungen (Sommer tägl. 10 – 18, Sa bis 20 Uhr) sowie auf Anfrage ein Dinner in 60 Metern Höhe. Bergheider Str. 4, 03238 Lichterfeld, f60.de

Biotürme Lauchhammer
Geöffnet an Sommer-Wochenenden 14 – 18 Uhr und nach Vereinbarung. Finsterwalder Straße 57, 01979 Lauchhammer-West, biotuerme.de

VERPFLEGUNG

Die Drogerie
Stylisches Restaurant in den Räumen einer einstigen Drogerie, regelmäßig Kochkurse. Sonntag Ruhetag. Jüttendorfer Anger 2, 01968 Senftenberg, Tel. (03573) 808 67 52, drogerie-restaurant.de

Sonnenhof 1864
Im liebevoll sanierten, rund 150 Jahre alten Bauernhof serviert man regionale Küche mit Produkten aus eigener Bäckerei, Konditorei und Räucherei. Radler können in geräumigen Mehrbettzimmern übernachten. Montag Ruhetag.
Dorfplatz 13, 01968 Senftenberg OT Großkoschen, Tel. (03573) 369 43 68, sonnenhof-1864.de

UNTERKOMMEN

Der Leuchtturm
Hotelzimmer und Ferienwohnungen in maritimem Look mit Blick über den Geierswalder See, eigene Sauna und Restaurant mit Seeterrasse.
Zum Leuchtturm 1, 02979 Elsterheide / Geierswalde, Tel. (035722) 950 00, leuchtturm-lausitz.de

Wolkenbruch im Oderbruch

TEXT **JULIAN MARX** FOTOS **MADLEN KRIPPENDORF**

Vom Schiffshebewerk Niederfinow und einem Abstecher nach Hohenfinow über das Oderbruchmuseum Altranft bis zur Europabrücke an der polnischen Grenze. Eine Tour mit Camper, Rad und Hund durch den Regen

Nur Fußgänger und Zweiräder dürfen die monumentale Europabrücke passieren – Vierbeiner natürlich auch

Trotz Hundewetter: Irgendwann klart es auf – also schnell rauf auf Rad und los gehts

Kalt und regnerisch, verkündet der Wetterbericht für den Oderbruch an diesem Wochenende. Mist! Nicht gerade das Wetter, das wir uns für unsere Tour gewünscht haben. Als wir Ende September auf drei Zweirädern und vier Pfoten in Richtung Polen aufbrechen wollen, tröpfelt schon frühmorgens das kalte Nass aus dem grauen Himmel. Also doch lieber alles abblasen und die Decke über den Kopf ziehen? Noch ist es nicht zu spät.

Aber nein, wir lassen uns nicht abschrecken. Wir, das sind: Fotografin Madlen, Hund Stella, meine Freundin Anne und ich. Das Lastenrad ist reserviert und überhaupt, wir sind ja nicht aus Zucker. Mit der Ruhe ist es ohnehin bald vorbei, Stella muss schließlich auch vor die Türe. Dennoch, einen kleinen Luxus wollen wir uns gönnen: Wir nehmen den Camper und nicht die Bahn, um vor dem ein oder anderen Regenschauer sicher zu sein. Nur wegen der teuren Kameras natürlich. Trotz miserabler Prognose heißt es also raus aus den Federn und ab zum Görlitzer Bahnhof. Für die Tour haben wir ein Lastenrad bei Velogut gebucht. Ein sportlich-schickes Modell aus Dänemark, das verspricht, trotz großzügiger Ladefläche schnell und wendig zu sein.

Wozu überhaupt der ganze Aufwand? Seit einigen Monaten ist Stella mit an Bord, eine junge abenteuerlustige Hündin aus Russland. Seitdem ist es schwierig geworden, längere Fahrradtouren zu unternehmen – sie kann ja nicht stundenlang nebenherlaufen. Die Lösung: ein Lastenrad. Wir bauen dem Hund auf der Ladefläche eine kleine gemütliche Koje und schon kann es losgehen. Das Cargobike jedenfalls passt schon beim ersten Anlauf hinten in den Bus. Auf dem Fahrradträger am Heck verzurren wir die zwei anderen Räder.

Abstecher in die Barnimer Brauerei

Tagesziel für heute ist Schloss Neuenhagen – unser herrschaftliches Basislager im Oderbruch. Zuvor machen wir Halt am Schiffshebewerk Niederfinow, dem ältesten noch arbeitenden Schiffshebewerk Deutschlands, wie eine Schautafel informiert. Noch größer, aber natürlich nicht annähernd so schön, ist das neue Schiffshebewerk direkt nebenan. Es steht nach knapp 16 Jahren Bauzeit offenbar kurz vor der feierlichen Einweihung. Uns interessiert aber der alte Bau mit seiner beeindruckenden Stahlkonstruktion. Der wurde in den frühen 1930er-Jahren vollendet – nach nur sieben Jahren Bauzeit. Von oben wagen wir einen ersten Blick auf den Oderbruch, der sich hier vielversprechend unter uns ausbreitet.

Auf dem weiteren Weg zum Schloss fahren wir noch kurz in Hohenfinow raus. Direkt gegenüber vom Bahnhof führen uns die Besitzer des kleinen Barnimer Brauhauses in die Welt ihrer Bierspezialitäten ein. Nora und Sören von Billerbeck waren früher Opernsänger im Rundfunkchor Berlin und experimentieren heute mutig mit Champagnerhefe, Fair-Trade-Kaffee und Bio-Kürbis. Das Ergebnis ist eine stolze Auswahl aus 15 aktuell verfügbaren Flaschenbieren, die vor uns aufgereiht wird. An den Anlagen im Inneren der Brauerei ist Jungbraumeister Leon schwer beschäftigt. Er kommt frisch von der Uni und hat seine Bottiche fest im Griff. »Ich habe hier meine perfekte Spielwiese gefunden«, sagt er gut gelaunt. Die Begeisterung für sein Handwerk ist spürbar. Zum Probieren ist es aber wohl noch etwas zu früh am Tag. Wir packen ein paar Bierspezialitäten ein und machen uns wieder auf den Weg, schließlich werden wir im Schloss erwartet.

Dort angekommen werden wir herzlich von Gastgeberin Christina Bohin und ihrem schwanzwedelnden Labradorrüden empfangen. Stella nimmt direkt den gemütlichen Platz vor dem Feuer im mittelalterlichen Kaminzimmer in Beschlag. Und auch wir fühlen uns auf den weichen Designersofas schnell wie zu Hause. Sofort spüren wir: Das Schloss ist einer dieser Orte, die nie nur den Besitzern allein, sondern immer auch ein Stück ihren Gästen gehören. Der selbst gekochte Irish Stew der Schlossherrin passt hervorragend zu unserem mitgebrachten Crémant aus dem Elsass. Mit viel persönlichem Einsatz hat Christina Bohin über die Jahre gemeinsam mit Ihrem Mann Andreas Unterberger die alte Bausubstanz des Schlosses unter DDR-Asbest und Linoleum freigelegt. Natürlich ist das alte Renaissanceschloss noch längst nicht fertig, aber die Arbeit hat sich gelohnt: Nach nur anderthalb Stunden Autofahrt fühlen wir uns viele Tagesreisen weit von Berlin entfernt. Immer wieder faszinierend, wie schnell man in einer ganz anderen Welt ankommt.

Gerade erst hat der Oderbruch als erste Kulturlandschaft das Europäische Kulturerbe-Siegel bekommen. Wir gratulieren.

Beeindruckende Stahlkonstruktion: Schiffshebewerk Niederfinow

Brauereibesitzer Nora und Sören von Billerbeck

Gut gelaunt: Jungbraumeister Leon

Nicht zuletzt dem Oderbruchmuseum in Altranft, auf dessen Initiative diese Errungenschaft zurückgeht. Programmleiter Kenneth Anders führt uns an Tag zwei unserer kleinen Reise durch die Ausstellung. Sein ehrlicher Enthusiasmus steckt an. Ich sitze staunend wie ein kleines Kind im sogenannten Studienzimmer im Erdgeschoss des Museums und fühle mich zwischen den vielen Exponaten und Büchern selbst ein wenig wie ein Forschungsreisender. Das Museum versteht sich als Werkstatt für ländliche Kultur, in der Einheimische und Besucher zu innovativen Begegnungskonzepten zusammenkommen. »Der Mensch steht dabei im Mittelpunkt landschaftlicher Bildung«, sagt Kenneth Anders. Ein besonderes Highlight: An der Murmelbahn im Obergeschoss kann man selbst Hand anlegen und mit dem ausgefeilten Wassersystem der Landschaftsmaschine Oderbruch experimentieren. Einen Raum weiter präsentieren sich die Kulturerbe-Orte. Wer auf seiner Reise durch den Oderbruch noch unentschlossen ist, wohin es als Nächstes gehen soll, findet hier Inspiration.

Stahlgewordene Nachbarschaft

Das Museum hat uns nachhaltig beeindruckt. Wir nehmen neues Wissen mit und das Gefühl, einer großen Wertschätzung für diese Landschaft und ihre Kultur. Oderbruch – was ist das eigentlich genau? Der östlichste Landstrich Brandenburgs ist eines der prägnantesten Beispiele für die menschengemachte Gestaltung von Landschaften in der europäischen

Wohlfühlatmosphäre im Kaminzimmer

Schicke Übernachtungsadresse: Schloss Neuenhagen

Geschichte. Er ist das Ergebnis der fortschrittlichsten Ingenieurstechnik des 18. Jahrhunderts. Preußenkönig Friedrich II. setzt 1747 eine Naturaneignung enormen Ausmaßes in Gang. Nur sechs Jahre später ist die Oder bezwungen, mehr als 32000 Hektar neues Land konnten ihr abgerungen werden. Bis zum Jahr 1761 entstehen darauf 33 neue Dörfer und Siedlungen. Die Kolonistenfamilien werden mit attraktiven Vergünstigungen und Steuererleichterungen angelockt. Sie kommen aus dem nicht preußischen Ausland, aus Sachsen und Pommern, Schwaben und Franken, dem Vogtland, aus Polen und Böhmen und aus der gesamten Mark Brandenburg. Diesen Geist der Zuwanderung hat sich der Oderbruch bis in die Gegenwart erhalten und ist damit vielleicht exemplarisch für die Zukunft des ländlichen Raums in Europa.

Bis heute wurde das Wassersystem des Oderbruchs stetig optimiert und umweltverträglicher gestaltet – über zehn Generationen, zwei Weltkriege und mehrere Systembrüche hinweg. Auf über 1200 Gewässerkilometern finden sich aktuell 40 Schöpfwerke und 300 Wehr- und Stauanlagen. Sie regulieren die Oder wie eine riesige Badewanne. Verstreut dazwischen stehen Heimatstuben und Dorfmuseen, Boden- und Baudenkmäler, Schiffs- und Windmühlen, Kirchen und Bauernhöfe.

Wir fahren weiter ins Gasthaus »Zum Alten Fritz« in Neutrebbin. Bei Mischbraten mit Klößen und Fischteller lassen wir die Geschichtsstunde auf uns wirken. Wer durch den Oderbruch radelt, erlebt das kulturelle Erbe dieser Landschaft hautnah. Und genau das haben wir nach dem Essen auch vor. Man sagt uns, ein absolutes Highlight der Region sei die neu eingeweihte Europabrücke, die Deutschland und Polen verbindet: Stahl gewordene Nachbarschaft. Also rein in den Camper und ab nach Bienenwerder. Unterwegs kommen wir durch Neulietzegöricke, das älteste unter den Kolonistendörfern mit dem Charakter eines gelebten Freilichtmuseums. Das berühmte »Kolonisten-Kaffee« ist heute leider geschlossen. Gut, wir sehen es ein, wir sind etwas spät dran im Jahr und der Sommer ist wohl vorbei. Stattdessen kochen wir uns im Camper einfach selbst noch einen Kaffee, bevor wir auf die Räder wechseln. Das schöne Dorf ist aber nicht vergessen, wir machen eine Gedankennotiz und kommen bald wieder.

Wir haben unser Ziel fest vor Augen: die Europabrücke. Besser gesagt, den Foodtruck, der laut Google Maps am anderen Ufer stehen soll und mit Gulaschsuppe, Bigos und Apfelkuchen lockt. Auf dem kleinen Parkplatz auf der deutschen Seite angekommen passiert es tatsächlich: Es tut sich ein kleiner Spalt zwischen den Wolken auf und die Sonne scheint auf uns herab. Dankbar nehmen wir die Wärme auf und deuten es als gutes Omen: Lastenrad rausgeholt, Hundekiste montiert, Decke hineingelegt, Hund draufgesetzt und in die Pedale getreten. Die Brücke kann sich sehen lassen. Dass so ein monumentales Bau-

Im Oderbruchmuseum Altranft gibt es viel zu entdecken

werk alleine für Fußgänger und Zweiräder renoviert wurde, lässt unsere Radfahrerherzen höherschlagen. Wie auf Bestellung gesellt sich ein Regenbogen dazu und die Idylle ist perfekt. Wir genießen den Blick auf die Oder und halten Ausschau nach dem hier wohnenden Uhu-Pärchen, das die Bauarbeiten und damit die Eröffnung der Brücke verzögert haben soll. Es ist nicht in Sicht und steht für keine Auskunft zur Verfügung. Dafür etliche Wasservögel und spektakuläre Wolkenformationen im weiten Himmel.

Die Oderbrücke Neurüdnitz–Siekierki geht auf das Jahr 1892 zurück und ist nach den beiden historisch anliegenden Bahnhöfen benannt. Zunächst wurde die Brücke von Fußgängern und Fuhrwerken gegen Entrichtung einer Gebühr genutzt. Mit den steigenden Anforderungen der technologischen Entwicklung im Bahn- und Straßenverkehr wurde die Brücke immer weiter ausgebaut. Zeitweise gab es sogar zwei Brücken an dieser Stelle. Bis sie 1945 gesprengt wurden – vermutlich aus Versehen. Ab 1957 wird eine Brücke wieder aufgebaut und exklusiv für den Militärverkehr der Warschauer-Pakt-Staaten genutzt.

Dem Wetter ist nicht zu trauen, schon nieselt es wieder. Im Gegenlicht der Sonne wird immerhin ein schöner Effekt daraus. Wir fahren weiter und erreichen auf dem frisch asphaltierten Radweg in Polen gerade noch eine schmucklose Betonbrücke, als der Platzregen über uns hereinbricht. Zwangspause zwischen leeren Bierdosen. Doch der Himmel beruhigt sich bald wieder und zurück am Fahrrad hat sich Stellas Kiste in eine Badewanne verwandelt. Schade nur, dass es zum Planschen zu frisch ist. Der nasse Hund läuft sich erst mal an der Leine wieder warm.

Auch östlich der Oder sieht es aus wie in Brandenburg. Wer hätte das gedacht? Und ähnlich wie in der Mark, hätten wir auf Rainald Grebe hören und ein Butterbrot mitnehmen sollen: Der Foodtruck mit seinen Versprechungen von Bigos und Apfelkuchen ist weit und breit nicht zu sehen. Wir fahren weiter ins nächste Dorf, nach Żelichów, und plündern auf dem Rückweg einen Apfelbaum. Zurück am Camper ist es endlich Zeit für ein Bier. Wir veranstalten mit der mitgebrachten Auswahl aus dem Brauhaus ein spontanes Craftbier-Tasting am Oderufer. Radfahren mit Hund macht Spaß, aber es ist anstrengend. Auch wenn wir heute nicht wirklich viel Strecke gemacht haben.

Auf dem Weg zurück zum Schloss machen wir noch einen Halt beim Italiener in Bad Freienwalde auf eine Pizza. Zurück im Schloss fallen wir in unsere Betten und Stella rollt sich auf ihrer Lieblingsdecke zusammen. Die letzte Flasche Crémant, die wir noch im Gepäck haben, wartet auf einen anderen Anlass. Vielleicht bei der nächsten Tour in den Oderbruch. Denn es gibt noch jede Menge zu sehen: das besagte Kolonistencafé in Neulietzegöricke oder die Hafenmühle Kienitz. Im Örtchen Rathsdorf bei Wriezen soll es ein tolles Storchenmuseum geben und nahe der »Waldschenke am Baa-See« steht der höchste Baum Brandenburgs. Wir kommen sicher wieder: bei besserem Wetter und mit mehr Zeit.

Wie auf Bestellung: Endlich zeigt sich die Sonne - pünktlich beim Überqueren der Europabrücke an der Grenze zu Polen

TIPPS

HINKOMMEN

Mit Zug und Fahrrad
Aus Berlin ohne Umsteigen mit dem RE3 nach Eberswalde oder mit der S-Bahn nach Strausberg

Lastenfahrrad mieten
Bei Velogut in Kreuzberg oder online unter listnride.de

UNTERKOMMEN

Schloss Neuenhagen
Familiengeführtes Bed & Breakfast mit gemütlichen Abenden am Kamin und geruhsamen Nächten. Köstliches Frühstück im gemütlichen Rittersaal. Am besten vorab reservieren. Freienwalder Straße 12, 16259 Bad Freienwalde OT Neuenhagen, schloss-neuenhagen.de

VERPFLEGUNG

Zum Alten Fritz
Uriges Gasthaus in historischem Ensemble. Hier kann man gutbürgerliche Küche genießen und mit den Einheimischen ins Gespräch kommen. Hunde sind willkommen. Auch übernachten ist möglich. Altlewin 18, 15320 Neutrebbin, gasthof-zum-alten-fritz.de

Kolonisten-Kaffee Neulietzegöricke
Hier lässt sich der Geist der ersten Siedlerinnen und Siedler bei hausgemachtem Kuchen erleben. Untergebracht im ehemaligen Dorfkonsum des ältesten Kolonistendorfes im Oderbruch. Übernachtung möglich. Neulietzegöricke 78
16259 Neulewin OT Neulietzegöricke
kolonisten-kaffee.de

RUMKOMMEN

Schiffshebewerk Niederfinow
Europas größter Schiffsfahrstuhl und ein beeindruckendes technisches Bauwerk. Hebewerkstraße 70a, 16249 Niederfinow, schiffshebewerk-niederfinow.com

Oderbruchmuseum Altranft
Geschichte und Gegenwart einer der spannendsten Kulturlandschaften Europas hautnah erleben. Der ideale Startpunkt in den Oderbruch, zum Anfassen und Mitmachen. Am Anger 27, 16259 Bad Freienwalde OT Altranft, oderbruchmuseum.de

Oderbrücke Bienenwerder
Für gute Aussichten auf die Oderauen und einen Abstecher zu den polnischen Nachbarn. Anfahrt und Parkplatz: Bienenwerder, 16259 Oderaue

Barnimer Brauerei
Bierspezialitäten für Traditionalisten und Experimentierfreudige. Tipp: Auch bequem mit dem Zug erreichbar. Am Bahnhof 4, 16248 Hohenfinow, barnimer-brauhaus.de

Das Ziel

ist der Weg

Eine Künstlerin mit Glashütte, ein Newcomer am Backofen, Tierschützer mit Kranichgästen: Beim Wandern auf dem insgesamt 217 Kilometer langen Märkischen Landweg durch die Uckermark trifft man Einheimische, die in ihrer Heimat etwas bewegen wollen

TEXT UND FOTOS **OLIVER GERHARD**

Die Stille ist überwältigend: Seit Stunden habe ich kein Auto und keinen Menschen gehört. Kein Boot zerteilt die Wasserfläche der Havel, die sich südlich von Fürstenberg durch den Wald schlängelt. Meine Schritte: verschluckt vom weichen Waldboden. Selbst die Tierwelt scheint in Schweigen verfallen zu sein – bis plötzlich zwei Kraniche mit ihrem Trompeten die Stimmung durchbrechen.

Die Ferien sind vorbei, es ist Spätsommer in der Uckermark: Die Luft hat schon perfekte Wandertemperatur; die Mücken, die sich in den letzten Wochen an den badenden Touristen sattgesogen haben, sind nur noch halbherzig bei der Arbeit. Immer wieder streifen beim Laufen feine Spinnweben übers Gesicht. Die verblühten Sonnenblumen mit ihren gesenkten Köpfen wirken wie ein Heer von Trauernden.

Ich bin unterwegs auf dem Märkischen Landweg, einer Fernwanderroute, die sich über 217 Kilometer durch Brandenburg zieht. Je nach Vorliebe kann man in Feldberg oder Fürstenberg/Havel starten, dann geht es über Lychen, Templin und Angermünde in Richtung Oder und parallel zum Fluss weiter bis nach Mescherin. Die Oder ist mein Ziel – entlang der Strecke will ich mit Menschen sprechen, die auf besondere Weise mit ihrer Region verbunden sind.

Auftakt in Lychen

In Lychen machen drei Badende gerade einen Handstand im Nesselpfuhl, nur die Füße schauen aus dem Wasser. »Die haben aber einen langen Atem«, sagt ein Zuschauer staunend – um nach fünf Minuten festzustellen, dass es sich um eine echt aussehende Installation handelt.

Vor einem kleinen Laden in der Stargarder Straße hat sich eine Schlange gebildet, durch die Scheiben einer gläsernen Backstube sieht man Julien Strittmatter und seinen Gesellen wirbeln – auf nur zehn Quadratmetern Fläche wirkt es fast wie ein Tanz. Hier landet keine Aufbackware im Ofen, sondern die beiden kneten, formen, mehlen, rollen, bestücken den Ofen und leeren Bleche in Körbe.

»Manche gehen hier mit Tränen in den Augen raus, weil unser Brot sie an ihre Kindheit erinnert«, sagt der Bäcker etwas pathetisch. »Die Leute stehen Schlange wegen Dingen, die ich mir ausgedacht habe, die ich mit meinen Händen backe – das ist ein großes Geschenk.« Der 30-Jährige setzt ganz auf Bio und Dinkel, trotz der Warnungen von Kollegen: »Dinkel ist 'ne Diva, Dinkel ist zu teuer, Dinkel ist nicht zu schaffen.«

Doch seit der Gründung im Juni 2022 rennen die Kunden dem charmanten Bäcker mit Tattoos und Vollbart die Bude ein. Strittmatter backt in dritter Generation – sein Vater führte eine Bäckerei im nahegelegenen Ringenwalde. »Die Rezepte hat mir mein Großvater auf seinem Krankenbett in die Hand gedrückt«, sagt er.

Ideen hat der Biobäcker zuhauf: Im Winter führte er einen Pizzatag ein, diesen Sommer startet er ein Tauschgeschäft mit seinen Nachbarn: frisches Brot gegen Obst aus ihren Gärten – regionale Zutaten für leckere Kuchen. Ein Onlineshop ist auch schon in Arbeit.

Nein, die Badenden haben keinen langen Atem – ist eine Kunstinstallation

Dort gibt es dann die riesigen »Flößerschrippen«, von denen ich einige in meinen Rucksack packe.

Glashütte Annenwalde

Der Märkische Landweg verlässt Lychen über einen Uferpfad am smaragdgrünen Zenssee. Der Wind säuselt in den Buchen, Wellen plätschern an den Strand. Satzfetzen treiben über das Wasser: »Malte, lass die Schnecken in Ruhe, die sterben sonst.« Hundegebell kündigt Annenwalde an, 100 Einwohner, Kirche im Schinkel-Stil, buckliges Kopfsteinpflaster.

Im Skulpturengarten der Glashütte sitzen Gäste beim Kaffee, während ihre Kinder im Atelier kleine Glasplatten mit gemahlenem Farbglas bestreuen. »Gleich stellen wir sie in den Backofen, dann verschmilzt beides und ihr könnt eure Schale mit nach Hause nehmen«, erklärt Susan Jancke ihnen das Konzept der Fusing-Kunst.

Die Kunstpädagogin zog mit ihrer Partnerin schon vor 16 Jahren nach Annenwalde. Während der Pandemie übernahmen sie die Glashütte, für die ein Nachfolger gesucht wurde – zur Erleichterung der Dorfgemeinschaft, die schon fürchtete, dass die über hundertjährige Glastradition in Annenwalde endgültig ausstirbt.

»Ich wollte mir den Lebensunterhalt mit meiner künstlerischen Tätigkeit verdienen«, sagt Jancke, in deren Mitmachwerkstatt man ohne vorige Anmeldung Schalen, Schüsseln und Teller gestalten oder sich im Upcycling von Altglas probieren kann. Im ruhigen Winter arbeitet die Künstlerin an ihren eigenen Werken und gibt Workshops – auch in Kombination mit Yoga: »Um die Kreativität für das Gestalten freizulegen.«

Vier Kilometer hinter Annenwalde führt eine steile Treppe herab zum Mahlgastsee, wo sich ein schmaler Pfad durch wild wuchernden Efeu schlängelt. Ein kurzer Sprung in das glasklare Wasser, dann geht es weiter am Templiner Kanal, an dessen Ufern Sumpf-Storchenschnabel und Hornklee, Brennnesseln und Blutweiderich wachsen. Das Getöse der Stadt stürzt nach den Tagen der Stille wie ein Überfall auf mich ein – zum Glück warten in Templin ein Hotelzimmer und Stärkung: Am Foodtruck »Rubjas Leibspeisen« gibt es

Um den Wasserreichtum rund um Lychen zu erleben, kann man auch eine Paddeltour unternehmen

Julien Strittmatter ist Bäcker in dritter Generation und setzt ganz auf Bio und Dinkel

Rund 130 Kilometer ist unser Autor auf dem Märkischen Landweg unterwegs

»Vöner« und »Vähnchenburger« – das »V« steht für vegan. Offenbar abschreckend für manche Passanten, die nach einem skeptischen Blick zur benachbarten Würstchenbude weiterziehen.

»Wir wollten nur etwas anbieten, was wir auch selbst leben, nämlich vegan und bio«, sagt Anja Müller, während sie einem Kunden seine mitgebrachten Tupperdosen füllt. Die 28-Jährige hat Lebensmitteltechnik studiert, ihr Freund Ruben ist Ernährungsberater. Schon bevor die beiden ein Paar wurden, wussten sie vom Hörensagen, dass es »in der Gegend noch so einen Veganer gibt«.

Vor einem Jahr erstanden sie bei Ebay ein altes Postauto, installierten eine Solaranlage auf dem Dach, um autark zu sein, und legten los. »Inzwischen wissen wir, wo gute Plätze sind«, sagt Anja. »An manchen Orten lieben sie uns, an anderen spürt man vom Vibe her, dass man nicht wirklich willkommen ist. Und wenn jemand zum ersten Mal veganes Essen probiert und die Scheu verliert, dann merken wir, wofür wir das machen.«

Wer viel wandert, muss auch gut essen: Brotzeitpause am Wasser

Früh am nächsten Morgen sind die Straßen Templins noch verwaist, kein Boot ist auf dem See unterwegs. Hinter den letzten Gärten taucht die Route in dichten Wald ein. Heute ist nur ein einziger Ort zu durchqueren. Nach ein paar Tagen zu Fuß bildet sich eine Typologie märkischer Dörfer heraus: Da gibt es die »Bullerbüs«, Aussteigerträume mit blumengeschmückten Ziegelhäusern, Kopfsteinpflaster und gepflegtem Dorfplatz mit Sitzbank unter schattigen Linden. Aber auch Orte ohne Baum und Strauch, mit breiten betonierten Gehwegen und gesichtslosen Supermärkten.

Gasthof in Ringenwalde

Der Neubautrend auf dem Land geht wohl hin zum Flachbau mit Doppelgarage plus Carport und gepflasterter Auffahrt im Stil einer Südstaatenvilla. Falls noch Platz bleibt, auch mit Steingarten. Und so geht es mir bald wie den beiden veganen Köchen: Beim Betreten mancher Orte ruft das Wander-

Kunstpädagogin Susan Jancke arbeitet in der Glashütte Annenwalde und bietet dort Workshops an

Im Foodtruck »Rubjas Leibspeisen« in Lychen gibt es Veganes auf die Hand wie »Vöner« oder »Vähnchenburger«

Der Märkische Landweg führt auch durch das idyllisch gelegene Templin

herz laut »Weitergehen – hier willst du nicht bleiben«. Bei anderen möchte ich verweilen wie in einem Wohnzimmer.

Ringenwalde mit seinem verwilderten Gutspark gehört in letztere Kategorie. Das Herz des Ortes schlägt im Gasthof »Zum Grünen Baum« mit seiner urigen Einrichtung aus alten Küchenbuffets, Plüschsofas, Ölgemälden und Nippes. »Zu fast allen Sachen kann ich eine Geschichte erzählen – das fetzt schon«, sagt Markus Räthel, der das Wirtshaus gemeinsam mit seiner Frau Katharina renovierte und seit 14 Jahren führt. Darüber hinaus stehen sie auch selbst am Herd und kredenzen regionale und saisonale Gerichte.

Zwischenstation in Ringenwalde – hier mag man verweilen

Kraniche in Steinhöfel

Am nächsten Tag bin ich zum Kaffee im Dorf Steinhöfel eingeladen. Der Besuch bei Beate Blahy und Eberhard Henne beginnt adrenalinreich: Hinter der Gartentür wartet Cully auf mich, ein ausgewachsener Kranich. Wir stehen Auge in Auge – und er blickt streitlustig! »Lass das, Cully«, ruft Blahy und dirigiert den Vogel sanft in Richtung Garten, wo schon seine Artgenossen Willi, Hannes und Alma warten.

Hannes steckt seinen Kopf ins Gefieder, richtet die Federn auf und streckt einen Flügel aus. »Hannes, du kennst das doch, manchmal haben wir eben Besuch«, sagt Beate Blahy zu ihm wie zu einem trotzigen Kind. »Er zeigt jetzt, wie schön und groß er ist – eigentlich müssen Sie schwer beeindruckt sein und weglaufen«, erklärt sie. »Aber er entspannt sich gleich wieder.« Und tatsächlich, mit einem Wohlfühlknurren schnappt sich Hannes einen Butterkeks.

Blahy und Henne waren beide lange für das Landesumweltamt tätig – er leitete unter anderem das Biosphärenreservat Schorfheide –, seit vielen Jahren engagieren sie sich im Vogelmonitoring, bei der Beringung und als »Kraniceltern«. Immer wieder nehmen sie Vögel auf, die verletzt oder von Spaziergän-

Gastwirt vom »Zum Grünen Baum«: Markus Räthel mit Frau Katharina

Hier kommt Regionales und Saisonales auf den Tisch

Kranicheltern Beate Blahy und Eberhard Henne kümmern sich um die gefiederten Tiere

gern aus vermeintlicher Tierliebe mitgenommen wurden.

»Ein Küken aufzuziehen, ist so, als hätten Sie ein Baby – Sie müssen vom Aufstehen bis zum Schlafengehen immer mit ihm zusammen sein, sonst ist es unglücklich«, erklärt Beate Blahy. Und so spielt sie selbst Kranich und versucht alles nachzuahmen, was die Altvögel ihrem Nachwuchs beibringen – inklusive Flügelschlagen zum Fliegenlernen. »Alles in der Hoffnung, dass sie sich im Herbst dem Zug ihrer Artgenossen anschließen«, sagt sie. Weil das nicht bei allen gelingt, haben die Kranicheltern schon eine Unterkunft für Cully & Co. gesucht: »Sie werden schließlich noch älter, als wir Lebenszeit vor uns haben«, sagt Beate Blahy. Und das ist nicht ihre einzige Sorge: »Brandenburg trocknet aus, Brut- und Schlafplätze im Flach-

Wuchtig steht er in der Landschaft – der Stolper Turm

Unterwegs mit der Kräuterexpertin Marina Delzer

wasserbereich werden immer weniger«, sagt Eberhard Henne. Die beiden beobachten zunehmend Kämpfe um die verbliebenen Reviere – und fürchten, dass die Kranichzahlen in Zukunft abnehmen werden.

Kräutersuche in Angermünde

Die letzte Wanderetappe führt mich von Angermünde durch weites, offenes Land. Die Schemen riesiger Windräder schälen sich nacheinander aus dem Nebel, kahle Felder ziehen sich in ihrer monochromen Tristesse bis zum Horizont. Kurz vor Stolpe liegt der süßliche Duft halb verfaulter Wildbirnen in der Luft, dann erstrahlt der wuchtige Stolper Turm im Sonnenlicht. »Eine fantastische Zeit für eine Kräuterwanderung – der erste Spätsommerregen hat viele Pflanzen noch einmal erblühen lassen«, sagt Marina Delzer zur Begrüßung. Die Kräuterexpertin hat einen Korb dabei mit Pflanzenfotos, Essenzen, einem scharfkantigen Feuerstein zum Schneiden und einem kleinen Rehgeweih. »Das ist praktisch zum Ausgraben von Wurzeln«, sagt die studierte Forstwissenschaftlerin. Mit klapperndem Korb laufen wir über die grasigen Wälle aus slawischer Zeit, buddeln Löwenzahnwurzeln aus (getrocknet und gemahlen ein wunderbarer Kaffee), zerreiben Spitzwegerich zwischen den Fingern (hilft super gegen Stiche aller Art), knabbern an Giersch (extrem viel Vitamin C), naschen reife Pflaumen und sprechen über die Verwendung von Kastanien als ökologische Waschnüsse.

Der Spätsommer eignet sich besonders für Kräuterwanderungen

Marina Delzer taucht enthusiastisch in die »Welt der wilden Grünen« ein, wie sie die Pflanzen nennt, die oft unbeachtet am Wegesrand stehen oder als Unkraut entsorgt werden. Den Begriff Superfood mag sie nicht besonders: »Eigentlich ist alles, was wild wächst und essbar ist, ein Superfood«, sagt sie. »Je bitterer, desto gesünder. Leider hat man den meisten Gartenpflanzen die Bitterstoffe weggezüchtet.«

Am Schluss steigen wir aufs Dach des Stolper Turms. Unter uns mäandert die Hohensaaten-Friedrichsthaler Wasserstraße und in der Ferne ist die

Oder zu erahnen. Ich bin am Ziel meiner Wanderung angelangt: Habe rund 130 Kilometer zurückgelegt, in einer Handvoll Seen gebadet, einsame Landschaften durchquert und dabei nicht mehr als fünf andere Wanderer getroffen. Dafür aber viele engagierte Einheimische – die Seele der Uckermark.

TIPPS

HINKOMMEN

Mit Bahn und Bus
RE5-Züge von Berlin nach Fürstenberg. Weiter mit dem Bus 517 nach Lychen.

Mit dem Auto
Über die A 111 auf die B 96 nach Fürstenberg und dann am Ortsende nach Lychen oder über die A 10 auf die A 11 und dann nach Templin. Von dort weiter nach Lychen.

Tourismus Uckermark
Tel. (03984) 83 58 83
tourismus-uckermark.de

UNTERKOMMEN

Bett & Buch
Ferienwohnungen mit angeschlossenem Antiquariat in Lychen. Stargarder Straße 17
17279 Lychen
Tel. (0151) 64 05 06 24
bettundbuchlychen.de

Zum Eichwerder
Stadthotel mit Bio-Frühstück im Zentrum von Templin. Werderstraße 38, 17268 Templin
Tel. (03987) 494 14 10
hoteleichwerder.de

Hotel 1912
Komfortable Zimmer und hilfsbereiter Service in einer Stadtvilla am Bahnhof von Angermünde.
Bahnhofsplatz 3
16278 Angermünde
Tel. (03331) 298 02 70
hotel1912.de

VERPFLEGUNG

Handwerksbäckerei Lychen
Alles, was aus der Backstube von Julien Strittmatter kommt, ist in Bioqualität und aus Dinkel. Unbedingt auf die Öffnungstage achten.
Stargarder Straße 21
17279 Lychen
handwerksbäckerei-lychen.de

Zum Grünen Baum
Uriger Landgasthof mit regionaler Küche. Auch Gästezimmer können gebucht werden.
Dorfstraße 57
17268 Temmen-Ringenwalde
Tel. (039881) 440 16
landgasthofzumgruenenbaum.de

Rubjas Leibspeisen
Veganer Foodtruck an verschiedenen Standorten, Termine im Internet unter rubjasleibspeisen.metro.rest

RUMKOMMEN

Glashütte Annenwalde
Fusing-Kunst, Glasmalen und Yoga.
Annenwalde 28
Tel. (03987) 20 02 50
glashuette-annenwalde.de

Grün und Wild
Kräuterwanderungen und Workshops mit Marina Delzer, Termine online und individuell auf Anfrage unter gruen-und-wild.de

DIE BESTEN 5

Kluge Kamele, echte Bisons, gelassene Lamas oder gutmütige Esel – auf besonderen Höfen und Farmen können sich **Mensch und Tier** unkompliziert begegnen

Kamelhof Nassenheide

Ganz im Gegensatz zum Sprachgebrauch hierzulande erweisen sich Kamele als sehr soziale und kluge Wesen, gutmütig sind sie noch dazu. Bei einem Besuch auf dem Kamelhof kann man die Tiere dann auch aus nächster Nähe kennenlernen (maximal vier Personen, 70 Euro für eine Stunde, nur nach Voranmeldung!). Man darf die Kamele streicheln, bürsten und mit ihnen kuscheln, dazu erzählt Besitzerin Gabriele Heidicke vom Wesen der Tiere und wie der Kamelhof entstand. Nach dem ersten Kennenlernen zeigt Heidicke auch, wie man die Kamele führt und sie dazu bringt, sich abzulegen. Höhepunkt ist schließlich ein kleiner Ritt durchs Ruppiner Land. Gegen Arbeit auf dem Hof können auch Reitbeteiligungen erworben werden. Für einige der Kamele kann man auch jährliche Patenschaften erwerben, die für die Fütterung und medizinische Versorgung verwendet werden.

Löwenberger Land OT Nassenheide
Am Dorfanger 12, Gabriele Heidicke, Tel. (0177) 301 95 30
kamelhof-nassenheide.de

Elch- und Rentierfarm Golz

Ein Elch mitten in der mittelmärkischen Landschaft? Ja, denn Elche und viele andere für die Region ungewöhnliche Tiere gehören zur Farm von Thomas Golz. Die Farm ist tatsächlich eine, und, darauf legt der Züchter Wert, kein Zoo. Auf weitläufigem Gelände leben hier Rentiere, Elche, Mufflons, Wapiti-Hirsche und echte Bisons. Im Sommer kann man zweimal täglich an einer Safaritour teilnehmen. Im Hofimbiss gibt es Wildspezialitäten wie den Bisonburger.

Schenkenberg Kleptow 29, geöffnet vom 29. Juni – 26. August 2023, Do – Sa 10 – 17 Uhr, wild-golz.de

Wanderreiten im Havelland

Das obere Havelland ist eines der besten Reitreviere für Pferdefans aus Berlin. Seit vielen Jahren bieten Sabine Zuckmantel und ihr engagiertes Team Wandertouren zu Pferd an, Ausgangspunkt ist meistens der schöne Reiterhof in Schönermark. Halbtages- und Tagesritte in der idyllischen Umgebung werden von den Stammgästen gern gebucht, es geht aber auch länger (Touren von drei bis sieben Tagen).

Schönermark Dorfstraße 14, Sabine Zuckmantel, Tel. (0176) 49 60 79 73
wanderreiten-havelland.de

Eselwanderhof Spree-Neiße

Die Natur erkunden, ganz ohne Zeitvorgabe und fern vom Alltagsstress. Kerstin Geschke und Michael Schiffer vom Eselwanderhof bieten begleitete Ausflüge mit den gutmütigen Grautieren an, bei denen man perfekt entschleunigen kann. Denn die gemütlichen Esel haben ihren eigenen Takt beim Gehen durch Wald und Wiesen: Hier mal ein Päuschen machen, dort mal was Leckeres fressen, und die Mitläufer passen sich bald dem entspannten Rhythmus an. Die Wandertouren in der schönen Spree-Neiße-Region dauern zwischen anderthalb und fünf Stunden, dabei lernt man auch viel über die Tiere; am Ende gibt es ein Eselsquiz. Längere Touren werden mit einem Picknick verbunden.

Neiße-Malxetal OT Groß Kölzig Klein Kölziger Straße 2, Tel. (035600) 33 85 60, eselwanderhof-spree-neisse.de

Märkischer Lamahof

Es gibt wenige Tiere, die so freundlich und gelassen sind wie die Lamas. Züchterin Anita Selig-Smith hält über 50 der Tiere sowie einige Alpakas auf ihrem Hof unweit von Mittenwalde. Bei Treckingtouren in den USA hat sie die Lamas kennengelernt, heute kann man bei ihr drei- bis vierstündige Saisonwanderungen oder ganztägige Wanderungen durch das Sutschketal oder um den Krummen See buchen. Mit inbegriffen sind auch eine kleine Lama- und Alpakakunde und die Fütterung der Tiere. Bei größeren Touren tragen die Lamas auch das Gepäck und auf Nachfrage kann die Fütterung der menschlichen Teilnehmer ebenfalls organisiert werden.

Mittenwalde OT Schenkendorf Freiherr-von-Loeben-Straße 2, Tel. (0152) 28 75 26 53, maerkischer-lamahof.de

TEXTE Michael Pöppl

Für den Geist

FOTO Lukas Spörl

DIE KUNST DER STUNDE

TEXT **LENA SCHNEIDER**

Überragt vom Museum Barberini und Kunsthaus Minsk macht Potsdam zwar überregional mehr von sich reden denn je, hadert aber auch mit der finanziellen Wucht privaten Mäzenatentums

Potsdams Aushängeschild am Alten Markt: Das Museum Barberini, das 2017 eröffnet wurde (l.). Das 2022 eröffnete Kunsthaus Minsk (r.)

Als der Potsdamer Kunsthistoriker Andreas Hüneke vor ein paar Jahren zum Thema »Kunststadt Potsdam« sprach, tat er etwas Unerhörtes. Er versah seinen Vortrag mit einem Fragezeichen. Ist die Garnison- und Gartenstadt Potsdam auch eine Kunststadt, ist sie je eine gewesen? So fragte er damals, im Oktober 2017. Ausgerechnet in dem Jahr, in dem Hasso Plattner das Museum Barberini am Alten Markt eröffnet hatte. Wer heute durch die an Kunstschätzen so reiche Stadt Potsdam spaziert, mag sich über das Fragezeichen wundern. Aber man tut gut daran, es im Hinterkopf zu behalten. Man wird ihm wieder begegnen.

Zunächst aber zurück zum schillernden Aushängeschild am Alten Markt, zurück zum Eröffnungsjahr 2017. Im ersten Monat kamen rund 17000 Menschen pro Woche ins neue Museum Barberini. Fotos zeigen Angela Merkel, in Gedanken versunken vor Monets Seerosen. Auf Monet folgen Beckmann, Richter, van Gogh, Rembrandt, Picasso. Ein Publikumsmagnet jagt den anderen. Und zwischendrin, mitten in der Pandemie, der Ritterschlag: Plattner übergibt seine Impressionismus-Sammlung dem Museum, macht das Barberini zu dem Ort in Europa, der nach Paris die meisten Monet-Gemälde beherbergt. Auf Dauer. »Wir müssen es nicht mehr toppen«, sagt Museumsdirektorin Ortrud Westheider 2020. »Wir sind jetzt oben angekommen.«

Und noch bis zum 11. Juni 2023 wird das Museum eine neue Facette des Impressionismus beleuchten: »Sonne. Die Quelle des Lichts« heißt die Schau, die zuvor im Pariser Musée Marmottan zu sehen war. Untersucht werden soll die Ikonografie der Sonne von der Antike bis in die Gegenwart. Ausgangspunkt ist wieder Monet: Sein Gemälde »Impression, Sonnenaufgang«, entstanden 1872, gab dem Impressionismus seinen Namen. Später im Jahr kommen im Barberini die Impressionisten aus Holland zu Besuch, zum Jahresende dann wieder ein Schwergewicht: Landschaften von Edvard Munch. Hierfür kooperiert das Potsdamer Haus mit dem neuen Munchmuseet in Oslo. Auch bei den Kooperationen spielt das Barberini seit Tag eins in der ersten Liga.

Bis zum Sommer 2017 kamen fast so viele Gäste ins Barberini wie nach Sanssouci zuvor in einem ganzen Jahr. Aus Potsdam, Berlin, der ganzen Welt. Auch wenn die Zuströme nicht durchweg so gigantisch blieben: Das Barberini sorgte für tektonische Verschiebungen in Potsdams Museumslandschaft. Die bis dahin überregional vor allem für seine Schlösser und Gärten bekannte Stadt wurde durch Plattners erstes Museum bundesweit ins Bewusstsein der Kunstinteressierten katapultiert.

Museumsdirektorin Ortrud Westheider

»Wir müssen es nicht mehr toppen. Wir sind jetzt oben angekommen«

Im Zentrum am Alten Markt fügt sich das Barberini ein in ein wiederauferstehendes Ensemble aus barocken Fassaden. Nebenan steht das wiederaufgebaute Stadtschloss, in dem heute der Landtag

Publikumsmagnet: Allein im Eröffnungsjahr 2017 kamen rund 17 000 Menschen pro Woche ins Museum Barberini

Kunstinteressiert: Angela Merkel in Begleitung von Mäzen Hasso Plattner vor Monets Seerosen im Museum Barberini

sitzt. Gegenüber ersteht eine barocke Häuserzeile neu. Nicht allen in Potsdam gefällt das. Der Staudenhof, ein architektonisches Überbleibsel aus DDR-Zeiten in Sichtweite zum Barberini, soll abgerissen werden – und wird von einigen energisch verteidigt. Insofern kann die Bedeutung von Plattners zweitem Museum in Potsdam kaum überschätzt werden: das im September 2022 eröffnete Kunsthaus Minsk.

Minsk als Gegenstück zum Barberini

Das »Minsk« ist das architektonische und inhaltliche Gegenstück zum Barberini. Auf einem Hügel unweit des Hauptbahnhofes gelegen, nach dem Vorbild eines DDR-Baus von Karl-Heinz Birkholz aus den 1970er-Jahren. Ein Terrassenrestaurant, das jahrzehntelang verfallen war, bevor Plattner es 2019 kaufte und zum Ort für seine DDR-Kunstsammlung bestimmte. Die Eröffnungsausstellungen mit Arbeiten von Wolfgang Mattheuer und Stan Douglas gingen Mitte Januar zu Ende, seit 10. Februar läuft die Personalausstellung über die Künstlerin Ruth Wolf-Rehfeldt: »Nichts Neues« heißt die Schau, die noch bis 7. Mai zu sehen ist. Dialog lautet das Prinzip, das Minsk-Direktorin Paola Malavassi für das Haus auserkoren hat, und sie praktiziert es nicht nur in der Kunst.

Museumscafé im Barberini – mit Blick auf den Alten Markt

Eines der Highlights aus der impressionistischen Sammlung im Museum Barberini: »Getreideschober« von Claude Monet

Architektonischer Gegenentwurf zum Museum Barberini: die Cafébar (l.) im Kunsthaus Minsk und die schlichten Ausstellungsräume

Parallel zur Ausstellung im Minsk zeigt ein kommunal geförderter Ausstellungsort für zeitgenössische Kunst Arbeiten von Wolf-Rehfeldts Mann, Robert Rehfeldt (1931-1993): »Kunst ist, wenn sie trotzdem entsteht« heißt die Schau im Kunstraum Potsdam, zu sehen bis 16. April.

Hier kann sich zeigen, wie das aussieht, wenn private Player sich mit städtischen Akteuren vernetzen. Die inhaltliche Klammer verknüpft auch unterschiedlichste Teile der Stadt: den Brauhausberg am Bahnhof und die Schiffbauergasse, Potsdams Areal für die freie Szene, wo der Kunstraum liegt. Dieser Spagat ist umso wichtiger in einer Stadt, deren Kunstszene zwar überregional mehr von sich reden macht denn je – die aber mit der finanziellen Wucht privaten Mäzenatentums durchaus auch hadert.

Knapp einen Kilometer vom Barberini entfernt befindet sich in dem Verwaltungsbau eines einstigen Datenverarbeitungszentrums aus den 1960er-Jahren das Rechenzentrum: ein Atelierhaus für rund 300 Künstlerinnen und Künstler und Kreative. Gegründet wurde der Ort 2015 auf dem Gelände der ehemaligen Garnisonkirche. Heute pulsiert hier die freie künstlerische Produktion der Stadt am intensivsten. Nur laufen die Mietverträge Ende 2023 aus. Dass ein von einem Investor in der Nähe errichtetes Gebäude ersetzen kann, was hier über die Jahre gewachsen ist, bezweifeln viele. Wie wichtig so ein Ort ist, zeigte sich, als das Kunsthaus Minsk 2021 eröffnete. Damals begleitete das Rechenzentrum den Rummel mit einer kleinen Ausstellung, die einen alternativen Blick auf die Erfolgsstory von »Plattners Minsk« entwickelte: über bürgerschaftliche Versuche aus den 2000er-Jahren, das damals schon marode Gebäude zu retten, ohne die Mittel eines Mäzens Plattner.

Es gibt Menschen, die die neue Unwucht in Potsdams Kunstszene kritisch sehen

Auch jenseits der alternativen Szene finden sich Menschen, die die neue Unwucht in Potsdams Kunstszene durchaus kritisch sehen. »Toll, dass es das Barberini und das Minsk gibt«, sagte Markus Wicke vom Förderverein des Potsdam Museums in einem Austausch über Potsdams Museumslandschaft 2021. »Aber es darf nicht damit aufhören.« Die neuen Standards der Privatmuseen müssten vielmehr Ansporn auch für die kommunalen Orte sein, sagt Wicke.

Das städtische Museum hat zu kämpfen

Wie sehr sich die Stadt Potsdam auf dem Glamour der Privaten ausruht, ist ausgerechnet im Potsdam Museum zu sehen: Jenes Museum, für das Wicke als Vorsitzender des Fördervereins vehement streitet. Das Museum im Alten Rathaus ist direkter Nachbar des Barberini am Alten Markt. Beste, zentrale Lage – und doch hat es, anders als sein privater Nachbar, mit mauen Besucherzahlen zu kämpfen. Nicht erst seit der Pandemie. Dabei hat dessen scheidende Leiterin Jutta Götzmann immer wieder versucht, durch Sonderausstellungen mit künstlerischem Fokus zu locken: Ob nun Schauen zu DDR-Kunst, dem märkischen Impressionisten Karl Hagemeister oder jüngst verstärkt auch zu Potsdamer Protagonisten. Noch bis zum 4. Juni ist dort »Die Welt in Hell und Dunkel« zu entdecken, eine Retrospektive zu dem Maler Peter Rohn, einem der wichtigen Chronisten der Stadt. 94 Werke lassen das Potsdam der letzten 60 Jahre beeindruckend greifbar werden.

Eine Kunsthochschule fehlt

Lokale Kunst kommt im Potsdam Museum insgesamt notorisch zu kurz. Das ist auch Museumsleiterin Jutta Götzmann bewusst, die seit Jahren eine angemessene Erweiterung des Museums fordert, unter anderem um die 5200 Werke umfassende Galerie Sozialistische Kunst aus DDR-Zeiten abbilden zu können – aber auch Arbeiten von Stephan Velten, Wolfgang Liebert, Menno Veldhuis, prominente Ankäufe wie ein Gemälde von Lotte Laserstein oder eben als jüngstes Beispiel Karl Hagemeister. Womit wir wieder bei Andreas Hüneke sind, dem Potsdamer Kunsthistoriker. »Eine Stadt wird nur zur Kunststadt, wenn von ihr künstlerische Impulse ausgehen«, sagt er. Im kunsthistorischen Sinne gibt es diese Impulse inzwischen gewiss. Das Minsk ist international vernetzt, im Barberini werden umfängliche Symposien internationaler Experten und Expertinnen abgehalten.

»Potsdam wird ein bedeutender Ort auf der Kunstweltkarte«

Kunstmäzen Hasso Plattner

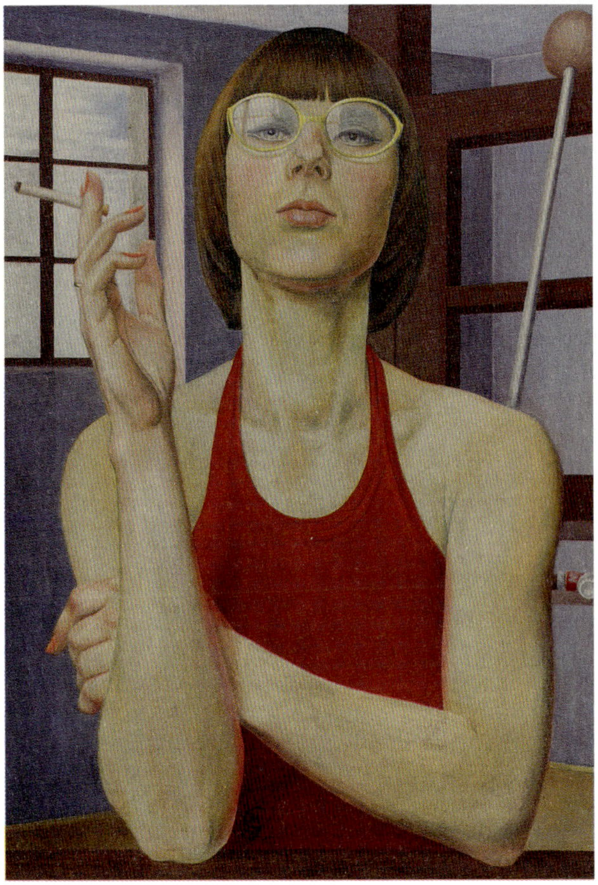

Im »Minsk« zu sehen: Selbstbildnis der Künstlerin Monika Geilsdorf

Damals Rechenzentrum – heute Atelierhaus für Kunstschaffende

»Potsdam wird ein bedeutender Ort auf der Kunstweltkarte«, prophezeite Hasso Plattner Anfang 2020, und alles deutet darauf hin, dass er recht behalten wird. Potsdam findet statt im internationalen Diskurs. Die Impulse, die Kunsthistoriker Hüneke meint, bezogen sich jedoch auf die künstlerische Produktion – und deren Sichtbarkeit lässt nach wie vor zu wünschen übrig. Eine Kunsthochschule hatte Potsdam nie, und lange Zeit auch kein Kunstmuseum. Es war die einzige Bezirkshauptstadt der DDR ohne ein Museum für zeitgenössische Kunst.

Inzwischen hat Potsdam zwei stattliche Kunstmuseen – zeitgenössische Kunst aus Potsdam aber hat immer noch keinen richtigen Ort. Sie findet jedoch statt: an Orten wie dem Rechenzentrum, dem Kunstraum oder in einem der umtriebigen Kunstvereine. Andreas Hüneke steht selbst einem von ihnen vor, dem Potsdamer Kunstverein. Dessen Ausstellungsort heißt Gute Stube und sieht auch so aus: ein beschaulicher Raum, ein lauschiger Hof. Seit Kurzem widmet er sich ausdrücklich auch dem Potsdamer Nachwuchs: Bis Ende Februar war hier eine Ausstellung des jungen Malers Christoph Tschernatsch zu sehen. Sein Sujet: Droiden. Die Kampfroboter in »Star Wars«.

Außen- und Innenansichten vom Kunstraum Potsdam

Villa Schöningen an der Glienicker Brücke

Und auch an anderen Orten stellt Potsdams Kunstszene Fragen an die Zukunft. Orte, die so disparat sind wie die Stadt Potsdam selbst. Beispiel eins: Die Villa Schöningen an der Glienicker Brücke, ein Persius-Bau im italienischen Stil mit Blick über den Jungfernsee. Sie gehört einem weiteren sehr solventen Potsdamer und Kunstsammler: Mathias Döpfner, Vorstandsvorsitzender des Springer-Konzerns. Geleitet wird das 2009 gegründete Kunsthaus von Sonia González, die für April 2023 einen Relaunch angekündigt hat: Hier sollen künftig Themen im Mittelpunkt stehen, die González aus der Sammlung Döpfner generieren will. Barberini 2.0?

Die zeitgenössische Kunst aus Potsdam hat immer noch keinen richtigen Ort

Beispiel zwei: Zehn Kilometer vom Jungfernsee entfernt, am anderen Ende der Stadt, da wo in den 1980ern Plattenbauviertel entstanden und der Potsdamer Süden streng genommen schon Nuthetal ist, entsteht gerade ein ganz anderer Ort. Kurz vor dem Bahnhof »Potsdam-Rehbrücke« ragt in einem Industriegebiet an den Gleisen ein neungeschossiger Getreidespeicher in die Höhe. Gebaut in den 1960ern, seit Anfang der 1990er-Jahre ungenutzt. Im September letzten Jahres gelang es der Künstlergruppe Artifact e. V., diese Brache zu beleben: Auf fünf Etagen zeigte sie Kunst. Nicht nur aus Potsdam, aber auch. 6000 Euro gab es dafür von der Stadt Potsdam, verdient hat niemand etwas. Versammelt waren Positionen aus dem Großraum Berlin, aber auch aus Taiwan, Island, Kanada, der Ukraine. 40 Künstlerinnen und Künstler auf 1800 Quadratmetern, 500 mehr als das Potsdam Museum derzeit zur Verfügung hat. Das gemeinsame Thema letztes Jahr lautete »Speichern«. Im September 2023 will Artifact wieder antreten. Das Thema diesmal: »Kollektivität«.

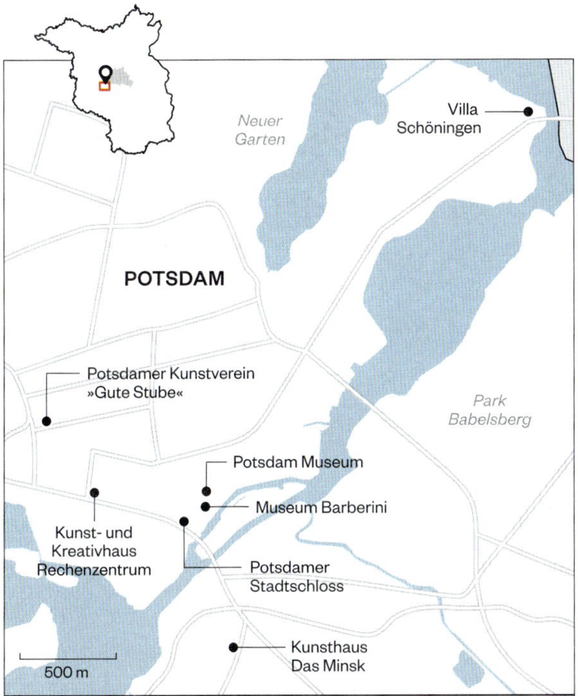

KUNSTORTE IN POTSDAM

Museum Barberini
Humboldtstraße 5
14467 Potsdam

Potsdamer Stadtschloss
Am Alten Markt 1
14467 Potsdam

Potsdam Museum
Am Alten Markt 9
14467 Potsdam

Kunsthaus Das Minsk
Max-Planck-Straße 10
14473 Potsdam

Kunst- und Kreativhaus
Rechenzentrum
Dortustraße 46
14467 Potsdam

Potsdamer Kunstverein »Gute Stube«
Charlottenstraße 121
14467 Potsdam

Villa Schöningen
Berliner Straße 86
14467 Potsdam

Wiepersdorf

Es ist die Ruhe, das Nichts, das Künstler aus der ganzen Welt anzieht. Schloss Wiepersdorf bietet als landeseigene Kulturstiftung Stipendien an. Ein Besuch an einem interdisziplinären Ort, wo Musik, Literatur, bildende Kunst, Tanz und Theater zu Hause sind

TEXT **SUSANNE KIPPENBERGER** FOTOS **MARZENA SKUBATZ**

statt Paris

Felder und Wälder, mehr Landschaft als Menschen, so zeigt sich der Fläming dem Durchreisenden. Und plötzlich, in einem kleinen Dorf: ein barocker Park! Ein Schloss! Mit einer Freitreppe, breit wie eine Bühne, so prächtig, dass sie jeden adelt, der sie herunterschreitet. Frösche quaken. Vögel singen. Künstler schnattern.

»Welches Jahrhundert haben wir jetzt?«, fragte der Lyriker Thomas Rosenlöcher in seinem Gedicht über Wiepersdorf. 18. und 21., 19. und 20., möchte man ihm antworten. Bettine und Achim von Arnim, das Schriftstellerpaar der Romantik, lebte hier, DDR-Größen wie Anna Seghers und Christa Wolf, Peter Hacks und Sarah Kirsch ebenfalls, auf Zeit. Die Vergangenheit ist allgegenwärtig, die Gegenwart sowieso. Heute wandelt die aus dem Sudan stammende, in den USA beheimatete Schriftstellerin Fatin Abbas zwischen den alten Eichen. Der aus Kiew dem Krieg entflohene georgische Künstler Badri Gubianuri malt zurückgezogen in seinem Atelier. Seine Berliner Kollegin Annedore Dietze radelt durch die platte Landschaft. »The biking queen« wird sie von den anderen genannt.

Petra Heymach, die Nachfahrin der Arnims, erforscht die Geschichte ihrer Ahnen. Ihre Großmutter war es, die nach dem Ende des Krieges die Idee hatte, aus Wiepersdorf einen Künstlerort zu machen. Die Idee wurde umgesetzt, sie selbst vertrieben. Touristen besuchen die kleine Kirche, legen Blumen auf Bettines Grab, setzen sich auf die weißen

Zahlreiche Statuen aus Venedig zieren die Anlage und verwandeln das Anwesen in einen Skulpturenpark

Petra Heymach ist eine Nachfahrin der Arnims und erforscht vor Ort die Geschichte ihrer Ahnen

Geschichtsträchtiger Ort – früher waren Bettine und Achim von Arnim hier die Hausherren

Bänke im denkmalgeschützten Garten und fühlen sich ein wenig herrschaftlich. Auch wer nur einen Nachmittag zu Besuch kommt, malt sich aus, wie es hier wohl einst gewesen sein mag. »Die Landschaft der Kindheit öffnet sich«, schrieb Jürgen Becker, einer der Schriftsteller, die hier ein Refugium fanden. Eine Märchenwelt. Die Brüder Grimm und Clemens von Brentano kamen zu Besuch, als die Arnims noch die Hausherren von Wiepersdorf waren; die Geschichte von Rotkäppchen soll aus der Gegend stammen. Hier tickt eine andere Zeit. »Hat man je Bäume/zum Bus rennen sehen?«, fragte der Schriftsteller Steffen Jacobs hier.

Drei Monate im Nichts – null Ablenkung

Homeoffice, Bibliothek, Büro – wo arbeitet es sich am besten? Darüber wird seit der Pandemie intensiv diskutiert. Die Antwort für viele Künstlerinnen und Künstler ist einfach. Am besten: in Wiepersdorf. Denn hier im »Ländeken« Bärwalde, wie es heißt, gibt es – nichts. Null Ablenkungen. Selbst die unter Stipendiaten der Künstlerresidenz einst legendäre Kneipe, die Alte Schmiede, hat längst dichtgemacht. Berlin ist 80 Kilometer entfernt. Zu Arnims Zeiten – und mit öffentlichen Verkehrsmitteln gefühlt heute noch – eine Tagesreise entfernt.

Drei Monate im Nichts, auch wenn es grün ist? Man könnte einen Koller kriegen. Den Eindruck machen die Stipendiatinnen, die sich an diesem sonnigen Sommertag auf der Terrasse zum Mittagessen versammelt haben, nicht.

Die Großmutter von Petra Heymach hatte nach Ende des Krieges die Idee, Schloss Wiepersdorf in einen Künstlerort zu verwandeln

Munter erzählen sie von ihrem Arbeitsrausch, vom unglaublichen Luxus, sich drei Monate lang ganz ihrer Kunst zu widmen, ohne die Lasten des Alltags. Sie fühlen sich reich, auch an Zeit, von der sie sich mal nicht getrieben fühlen, ja, der sie zusehen können, so langsam vergeht sie hier. Sie erzählen, wie sie sich mit den anderen Künstlern und Künsten austauschen, einander in ihren Schreibstuben und Ateliers besuchen. Denn längst ist aus der DDR-»Arbeits- und Erholungsstätte für Schriftsteller und Künstler« ein interdisziplinärer Ort geworden. Musik, Literatur, bildende Kunst, Tanz und Theater, hier sind sie alle zu Hause. Von anregenden Gesprächen schwärmen die Stipendiatinnen, vom Vertrauen, der Energie, die sich überträgt – und der Konzentration. Die Möglichkeit, sich immer wieder zurückzuziehen.

»Das Stipendiatenprogramm wird öffentlich finanziert – da sollen die Menschen auch was von haben«

Direktorin Annette Rupp bringt neuen, internationalen Schwung auf das Brandenburger Anwesen

Das Schloss ist zu neuem Leben erwacht

Wiepersdorf ist gesellige Einsiedelei. Wer braucht die weite Welt, wenn diese auf dem Dorf zu Hause ist? Die Gäste kommen aus Frankreich und den USA, Großbritannien und Polen, Georgien und Berlin, Iran und Frankfurt am Main; etliche der in Deutschland lebenden Gäste haben einen Migrationshintergrund. Der Schriftsteller Viktor Jerofejew hat in Wiepersdorf nach Ausbruch des Krieges in der Ukraine mit seiner Familie Zuflucht gefunden. Und die Gäste lassen die Öffentlichkeit teilhaben an dem, was sie hier tun. »Das wird öffentlich finanziert – da sollen die Menschen auch was von haben«, sagt Annette Rupp.

Das Schloss ist zu neuem Leben erwacht. Rupp, schlank, kurzes Haar, ganz in Schwarz gekleidet, brachte als Direktorin neuen, internationalen Schwung auf das Brandenburger Anwesen. Die Germanistin hat einige Jahre das Goethe-Institut in Los Angeles geleitet, bevor sie Geschäftsführerin der Villa Aurora wurde; das einstige Heim Lion Feuchtwangers in Pacific Palisades bietet ebenfalls ein Künstlerresidenzprogramm an.

Ende 2018 begann die Wahl-Berlinerin das neue Konzept für das alte Haus zu entwickeln, zu dem auch kürzere Arbeitsaufenthalte von Gruppen gehören. Der Neuanfang fiel in die Pandemie, der erste Jahrgang fand nur digital statt. 2021 konnten die ersten Stipendiaten dann tatsächlich die mit Antiquitäten möblierten Zimmer beziehen. Als »kalten Kasten« hatte Bettine von Arnim das Haus im 19. Jahrhundert erlebt. Heute ist alles komfortabler, gepflegter als zu ihren Zeiten. Wer sich einmal im Gartensaal niedergelassen hat, möchte sich nicht mehr erheben.

Auch ohne Dorfkneipe müssen sich die Bewohner um ihre Verpflegung keine Sorgen machen. Zwei junge Köche bewirten sie im Wechsel aufs Köstlichste. Die Zeit der fetten Kohlrouladen ist vorbei. Ob Kuchen oder Möhrensalat, alles ist selbstgemacht. Und jeden Tag gibts was anderes.

Von solchem Luxus konnten die Arnims nur träumen, das Geld war bei ihnen immer knapp, deswegen fing Achim ja überhaupt mit der Landwirtschaft an. Drei Jahre hielt die quirlige Bettine es aus, dann floh die Menschensüchtige zurück in die Stadt. Sie fühlte sich aufgezehrt vom »Mottenfraß der Häuslichkeit«. Ihr Mann dagegen liebte das Land, den

Sie stammt aus dem Sudan, ist in den USA beheimatet und derzeit als Stipendiatin in Wiepersdorf: Schriftstellerin Fatin Abbas

Die Britin Sarah Duffy ist gelernte Bauchrednerin und ebenfalls Stipendiatin im Schloss – für exakt 90 Tage, so will es der Brexit

Der georgische Künstler Badri Gubianuri ist aus Kiew geflohen und arbeitet nun hier zurückgezogen in seinem Atelier

Künstlerin Annedore Dietze vor einem ihrer Werke. Wenn sie nicht malt, radelt sie häufig und gerne durch die platte Landschaft

Die iranischstämmige Künstlerin Maryam Aghaalikhani hatte ein Stipendium für Paris, ging aber nach Wiepersdorf

Gesellige Einsiedelei: Die Gäste im Schloss haben die Möglichkeit, sich im Café in der Orangerie zu treffen

Acker und das Vieh, fand seine schöpferische Erfüllung im Brauen von Bier. In Berlin überkam ihn die Sehnsucht nach seinen Kartoffeln.

Am Ende war Bettine bekannter als ihr früh verstorbener, konservativer Mann, ist es heute noch. Die Straße, an der das Schloss liegt, ist nach ihr benannt. Die aufmüpfige Tochter aus gutem Hause – Elisabeth Catharina Ludovica Magdalena Brentano lautet ihr Mädchenname –, die progressive Rebellin, die im 19. Jahrhundert gegen die Todesstrafe, für die Gleichberechtigung, nicht nur der Frauen, auch der Juden eintritt, sich vehement für die Armen einsetzte. Das ist der Stoff, aus dem Legenden werden. Auch in der DDR konnte die Adelige bestehen.

Es war der Enkel des Paares, Achim von Arnim-Bärwalde, der das ländliche Gutshaus zum veritablen Schloss aufpeppte. Der Historienmaler hatte geerbt, er baute an und um, stellte die Orangerie auf, ergänzte das Haus um ein großzügiges Atelier. Das ist heute Teil des neu gestalteten Museums, in dem die verschiedenen Zeitläufte lebendig werden. Auch die Dorfbewohner kommen hier als Zeitzeugen zu Wort; ein Abschnitt beschäftigt sich mit der Zeit, als »aus Versehen« DDT übers Dorf abgelassen wurde. Bilder von DDR-Künstlern schmücken die Wand.

Lesungen, Konzerte und Ausstellungen

Achim der Jüngere ging einst shoppen im großen Stil, in Venedig zum Beispiel erstand er »zehn Statuen und vier sehr schöne Vasen«, wie er fröhlich seinem um die Ausgaben besorgten Onkel schrieb. So verwandelte er das Anwesen ganz nebenbei in einen Skulpturenpark. Von Arnim-Bärwalde hatte Humor, sogar Gartenzwerge hat er angeschafft. Freilich ohne rote Zipfelmütze: Groteske Figuren stehen im Halbrund unterm Fenster des ausgemalten Ateliers. Ein Junge lässt sich gerade davor fotografieren, legt den Skulpturen seinen Arm um die Schulter, patscht ihnen auf den Kopf.

Wiepersdorf ist kein hermetischer Ort. Der Park ist das ganze Jahr über geöffnet, kein Zaun schirmt ihn ab, niemand muss Eintritt zahlen. Im Sommer ist die neue Ausstellung im Schloss und das Café in der Orangerie sonntags geöffnet, regelmäßig finden Lesungen, Filmvorführen, Konzerte und Ausstellungen der Stipendiaten statt, öffnen die Künstler die Türen ihrer Ateliers. Zum Sommerfest 2022, das erste Mal wieder, kamen Anwohner der ganzen Region vorbei.

Nur übernachten können Touristen nicht mehr. In den Jahren nach der Wende, als es die ostdeutschen Künstler und Künstlerinnen eher nach Italien, Frankreich und Amerika als in den Fläming zog, blieben Zimmer frei. Die wurden dann an Reisende vermietet. Aber, findet Direktorin Annette Rupp, das würde die Konzentration stören. Heute ist Schloss Wiepersdorf eine landeseigene Kulturstiftung, durch die die Grundfinanzierung gesichert ist, für weitere Stipendien und Renovierungsarbeiten werden andere Fördertöpfe angezapft.

Wiepersdorf, das Dorf, hat man schnell durchschritten. Einmal die Straße rauf und wieder runter. und man hat so ziemlich alles gesehen. Fast. Ein britischer Künstler hat sich hier niedergelassen und eine Galerie geöffnet, die das

Gegenteil des Berliner White Cubes ist. Der Name lässt es ahnen: Jägerschere. Durch die losen Bretterwände der alten Scheune zieht der Wind, dringt das Licht – hier hat die Künstlerin Sarah Duffy, Stipendiatin im Schloss und gelernte Bauchrednerin, eine Performance gemacht.

Die iranischstämmige Künstlerin Maryam Aghaalikhani erzählt, dass sie die Wahl hatte zwischen zwei Stipendien: Wiepersdorf oder Paris. Sie hat sich für den Niederen Fläming entschieden. »Ich bin noch nie an einem Ort gewesen, der so ruhig ist«, erzählt die Frankfurterin Petra Heymach beim Mittagessen auf der Terrasse. »It's going to be tough to go back to reality«, sagt Sarah Duffy, die noch vor dem Sommerfest zurück auf die britische Insel muss. 90 Tage und keinen Tag mehr erlaubt ihr das Visum, das der Brexit nötig macht. Es müssen 90 magische Tage fern der rauen Wirklichkeit gewesen sein. Nicht nur für sie.

TIPPS

Schloß Wiepersdorf
in Teltow-Fläming

HINKOMMEN

Mit dem Auto
Über die B 101 und B 102 oder die A 13, je nach Verkehr dauert es circa anderthalb Stunden.

Mit der Bahn
Regionalexpress nach Jüterbog, dann weiter mit dem Bus 774 oder mit dem Rufbus (rechtzeitig anmelden!) nach Wiepersdorf. Das dauert zwei bis zweieinhalb Stunden.

UNTERKOMMEN

Da es im Dorf selbst kein Hotel gibt, kann man ausweichen:

Zum Goldenen Stern
Schönes Hotel mit individuell eingerichteten Zimmern, DZ ab 75 Euro pro Nacht. Markt 14, 14913 Jüterbog, hotel-goldener-stern.de

Alte Försterei Kloster Zinna
Romantisch übernachten im Familien- und Tagungshotel, DZ ab 89 Euro pro Nacht. König-Friedrich-Platz 7, 14913 Jüterbog OT Kloster Zinna, alte-foersterei-kloster-zinna.de

VERPFLEGUNG

Landgasthof Jüterbog
Historischer Landgasthof am Rand der Fläming Skate bietet frische Regionalküche und traditionelle Hausmannskost. landgasthof-jueterbog.de

RUMKOMMEN

Mit Rad oder Skates
Der Niedere Fläming ist bekannt für seine insgesamt 230 Kilometer lange asphaltierte Strecke, die durch Felder, Wälder und Wiesen führt.

Museum Schloss Wiepersdorf
In den Sommermonaten sonntags von 13 bis 17 Uhr geöffnet. Dann ist auch das Café in der Orangerie in Betrieb. Der Park ist jederzeit zugänglich. Der Eintritt ist, wie auch zum Museum, frei. Infos über regelmäßig stattfindende Kulturveranstaltungen, Ausstellungen und Offene Ateliers unter schloss-wiepersdorf.de. Dort stehen auch Videos von früheren Veranstaltungen. Bettina-von-Arnim-Straße 13, 14913 Niederer Fläming

Galerie Jägerschere
Die Galerie hat während der Ausstellungen sonntags von 13 bis 18 Uhr geöffnet sowie nach Vereinbarung. Dorfstraße 17, 14913 Niederer Fläming, jaegerschere.org.

Bollhagens Erbe

TEXT **SUSANNE LEIMSTOLL** FOTOS **KAROLIN KLÜPPEL**

Die Initialen ihres Namens sind längst ein Markenzeichen: HB. Die Keramikerin zählt laut Goethe-Institut zu den zehn besten deutschen Designern. Bis heute werden Hedwig Bollhagens Unikate immer noch von Hand in Serie gefertigt. Ein Besuch in den Werkstätten und im Museum

Keramiker Björn Schremmer

»Das sind ja bloß Töppe!«. Ihr berühmtester Satz ist nichts als norddeutsche Bescheidenheit, gepaart mit augenzwinkernder Tiefstapelei. Gesagt von einer Künstlerin und Handwerkerin, lebenslang lernbegierig, klug und geschäftstüchtig, einer Ikone der Bauhaus-Keramik. Sie schuf Design, das kostbar und robust ist, schlicht, schön und alltagstauglich. Die Signatur, zwei Buchstaben, ein Markenzeichen: HB.

Wer Hedwig Bollhagens Werk begreifen will, muss ins von einem Förderverein getragene Museum nach Velten, dorthin, wo im letzten Jahrhundert Tonvorkommen Brandenburg prägten und ein Dutzend Keramik- und Ofenfabriken entstanden.

Oben im Neubau stehen sie hinter Glas, Serienstücke und Solitäre, Erstlinge und Prototypen aus dem 1600 Objekte umfassenden keramischen Nachlass der Hedwig Bollhagen, nationales Kulturgut. Das Service mit blau-rotem Fadenkaro von 1929, Liebling von Generationen, oder, ganz anders, ein Krug mit persischblauer Effektglasur. Die Kaffeekanne mit kleinteiligem »Bienchen«-Muster und als Kontrast der Teller mit geritztem Blattdekor auf schwarzer Sinter-Engobe. Die zwölf Zentimeter kleine Engelshalsvase, die 1937 auf der Pariser Weltausstellung die Goldmedaille gewann oder riesige Bodenvasen aus den 1960ern, als Dekor nur Karrees in blassen Tönen oder gleich schwarz, nichts, was dem DDR-Regime gefallen hätte, das »kalten Ästhetizismus« darin sah. Eine widersprüchliche Welt: karge Asymmetrien, dann wieder wirbelnde Muster, schnörkellose Formen. Schätze eines reichen Lebens, das von 1907 bis 2001 währte: Hedwig Bollhagen, die zarte Frau, auf Schwarz-Weiß-Fotos ernst und konzentriert oder mit jenem speziellen Lächeln, den Bubikragen zugeknöpft, das Haar zum Knoten gezwirbelt.

Geboren in Hannover, geblieben in Marwitz bei Berlin. Schon als Kind, schreibt sie, habe sie Puppengeschirr aus Ton gesammelt. Als Lehrling absolvierte sie seufzend erste Drehversuche in der Bauerntöpferei, schaffte es nach der Keramischen Fachschule in staatliche Manufakturen. Ihre wichtigsten Erfahrungen sammelte sie ab 1934 im eigenen Betrieb, den HB-Werkstätten für Keramik in Marwitz, vormals die »Haël-Werkstätten für künstlerische Keramik«. Sie brachte Dreher, Steingut- und Fayencemalerinnen mit, pflegte die Zusammenarbeit mit bedeutenden Bauhaus-Keramikern, legte erst im eigenen Betrieb die Meisterprüfung ab und folgte immer der Idee, »keine modischen Schlager, sondern einfache, zeitlose Dinge zu machen«, preiswertes Gebrauchsgeschirr. Ihr Konzept wurde bejubelt, brachte Goldmedaillen, Ehrenurkunden und internationale Preise, überstand selbst 20 Jahre verstaatlichten Betrieb und DDR-Mangelwirtschaft. Erst 1992 erhielt Bollhagen ihre Firma von der Treuhand zurück. Da war sie schon 85.

»Kunst? Ach ja, manche nennen es so. Ich mache Teller, Tassen und Kannen«

Hedwig Bollhagen Strenger Haarknoten, Karobluse, zugeknöpfter Bubikragen: Markenzeichen einer Frau, die sich selbst bescheiden als »Töpferin« bezeichnete. In ihrer Werkstatt in Marwitz arbeitete sie bis ins hohe Alter. Sie starb 2001 mit 94 Jahren.

»Kunst? Ach ja, manche nennen es so. Ich mache Teller, Tassen und Kannen.«

Noch so einer ihrer Understatementsätze, zu lesen an einer Cortenstahl-Tafel an der Hauswand der Werkstätten in Marwitz. Eine Ansammlung weinlaubbewachsener Klinkerbauten, die nicht nach Fabrik aussehen, sondern eher aus der Zeit gefallen. Dort lernt man, aufwendiges Handwerk zu begreifen.

Vor der Wende standen sie auch für dritte Wahl an

Zwei Schulfreunde aus dem Nachbarort Hennigsdorf übernahmen die Manufaktur 2013, modernisierten und stabilisierten den Betrieb: Lars Dittrich und Alexander Grella, Geschäftsleute, die in den 1990ern mit Handys ein kleines Imperium aufbauten, damit einen Millionendeal machten und nun als Unternehmer in anderen Branchen erfolgreich sind. Ihr Einstieg in Marwitz war eine Tat aus Heimatliebe. Sie wuchsen mit dieser Keramik auf, vor der Wende, als HB Bückware war, als die Leute selbst für Dritte Wahl anstanden. Als Geschirr für 50 Ostmark eine Anschaffung bedeutete, wenn man im Monat nur 500 Ostmark verdiente. Gleich nach HBs Tod war das stärkste Verkaufsjahr; alle dachten, die Produktion gebe es bald nicht mehr.

Bollhagens Unikate werden noch immer in Serie von Hand gefertigt. Nostalgische Bedingungen: drei Ebenen im Haupthaus, die zerbrechliche Ware muss rauf und runter, zwölf verschiedene Herstellungsschritte wollen koordiniert sein, die Belegschaft beläuft sich auf nur 20 Angestellte. Geschäftsführer Steffen Blochel wartet im großen Showroom, in dem die Klassiker hübsch präsentiert werden. »Wir fertigen Steingut, nicht Steinzeug. Das hat schon fast die Qualität von Porzellan«, erklärt er. Hoch gebrannt, besonders robust, mehr denn je eine Anschaffung: Heute kostet das preiswerteste Stück, ein Serviettenring, 20 Euro, das teuerste, eine riesige Schale, knapp 13900, ein Kaffeeset für vier um die 600 Euro. Jeder Artikel braucht etwa vier Wochen Herstellungszeit, jedes Teil wird 40- bis 60-mal in die Hand genommen. Das versteht, wer eine Werksführung bucht.

FOTO Erik-Jan Ouwerkerk

Idyllisch gelegen: die Werkstätten Hedwig-Bollhagen in Oberkrämer. Eine Fabrik, die wirkt, als sei sie aus der Zeit gefallen. Doch die neuen Besitzer haben die Manufaktur gerettet, modernisiert und stabilisiert

Fertig gedreht oder in Form gegossen, warten die Rohlinge in Holzregalen auf den Transport im Paternoster hinunter zum elektrischen Brennofen. Erst nach dem zweiten Brand beginnt das Äußere zu glänzen

In der Masse-Aufbereitung ist HB noch nichts als Pulver, das, mit Wasser angerührt, als Gießton in Gussformen fließt oder als gepresste Pampe, gestapelt wie Baumkuchen, einen Monat gelagert und dann portioniert zu Gefäßen gedreht wird – nicht völlig frei, sondern mit Schablonen.

Ton ist eine zickige Diva, man muss sie aushalten lernen

In der Formgeberei sitzt Simone Baum, 57, heute ganz allein, ihr tonstaubbedecktes Radio dröhnt. »104.6, von morjens bis abends!« Seit 22 Jahren arbeitet sie hier, eine Quereinsteigerin. Das Drehen hat sie bei HB gelernt – unter Leitung von HB. Anfangs dachte sie, länger als drei Wochen hält man die Arbeit mit Ton, dieser zickigen Diva, nicht durch. »Nach eem Jahr ha ick jesagt, jetz kannstet.« Sie schneidet ein Stück Drehmasse ab, holt Wasser und einen Becherring als Formgeber. An der Drehspindel hilft der »Baum«, ein senkbarer Arm mit Schablone. Fingerspitzengefühl ist dennoch wichtig, gleichmäßiger Druck. »Sonst ham wa ne Eierkante.« Der Becher wächst. Am nächsten Tag wird sie ihn schwemmen, den Henkel mit Schlicker angarnieren. Übers Jahr folgen hunderte anderer filigraner Formen, Tassen, Untertassen, Deckel, Eierbecher. »Langweilig is ma noch nie jewor'n.«

Diana Weigelt, 60, wechselte vor acht Jahren aus der letzten Kachelfabrik in Velten zu HB. »Ick wollt hier schon imma rin.« In dem großen Werkraum, wo sich in Holzregalen fertig gegossene, durchgetrocknete Krüge, Kannen, Vasen, Becher, Tassen vor dem ersten Brand reihen, arbeitet sie mit 150 Gießformen für Tüllen, Henkel, Deckel, Knäufe, Kanten. Gerade füllt sie Schlicker in eine Gipsform. Abwarten, hochheben, stürzen, damit die überschüssige Flüssigkeit abläuft. Wann? Nach Gefühl. Die Form entzieht dem Ton Wasser. Acht Minuten Standzeit für einen Sahnegießer, zweieinhalb Stunden für eine große Vase. Form ab, Unebenheiten glätten, stundenlang. Eine Tulpenvase ist dran: Diana schabt den Anguss mit dem Messer ab, bis Nähte verschwinden, arbeitet mit einem Metallnetz nach und mit dem Schwamm gegen den Strich. »Bis ick nüscht mehr sehe.«

Julia Kwiatkowski, 32, hat bei HB ihre Ausbildung zur Industriekera-

»Nach eem Jahr ha ick jesagt, jetz kannstet«

Formgeberin Simone Baum

Simone Baum arbeitet seit 22 Jahren bei HB, hier an der Drehspindel. Der »Baum«, ein senkbarer Arm mit Schablone, hilft beim exakten Formen

Komplizierte Entwürfe werden bei Bollhagen in Gipsformen gegossen. Um die 150 gibt es allein für Tüllen, Henkel oder Deckel. Unebenheiten und Nähte am Gefäß werden geglättet. Diana Weigelt hat das im Griff

Jeder Artikel braucht etwa vier Wochen Herstellungszeit, jedes Teil wird 40- bis 60-mal in die Hand genommen

Hashmat Hashmatullah, Chemieingenieur und vor Jahren geflüchtet aus Afghanistan, ist heute einer der besten Keramikmaler im Betrieb

Stillleben in der Werkstatt: Hedwig Bollhagen und Günter Sens, Vater von Mitarbeiterin Simone Baum, der ebenfalls bei HB gearbeitet hat

mikerin gemacht. Sie kommt, wie die meisten Mitarbeiter, aus der Gegend. »Fünf Minuten mit Fahrrad.« Sie glasiert Produkte mit der Spritzpistole, andere werden getaucht. Eben versenkt sie eine Vase mit der Zange in orangeroter Glasur, lässt routiniert Schlieren ablaufen. Jede winzige Wulst wäre nach dem Brand zu sehen, das Stück nur zweite Wahl.

Nicht mehr in Betrieb: der alte Kohle-Kuppelofen

Zum Brennen transportiert die gestapelte Ware noch immer ein zwei Meter breiter Paternoster nach unten. Das Risiko, dass etwas fallen könnte, bleibt bestehen. Die drei 100-KW-Brennöfen werden seit den 1980er-Jahren mit Strom beheizt, der alte Kohle-Kuppelofen, früher bei jedem Brand mit Schamottsteinen zugemauert, ist noch zu besichtigen.

Hashmat Hashmatullah, 36, sitzt mit Basecap an der Werkbank, vor ihm unterschiedliche Pinsel und Filigranwerkzeug. Ein Vorzeigemitarbeiter, Chemieingenieur, geflüchtet aus Afghanistan. Vor sechs Jahren kam er zum Probemalen bei HB vorbei, ein Zeichentalent. Praktikum, Ausbildung, jetzt ist er gelernter Keramikmaler. Einer von fünf mit ruhiger Hand für feine Linien und die Bollhagen-Spezialität, das Ritzen, Vertiefungen, die mit Stahlnadeln in das ungebrannte, mit schwarzer Engobe kolorierte Gefäß gesetzt werden. Feine Striche, ausgestemmte Pünktchen.

Den Becher stellt er, Boden nach oben, auf die Drehscheibe, drauf ein Gewicht für mehr Stabilität, daneben zur Orientierung das Muster des Dekors. Die linke Hand stützt, das Werkzeug führt er mit der rechten ohne Zittern. Als Markierungen helfen zuvor gesetzte Punkte, die er nun diagonal verbindet. Der Rautenkreis schließt sich exakt, das klappt nur, wenn das Gefäß millimetergenau angefertigt wurde. Nach dem Malen folgt ein Brand, erst der zweite bringt Glanz in

Hedwig-Bollhagen-Werkstätten
Showroom und Werksverkauf, Führungen und Keramik-Malworkshops. Oberhavel, 16727 Oberkrämer OT Marwitz, Hedwig-Bollhagen-Straße 4, Mo – Sa 10 – 18 Uhr, hedwig-bollhagen.de

FOTO Kitty Kleist-Heinrich

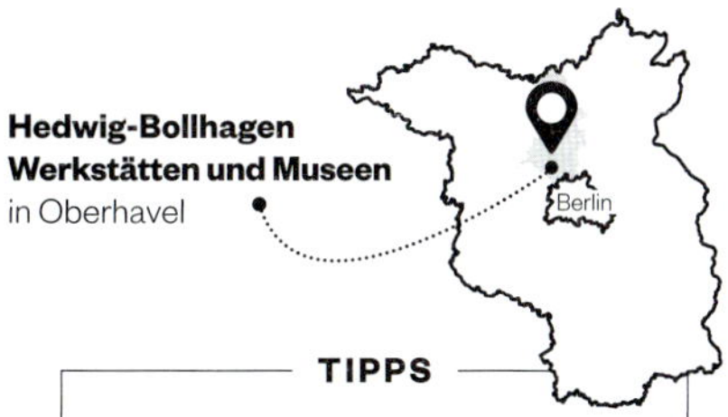

die Glasur. Pro Becher braucht Hashmat eine Dreiviertelstunde, von Tellern, mit dem Fadenkaro 041 bemalt, schafft er um die 30 am Tag.

Im Nebengebäude fertigen sie außer gedrehter Ware auch Gipsmodelle. Manchmal wird ein altes Design nach sechs Jahrzehnten neu aufgelegt oder braucht auch nur eine neue Kante. Dafür ändert Benjamin Neske, 34, Industriekeramiker aus der letzten Veltener Ofenkachelfabrik, dann die Guss- oder Drehform. »Bis uffn Zehntel jenau.«

Umdrehen, zentrieren – die trockene Luft macht Durst

»Einmal Keramiker, immer Keramiker«, sagt sein Kollege Björn Schremmer, 44. Mit den Händen etwas zu formen, entspannt. Die Arbeit sieht nicht nach Chillen aus. Eben richtet er die Schablone für einen Platzteller aus, 29 Zentimeter Durchmesser. Er schlägt ein Stück entlüfteter Steingutmasse flach, die Maschine läuft an, er senkt den Schablonenbaum, der Ton muss sich an die Form schmiegen, ein paar Tropfen Wasser, nicht zu viel, sonst überschlägt sich das Material. Die Ränder versäubert er mit der Winkelschiene, glättet sie mit dem Schwamm. Am nächsten Tag wird der durchgetrocknete Teller zentriert, mit der Fensterklinge der Rand glattgeschabt, Tonstaub sprüht, die trockene Luft macht Durst. Umdrehen, zentrieren, mit dem Schwamm die Unebenheiten entfernen. Jeder Teller wird von Hand geputzt.

Im Versandlager, in dem die Kundschaft auch in den Holzregalen stöbern darf, wird die ganze Fülle der Hedwig-Bollhagen-Welt sichtbar. Jedes Stück – 13 000 insgesamt – trägt pro Farbe und Muster eine eigene Nummer, das umsatzstärkste Muster stammt aus den 1950ern: blau-weiß gestreift, so typisch für die Marke wie das begehrte schwarz-weiße Dekor. Ein Blick, und es ist klar, aus welcher Werkstatt es kommt. Da müsste nicht erst »HB« dranstehen.

TIPPS

Hedwig-Bollhagen-Museum
Seit 2013 Ausstellung von rund 500 Objekten aus dem Nachlass von Hedwig Bollhagen und ein Überblick über die künstlerische Entwicklungsgeschichte der Keramikerin. Form-Klassiker auf 300 Quadratmetern im Obergeschoss in beinahe raumhohen Tageslichtvitrinen.
Velten, Wilhelmstraße 32/33, Di – Fr 11 – 17, Sa/So 13 – 17 Uhr

Ofen- und Keramikmuseum
im Obergeschoss der historischen Ofenfabrik A. Schmidt, Lehmann & Co. zeigt eine beeindruckende Fülle von Kachelöfen aus drei Jahrhunderten: stuckbesetzte Keramik und Fayence-Aufsätze, Kanonenöfen aus Gusseisen und reliefbesetzte Damenzimmeröfen, Kacheln für das frühere Kaufhaus Wertheim und die orangeroten Wandplatten des U-Bahnhofs Rosenthaler Platz. Zudem Infos und ein sehenswerter Film über die keramische Industrie in der Region und die Geschichte des Heizens. Übers Jahr Veranstaltungen und Wechselausstellungen. Velten, Wilhelmstraße 32, Di – So 11 – 17 Uhr, okmhb.de

DIE BESTEN
5

Techno, Free Jazz, Klassik und Barock: die besten **Musikfestivals** in diesem Sommer auf Brandenburgs Open-Air-Bühnen

Evolution Festival

Im Spätsommer verwandelt sich das Festivalgelände am Garliner See in eine bunte Hippie- und Fantasywelt, getragen von schnellem Techno, Psychedelic Trance und Goa-Klängen. Teilweise fantasievoll kostümiert als Elfen, Waldwesen und Dämonen feiern hier einige Tausend in der Natur vier Tage und Nächte durch. Über 100 Artists und DJs auf sechs Bühnen sorgen für den treibenden Sound, in der Chill Out Area gibt es Workshops und Theaterevents.

Karstädt OT Garlin 31. August – 3. September 2023
evolution-festival.com

Elblandfestspiele Wittenberge

Zu einer musikalischen Zeitreise und einem Revival der 1920er-Jahre laden die diesjährigen Elblandfestspiele ein. Unter dem Motto »The Golden River – Classics der 20er Jahre« wird mit Charleston, Jazz und Swing das Lebensgefühl der »Golden Twenties« beschworen. Auf der Bühne stehen das Deutsche Filmorchester Babelsberg, für Gesang und Unterhaltung sorgen Tom Gaebel, bekannt als Dr. Swing, und die gefeierte Jazzstimme Katharine Mehrling.

Wittenberge 7./8. Juli 2023
elblandfestspiele.de

Choriner Musiksommer

Das Rundfunksymphonieorchester Berlin unter Dirigentin Karina Canellakis eröffnet am 23. Juni den Musiksommer im Kloster mit Werken von Janáček, Brahms und Dvořák. In den mehr als zwei Monaten des Festivals treten in 20 Veranstaltungen zahlreiche international bekannte Interpreten und Orchester auf, sie bezaubern mit klassischen Werken von Barock bis Moderne. Und das alles in der beeindruckenden Atmosphäre des gotischen Klosters Chorin.

Kloster Chorin, Chorin 23. Juni – 27. August 2023
choriner-musiksommer.de

Jazzwerkstatt Peitz

Das »Woodstock am Karpfenteich« war eines der ungewöhnlichsten Musikfeste der DDR. Nicht nur Freejazzer und Bluesmusiker aus der DDR und den sozialistischen Bruderstaaten spielten dort, auch Künstler aus Westeuropa und den USA traten auf. Nach Schikanen und Verboten gaben die Veranstalter auf. Erst 2011 wurde das Traditionsfestival wiederbelebt. Diesen Sommer werden wieder verschiedene Locations in Peitz vom Free Jazz erfüllt.

Peitz 27. – 30. April 2023 , Festivalpass: 50 Euro
jazzwerkstatt.eu

Brandenburgische Wassermusiken

Die Open-Air-Konzerte der Brandenburger Symphoniker gehören zu den Highlights des märkischen Musiksommers und finden immer in schöner Kulisse an der Regattastrecke am Beetzsee statt. Musik und Natur sind die Themen der beiden Abende. Am Samstag und Sonntag laden die Symphoniker unter Leitung des neuen Dirigenten Andreas Spering zur »Italienischen Nacht«, der junge Tenor Sotiris Charalampous interpretiert beliebte Lieder und Canciones.

Regattastrecke am Beetzsee 14. – 17. September 2023
brandenburgertheater.de/kultursommer

TEXTE Michael Pöppl

Empfehlungen

HINWEIS
Alle Einträge wurden sorgfältig geprüft.
Je nach Lage können sich aber aktuelle Änderungen ergeben!

Nord-westen

Prignitz
Ostprignitz-Ruppin
Oberhavel
Havelland

LEGENDE

€€€	günstig
€€€	moderat
€€€	gehoben
EC	keine EC-Kartenzahlung
	Terrasse
	Außenpool
	Innenpool
	Sauna
	Fitnessraum
	Hundemitnahme möglich

Freizeit & Kultur

BergerTours Kanutouristik

Ausgangsbasis für Rhinfahrten mit dem Kajak. Die Ausflügler werden zurück zur Ausgangsbasis gebracht, da der Rhin nur in eine Richtung befahren werden darf (ab 15. Juni, Tagestouren ab 50 Euro pro Boot). Wer südlich von Rheinsberg bei Neuruppin Wasserwandern möchte, steuert die zweite Verleihstation in Zippelsförde an.
Rheinsberg, Am Hellsee 2, Ostprignitz-Ruppin, Tel. (033931) 20 42, bergertours.de

Berliner Golfclub Stolper Heide e. V.

Am nördlichen Berliner Stadtrand bietet der Golfclub zwei 18-Loch-Kurse, die von Bernhard Langer gestaltet und Kurt Rossknecht gebaut wurden. Einsteigern stehen eine Driving Range und ein 6-Loch-Übungsplatz zur Verfügung, der auch ohne Platzerlaubnis und Clubmitgliedschaft bespielt werden kann. Hauseigene Golfschule.
Hohen Neuendorf OT Stolpe, Am Golfplatz 1, Oberhavel, Tel. (03303) 54 92 14, golfclub-stolperheide.de

Bernsteinsee

Der Bernsteinsee ist bekannt für seine hervorragenden Sportmöglichkeiten: Am Hauptstrand im Westen befindet sich Brandenburgs größte Beachsport-Anlage (beachsport-bb.de) und unweit davon entfernt liegt die Wasserski- und Wakeboard-Anlage »Wet & Wild« (wakeboard-berlin.de). Man kann aber auch einfach nur baden (velten-bernsteinsee.de).
Velten, Oberhavel

Boat-City Hafendorf Rheinsberg

Vermietet werden führerscheinpflichtige und -freie (Motor-)Boote für Touren rund um Rheinsberg. Die beliebteste Route dauert im Schnitt fünf Stunden mit dem Motorboot (Planschpausen einberechnet) und führt vom Hafendorf über sechs Seen bis nach Flecken Zechlin (ab 85 Euro/Boot). Auch Segeljollen, Paddel-, Ruder- und Tretboote sowie SUP-Boards mietbar. Dazu Hausboote und Charteryachten.
Rheinsberg, Kaistr. 3, Ostprignitz-Ruppin, Tel. (033931) 805 45, boote-rheinsberg.de

Brandenburgisches Haupt- und Landgestüt

In diesem Gestüt wurde im Jahr 1788 auf Anweisung des Königs Friedrich Wilhelm II. die Pferdezucht in Preußen begründet. Die Anlage wird weiterhin für die Pferdezucht und -ausbildung genutzt. Zudem werden Reitturniere abgehalten und finden Reitlehrgänge sowie kulturelle Veranstaltungen statt. Kutsch-, Kremser- und Schlittenfahrten (ab 120 Euro) sowie Führungen können gebucht werden. Dazu Gestüts- und Kutschenmuseum. Am 9., 16. und 23. September finden 2023 die beliebten Neustädter Hengstparaden statt.
Neustadt (Dosse), Hauptgestüt 10, Ostprignitz-Ruppin, Tel. (033970) 502 90, neustaedter-gestuete.de

Eichholz Tier-, Freizeit- & Saurierpark Germendorf

Hier werden Kinderträume wahr: Ein riesiger Vulkan, der auf Knopfdruck raucht, drumherum über 90 Urzeitmodelle, dazu ein Tierpark mit mehr als 650 heimischen und exotischen Tieren, Streichelzoo und Pferdereiten (Erw. 7 Euro). Der Freizeitbereich bietet Autoscooter, Märchenbahn, Abenteuerspielplätze, Indoorspielhalle und Badestellen. Das Preisniveau ist familienfreundlich. Veranstaltungen 2023: Dino-Tag (4. Juni), Tierparkfest (6. Aug.), Schatzsuche (16. Aug.), Herbstlauf (17. Sept.), Halloween (31. Okt.), Weihnachtsmarkt (17. Dez.).
Oranienburg OT Germendorf, An den Waldseen 1a, Oberhavel, Tel. (03301) 33 63, freizeitpark-germendorf.de

Floßverleih TreibGut

Urlaub auf dem Floß: Schwimmen gehen, angeln, in der Sonne liegen. Das Floß ist dabei gleichzeitig führerscheinfreies Fortbewegungsmittel und Unterkunft, ausgestattet mit vier bis fünf Schlafplätzen, Kocher, Geschirr und Camping-WC. Nach kurzer Einweisung geht es los. Weitere Standorte in Brandenburg an der Havel und Neuruppin.
Fürstenberg/Havel, Baalensee Str. 8, Oberhavel, Tel. (0160) 96 76 96 91, flossverleih-treibgut.de

Freecamper

Die Idee: schwimmende Wohnmobile und Wohnwagen. Ein motorisiertes Floß macht das möglich. Es nimmt das eigene Campingmobil, den Bulli oder Van huckepack mit, vergleichbar mit einer Autofähre. Aber jeder ist sein eigener Kapitän und bestimmt selbst, wo es langgeht. Von den

Freecampern gibt es auch Tipps für Touren. Mindestmietdauer: 7 Nächte (ab 590 Euro/Woche). Übergabetage: kleine Wohnwagen: Sa; Wohnwagen: Mo, Do, So; Bulli, Van: Mo, Fr, So; Wohnmobile: Mo, Fr.
Zehdenick OT Mildenberg, Ziegelei 5 (im Neuen Hafen am Ziegeleipark Mildenberg), Oberhavel, Tel. (039923) 716 26, freecamper.de,

Freizeit mit Huskys

Die Meute springt und kläfft in die Gurte, und kaum ist die Bremse gelöst, preschen die Huskys nach vorn – vorausgesetzt, das Rudel ist nicht gerade in Lappland, wo die Betreiber ebenfalls Touren anbieten. Bei den Touren im Ruppiner Land lenkt man sein eigenes Gespann mit drei bis vier Schlittenhunden (ab 178 Euro) oder geht mit den Huskys auf Wanderung (ab 42 Euro). Erlebnisse für Kinder und Familien (ab 74 Euro) sowie barrierefreie Husky-Erlebnisse buchbar (ab 42 Euro).
Storbeck-Frankendorf OT Frankendorf, Neudorf 34, Ostprignitz-Ruppin, Tel. (033924) 799 46, freizeit-mit-huskies.de

Gedenkstätte und Museum Sachsenhausen

Bereits im März 1933 errichteten die Nationalsozialisten in Oranienburg ein Konzentrationslager für politische Häftlinge. Im Zentrum der Stadt waren über 3000 Menschen inhaftiert. Im Sommer 1936 wurde das große Lager in Sachsenhausen gebaut, in dem bis zur Befreiung mehr als 200000 Menschen inhaftiert waren. In verschiedenen Dauerausstellungen wird der von SS-Terror, Hunger, Zwangsarbeit und Tod bestimmte Lageralltag dokumentiert. Die Gedenkstätte ist nicht identisch mit dem KZ Oranienburg.
Oranienburg, Straße der Nationen 22, Oberhavel, Tel. (03301) 20 02 00, sachsenhausen-sbg.de

GoJump GmbH

Hier springt man mit Deutschlands Nummer eins und klimaneutral. GoJump bietet Tandemsprünge aus 2500 oder 4000 Metern sowie Kurse wie den AFF (Accelerated Free Fall) an. Nach bestandener Prüfung erhält man seine eigene Lizenz, um international als Lizenzspringer selbst springen zu können. Bistro mit diversen Speisen und Getränken. Kostenfreier Shuttleservice vom Bahnhof Gransee zum Sprungplatz und wieder zurück.
Gransee, Templiner Str. 12c, Oberhavel, Tel. (030) 24 53 40 30, gojump.de

Großer Stechlinsee

Schon Theodor Fontane war von der Schönheit dieses Sees fasziniert und widmete ihm den Roman »Der Stechlin«. Noch immer zieht es zahlreiche Menschen an den See, der am Glasbläserort Neuglobsow liegt. Wegen des klaren Wassers ist er beliebt bei Tauchern. Strandbad mit Sandufer, Liegewiese und Bootsverleih und herrlicher Rundweg für Wanderer und Jogger.
Stechlin OT Neuglobsow, Oberhavel, stechlin.de

Gruft des Ritter Kahlbutz

Im Gruftanbau der über 800 Jahre alten Feldsteinkirche liegt aufgebahrt der Leichnam des Ritters Christian Friedrich von Kalebuz, der sich nun schon seit mehr als 300 Jahren beharrlich weigert zu verwesen (Erw. 3 Euro). Die Geschichte der Mumie wurde auch in Verse gepackt: Der Ritter soll einen Schäfer erschlagen haben, weil dessen zukünftige Frau ihm das Recht der ersten Nacht verweigerte. Vor Gericht beschwor er seine Unschuld – falls er lüge, solle sein Leichnam niemals verwesen.
Neustadt (Dosse), An der Ev. Kirche/Kampehl 29c, Ostprignitz-Ruppin, Tel. (033970) 132 65, kalebuz.de,

Kinderbauernhof Marienhof

Das ehemalige Vorwerk der Ritterfamilie von Ribbeck und spätere Aussiedlergehöft ist heute ein Kinderbauernhof. Etwa 200 Tiere leben hier. Kindergeburtstage mit Lagerfeuer sind möglich, an Wochenenden nachmittags auch handgeführtes Esel- und Ponyreiten und Traktorfahrten. Zudem gibt es eine Ferienwohnung sowie Zimmer und Schäferwagen für Übernachtungen. Für Kitagruppen und Schulklassen: schlafen im Holzrundhaus auf selbst gestopften Heusäcken.
Nauen OT Ribbeck, Marienhof 1, Havelland, Tel. (033237) 888 91, marienhof-ribbeck.de,

Kloster Stift zum Heiligengrabe

Das Zisterzienserinnenkloster wurde 1287 durch die askanischen Markgrafen mit Unterstützung des Bischofs Heinrich von Havelberg »bei dem Dorf Techow« gegründet. Die Sommer-, Herbst- und Adventskonzerte bieten klassische Musik von Bach bis Haydn. Zudem finden zahlreiche Veranstaltungen wie Filmabende und Seminare statt. Dauerausstellung zur Klostergeschichte: »Vom Nonnenchor zum Damenplatz«.
Heiligengrabe, Stiftgelände 1, Ostprignitz-Ruppin, Tel. (033962) 80 80, klosterstift-heiligengrabe.de

Kurt Tucholsky Literaturmuseum

Erst 21 war Kurt Tucholsky, als er mit der Medizinstudentin Else Weil, seiner späteren Frau, Rheinsberg besuchte. Die Reise hat ihn nachhaltig beeindruckt: 1912 erschien sein Erstling »Rheinsberg: Ein Bilderbuch für Verliebte«, der die Fahrt beschreibt. Die Ausstellung im Rheinsberger Schloss zeigt Leben und Werk (Erw. 4 Euro).
Rheinsberg, im Schloss Rheinsberg, Ostprignitz-Ruppin, Tel. (033931) 390 07, tucholsky-museum.de

Modemuseum Schloss Meyenburg

Das aufwendig renovierte Schloss Meyenburg zeigt im Kern die Modesammlung der Gründerin des Museums, Josefine Edle von Krepl. Der neue Rundgang beginnt Anfang des 20. Jahrhunderts mit einem ländlichen Kirchgangscape und endet mit den vielfältigen Strömungen der 1980er-Jahre. Im Eintrittspreis (Erwachsene 8 Euro) inbegriffen ist der Besuch des Schlossmuseums sowie wechselnde Sonderausstellungen. Auch schön ist das Café mit alten Sammeltassengedecken.
Meyenburg, Schloss 1, Prignitz, Tel. (033968) 50 89 61, modemuseum-schloss-meyenburg.de

Museum Neuruppin

Im größten klassizistischen Bürgerhaus, erbaut 1791, präsentiert das barrierefreie Museum Schätze und Geschichten aus dem Ruppiner Land (Erw. 5 Euro). Es beherbergt eine der ältesten Sammlungen Brandenburgs sowie rund 13000 Bilderbogen aus drei Neuruppiner Verlagen und anderen. Die Dauerausstellung zeigt ur- und frühgeschichtliche Funde, die Stadtgeschichte vom Mittelalter bis in die jüngste Vergangenheit sowie die Geschichte der Bilderbogen. Vorgestellt werden Neuruppiner Talente wie Theodor Fontane, Karl Friedrich Schinkel und Wilhelm Gentz. Vielfältige, zeitgemäße Wechselausstellungen im Neubau. Für Besucher ab zehn Jahren lassen sich die Spuren Theodor Fontanes in Neuruppin spielerisch entdecken: mit einem Computerspiel im Museum und einer Stadtrallye durch das historische Stadtzentrum.
Neuruppin, August-Bebel-Str. 14/15, Ostprignitz-Ruppin, Tel. (03391) 355 51 00, museum-neuruppin.de

Optikindustrie-Museum

Das barrierefreie Museum (Erw. 3 Euro) ermöglicht eine Zeitreise von den Anfängen der optischen Industrie bis in die Neuzeit. Regelmäßige Sonderausstellungen zu ausgewählten Themen begleiten die Dauerausstellung, Vorträge, Führungen sowie museumspädagogische Angebote ergänzen den Streifzug durch die Optikgeschichte.
Rathenow, Märkischer Platz 3, Havelland, Tel. (03385) 51 90 40, oimr.de

Ponyhof Neuholland

Das Gehöft liegt im Landschaftsschutzgebiet »Schnelle Havel«. Während der Schulferien können Familien hier Urlaub machen und auf den rund 25 Pferden – vor allem Ponys und Kleinpferde – Reiten lernen. Für Kinder ab 11 und Erwachsene gibt es Parelli- und Tellington-Reitkurse. Am Wochenende Reitstunden und Ausritte für Kinder ab vier. Ferienwohnungen und Ferienhaus ganzjährig mietbar (ab 105 Euro Nacht/2 Pers.).
Liebenwalde, Nassenheider Chaussee 27, Oberhavel, Tel. (033054) 610 29, ponyhof-neuholland.de

Reederei Halbeck

Die Reederei bietet Marinaservice mit Boots- und Yachtverleih, Wasserfahrschule, große Fahrgastschiffe und Reisebusse sowie ein Restaurantschiff. Von Ruderboot oder Kajak (ab 7 Euro/Std.) über Kanu, Wassertreter und SUP-Boards bis zu Motorbooten kann man alles ausleihen. Die Saison startet im April 2023 mit einem Schiffskorso. Im Herbst findet »Rheinsberg in Flammen« statt, mit Menü, Livemusik und Feuerwerk.
Rheinsberg, Markt 11, Ostprignitz-Ruppin, Tel. (033931) 386 19, schifffahrt-rheinsberg.de

Rent a Floss

Mit den spartanischen Flößen kann man ohne Führerschein romantisch durch die Schorfheide tuckern. Eine Tagestour für bis zu sechs Personen (von 11.30-20 Uhr) kostet ab 140 Euro. Die Flöße können auch über Nacht gemietet werden (ab 150 Euro/Nacht).
Ringsleben bei Fürstenberg/Havel, Seestr. 1, Oberhavel, Tel. (033080) 40 48 52, rentafloss.de

Ruppiner See

Schön gelegener See am Fuße der Ruppiner Schweiz mit einigen schönen Badestellen. Die Seebadeanstalt Neuruppin (Jahnstr. 10, Erw. 3,50 Euro) bietet einen beaufsichtigten Strand, Badeinsel mit Rutsche, Sprungturm und Volleyballfeld. Strandkörbe und -liegen sowie Bootsverleih gegen Gebühr.
Neuruppin, Ostprignitz-Ruppin, seebadeanstalt-neuruppin.de

Schloss und Lustgarten Rheinsberg

Georg Wenzeslaus von Knobelsdorff hat für den Kronprinzen Friedrich, später als Friedrich der Große bekannt, das Schloss am See im friderizianischen Rokoko-Stil entworfen. Im Sommer kann man es auf eigene Faust mit Audioguide besichtigen (Erw. 10 Euro), im Winter nur mit Führung.
Rheinsberg, Schloss Rheinsberg 2, Ostprignitz-Ruppin, Tel. (033931) 72 60, spsg.de

Schloss und Schlossgarten Paretz

Schloss Paretz wurde 1797 für Königin Luise von Preußen und ihren Gemahl König Friedrich Wilhelm III. errichtet. Im Schloss sieht man die Königswohnung mit ihren frühklassizistischen Möbeln, Grafiken und den berühmten Paretzer Papiertapeten, die Ausstellung »Paretz. Ein königlicher Landsitz um 1800« sowie die Sonderpräsentation »Pfaueninsel zu Gast in Paretz – Königin Luises Landglück« (Erw. 8 Euro inkl. Besichtigung der Schlossremise, in der historische Kutschen, Schlitten und Sänften des 18. und 19. Jahrhunderts ausgestellt sind).
Ketzin OT Paretz, Parkring 1, Havelland, Tel. (033233) 736 11, spsg.de

Schlossmuseum Oranienburg

Erbaut zwischen 1651 und 1655 ist die Schlossanlage, die zu den bedeutendsten Barockbauten Preußens zählt, eine der

ältesten Brandenburgs. Der benachbarte Park wurde für die Landesgartenschau 2009 hergerichtet. Im Schloss selbst beeindrucken das Porzellankabinett und das Silbergewölbe mit dem königlichen Prunksilber. Das Schloss kann im Winter nur mit Führung besichtigt werden, von April bis Oktober ist ein freier Rundgang möglich (Erw. 8 Euro).
Oranienburg, Schlossplatz 1, Oberhavel, Tel. (03301) 53 74 37, spsg.de

Sielmann Naturlandschaft Döberitzer Heide

Einst war hier ein Manöver- und Truppenübungsplatz, jetzt machen hier 55 Kilometer Wanderwege Sielmanns Naturlandschaft erlebbar. In der Kernzone des etwa 3600 Hektar großen Schutzgebiets leben Wisente, Wildpferde und Rotwild. Leinenpflicht für Hunde.
Wustermark OT Elstal,
Zur Döberitzer Heide 10, Havelland,
Tel. (05527) 91 44 30,
sielmann-stiftung.de/doeberitzer-heide,

Tierpark Kunsterspring

Rund 90 Arten, vorwiegend einheimische Tiere wie Wölfe, Luchse, Wisente und Weißstörche, leben in dem 16 Hektar großen Tierpark, der seit 1975 besteht (Erw. 5 Euro). Sehenswert sind die begehbare Schwarzstorchanlage und der Eulenwald sowie die Gehege mit den Wölfen oder die Anlagen der Fischotter. Verschiedene Themenführungen, Beobachtung der Tierfütterungen.
Neuruppin OT Gühlen-Glienicke,
Kunsterspring 4, Ostprignitz-Ruppin,
Tel. (033929) 702 71,
tierpark-kunsterspring.de,

Wet & Wild Wakepark

Eine der beliebtesten Wakeboardanlagen mit großer Sonnenterrasse, Cocktailbar, Liegewiese mit Grill und – vor allem – diversen Hindernissen im See, über die sich geübte Wakeboarder hinwegschleudern können. Am Wochenende finden Anfängerkurse statt (Sa/So 9-11 u. 11-13 Uhr). Anmeldung erforderlich.
Velten, Am Bernsteinsee 1, Oberhavel,
Tel. (03303) 40 01 45, wakeboard-berlin.de

Wutzsee

Der kleine Bruder des Gudelacksees liegt etwas abgeschieden. Entsprechend idyllisch ist es hier. Von der allgegenwärtigen Vergangenheit des historischen Städtchens zeugt die romantisch verwitterte Klosterruine Lindow. Naturbadestellen.
Lindow (Mark), Ostprignitz-Ruppin

Ziegeleipark Mildenberg

Milliarden Ziegel wurden bis 1990 in Mildenberg bei Zehdenick gebrannt – ein wichtiger Baustoff für das wachsende Berlin. Heute ist das ehemalige Zehdenicker Ziegeleirevier direkt an der Havel das größte Ziegeleimuseum Europas mit zahlreichen Ausstellungen. Man kann Bahn fahren, es gibt einen Erlebnispark, verschiedene Anbieter vermieten Boote, Hausboote und Yachten und stellen Dauerliegeplätze zur Verfügung. Übernachtung im Gasthaus »Alter Hafen« oder auf dem Campingplatz.
Zehdenick OT Mildenberg, Ziegelei 10, Oberhavel, Tel. (03307) 31 04 10,
ziegeleipark.de,

Zum Nordlicht

Thomas Becker bietet nächtliche Kajaktouren im Sternenpark Westhavelland an. Darüber hinaus sind auch Nachtwanderungen im Angebot. Momentan ist ein Sternwartenprojekt in Planung. Bei Redaktionsschluss stand leider noch nicht fest, ob auch die Touren dann an diesem Ort starten werden oder woanders. Deshalb die aktuellen Angaben bitte der Webseite entnehmen.
Havelaue OT Parey, Pareyer Dorfstr. 5, Havelland, Tel. (0176) 78 93 52 81,
zumnordlicht.com

Essen & Trinken

Almrausch

Hier tafeln die Gäste mit Blick auf die Pferdekoppel eines Reiterhofs. Die Küche bietet alpine Klassiker wie Schnitzel, Käsespätzle und Kaiserschmarrn, aber auch modern interpretierte Gerichte. Kleine, gut sortierte Weinkarte.
Hohen Neuendorf OT Stolpe,
Stolper Waldstr. 4a, Oberhavel,
Tel. (03303) 508 79 44,
restaurant-almrausch.de, **€€**€

Café Constance

Das Ambiente eines ehemaligen Theatersaals, der wunderschöne Garten und der ausgezeichnete selbst gebackene Kuchen machen dieses Café zu einem der besten in Brandenburg. Zudem ist auch eine öffentliche Badestelle ganz in der Nähe. Der angegliederte Ferienhof bietet ganzjährig einige familienfreundliche Gästezimmer (60-80 Euro) sowie vier Ferienwohnungen für zwei bis vier Personen (90-100 Euro).
Fehrbellin OT Wustrau, Hohes Ende 4, Ostprignitz-Ruppin, Tel. (033925) 706 76,
cafe-constance.de,

Forsthaus am Schloss Sommerswalde

Zu dem 1860 erbauten Ensemble im Schwanter Forst gehören neben dem Forsthaus auch eine große Eventscheune, eine Remise und der fast 10000 Quadratmeter große Garten. Um 1900 lebte der Berliner Rittergutsbesitzer Richard Sommer hier, Namensgeber des Ortsteils. 2009 wurde das Ensemble umfassend renoviert. Das Restaurant bietet saisonale Speisen, auch vegetarisch und vegan. Scheune und Remise werden für Feiern, Hochzeiten, etc. genutzt. Drei moderne Ferienwohnungen für bis zu vier Personen.
Oberkrämer OT Sommerswalde,
Sommerswalde 4–5, Oberhavel,
Tel. (033055) 21 55 98,
forsthaus-sommerswalde.de, **€€**€

Kaffeehaus Morgenrot

Im Salon der restaurierten Jugendstilvilla stehen viele Bücher und Zeitungen, dazu wird eine eigene Kaffeemischung serviert, die für Spezialitäten wie Wiener Melange verwendet wird. Dazu herausragend gute österreichische Torten, Kaiserschmarrn, Apfelstrudel und bis 13 Uhr österreichisches Frühstück sowie pikante Jausen. Hunde nur im Gastgarten erlaubt.

Hohen Neuendorf, Scharfschwerdtstr. 1, Oberhavel, Tel. (03303) 40 98 04, kaffeehaus-morgenrot.de,

Mühle Tornow

Die alte Mühle ist wieder ein Schmuckstück – dank Familie Schneider, die das historische Gebäude saniert hat. Im Garten sitzt man am plätschernden Bach, das Restaurant bietet kreative Regionalküche. Rustikale Zimmer (DZ ab 125 Euro). Mit Hofladen.
Fürstenberg/Havel OT Tornow, Neue Str. 1, Oberhavel, Tel. (033080) 40 48 50, muehle-tornow.de, **€€**€

Seehof Rheinsberg

Der von außen unscheinbare Seehof im restaurierten Ackerbürgerhaus unweit vom Wasser hat sich etabliert. Die Küche zeigt Ehrgeiz, überzeugt weniger durch Kreativität als durch präzise Zubereitung. Imposant ist der 6 Meter hohe Raum, in dem einst Eisblöcke lagerten und der für Weinverkostungen und »ritterliche« Gelage genutzt wird.
Rheinsberg, Seestr. 18, Ostprignitz-Ruppin, Tel. (033931) 40 30, seehof-rheinsberg.de, **€€**€

Ziegenkäserei und Wiesencafé Karolinenhof

32 Hektar großer ökologisch bewirtschafteter Milchziegenbetrieb: Etwa 20 verschiedene Rohmilchziegenprodukte werden hergestellt und ab Hof verkauft. Im biozertifizierten Wiesencafé gibt es neben Käse auch andere Gerichte mit Produkten des Hofes. Auch vor Ort: separat geführte Bio-Gemüsegärtnerei mit Verkauf ab Hof und für Kinder viel Platz zum Spielen.
Kremmen OT Flatow, Karolinenhof 1, Oberhavel, Tel. (033922) 601 90, guter-ziegenkaese.de,

Übernachten

Bio Ranch Zempow

Hier lernen Erwachsene und Kinder den vertrauensvollen Umgang mit Pferden, Ponys, Eseln und Schafen mit geführten Touren. Dazu Erlebnisseminare »Kuhflüstern«. Die acht Ferienwohnungen für zwei bis fünf Personen wurden betont ökologisch gestaltet (46–99 Euro/Tag). Hofladen
Wittstock/Dosse OT Zempow, Birkenallee 6–12, Ostprignitz-Ruppin, Tel. (033923) 769 15, bio-ranch-zempow.de,

Ahead Burghotel

Vergangenheit trifft Zukunft: In der denkmalgeschützten Burg Lenzen, erbaut auf den Mauerresten eines Slawenforts, residiert das größte vegane Hotel Deutschlands, umgeben vom eigenen Biogarten. Vom Burgturm aus schaut man über die weite Landschaft des Biosphärenreservats Elbe-Elster. Wer mag, entspannt sich auf dem warmen Holzboden des Teehauses bei Yoga oder Meditation. Das vegane Menü im Restaurant zeigt, wie raffiniert und abwechslungsreich rein pflanzliche Kost sein kann. Und die Kunstwerke im Garten wie das von wilden Rosen umgebene badende Mädchen versetzen die Besucher in träumerische Stimmung und sollen dazu anregen, sich kluge Gedanken zu machen.

Lenzen (Elbe), Burgstraße 3, Prignitz, DZ 130 – 170 Euro, Tel. (038792) 507 83 00, aheadhotel.de,

Gut Tornow

Ferien auf dem Ökohof mit vielen Tieren in reizvoller Natur. Neben 14 geschmackvoll eingerichteten Ferienwohnungen für zwei bis neun Personen bietet das Gut auch Fahrrad- und Reitausflüge an. Einen Hofladen, ein Café und ein kleines Restaurant gibt es auch.
Wusterhausen OT Tornow, Tornower Str. 24, Ostprignitz-Ruppin, Tel. (033971) 326 16, gut-tornow.de,

Landhaus No8

Mitten im Naturpark Stechlin gelegenes Haus, auf großem von Wäldern und Wiesen umgebenen Grundstück (ab 1450 Euro/Woche/2 Pers.). Ideal für Ruhesuchende, die auf Stil und Komfort Wert legen.
Großwoltersdorf OT Buchholz, Forststr. 8, Oberhavel, Tel. (033082) 409 47, landhaus-no8.de,

Resort Mark Brandenburg

Modernes Hotel sehr schön gelegen an der Uferpromenade (DZ ab 240 Euro) des Ruppiner Sees. Die benachbarte Fontane Therme (siehe Text Seite 16) kann von den Hotelgästen gratis genutzt werden. Es gibt das Restaurant »Parzival« sowie die »Kaminbar«.
Neuruppin, An der Seepromenade 20, Ostprignitz-Ruppin, Tel. (03391) 403 50, resort-mark-brandenburg.de,

Winterquartier Dechtow

Aus dem 1883 errichteten Stallgebäude wurde ein modernes Ferienhaus (250 Euro/Nacht), das man auch in zwei Ferienwohnungen (ab 99 Euro/Nacht) teilen kann. Modernes Interieur trifft auf altes Gebälk.
Dechtow, Dorfstr. 29, Ostprignitz-Ruppin, Tel. (0173) 811 05 28, winterquartier.de,

Nord-osten

Uckermark
Barnim
Märkisch-Oderland

LEGENDE

- €€€ ... günstig
- €€€ ... moderat
- €€€ ... gehoben
- ... keine EC-Kartenzahlung
- ... Terrasse
- ... Außenpool
- ... Innenpool
- ... Sauna
- ... Fitnessraum
- ... Hundemitnahme möglich

Freizeit & Kultur

Biorama-Projekt

Das Projekt bietet Besuchern die Möglichkeit, das UNESCO-Biosphärenreservat Schorfheide-Chorin zu entdecken. Von einem ehemaligen Wasserturm blickt man weit über die Landschaft. Die »Weiße Villa« lädt zu verschiedenen Kunst- und Kulturveranstaltungen. Snacks aus regionalen und Bio-Zutaten im Café.

Joachimsthal, Am Wasserturm 1, Barnim, Tel. (033361) 649 31, biorama-projekt.org,

Blumberger Mühle

Im Biosphärenreservat Schorfheide-Chorin liegt das Naturerlebniszentrum des Naturschutzbundes (NABU). Auf Wanderwegen und in den ständigen Ausstellungen und Führungen lernen Kinder und Erwachsene die Vielfalt der heimischen Pflanzen und Tiere kennen (Erw. 4 Euro, Führungen nach Absprache). Zahlreiche Veranstaltungen.

Angermünde, Blumberger Mühle 2, Uckermark, Tel. (03331) 260 40, blumberger-muehle.de,

Celine Aktiv Reisen

Hier können Eselwanderungen als Mehrtages- und Wochentouren gebucht werden (Drei-Tages-Touren für mindestens zwei Personen, inkl. Übernachtung, warme Mahlzeiten, Frühstück und Lunchpakete ab 278 Euro/Pers.). Nett, wie der Esel ist, trägt er das Gepäck.

Flieth, Suckow 41, Uckermark, Tel. (0170) 245 00 55, celine-aktiv-reisen.de,

Chamisso-Museum im Kunersdorfer Musenhof

Der deutsch-französische Dichter, Naturforscher und Weltreisende Adelbert von Chamisso (1781–1838) weilte im Sommer 1813 auf Schloss Kunersdorf. Hier verfasste er die heute zur Weltliteratur gehörende Märchennovelle »Peter Schlemihls wundersame Geschichte«, die bereits ein Jahr später herausgegeben wurde. Der Förderverein Kunersdorfer-Musenhof e. V. bittet für die Führung um eine Spende (empfohlen werden 5 Euro). Das Cham.Café serviert persischen Kuchen und zahlreiche Kaffee- und Teesorten.

Bliesdorf OT Kunersdorf, Dorfstr. 1, Märkisch-Oderland, Tel. (033456) 15 12 27, kunersdorfer-musenhof.de

Dominikanerkloster Prenzlau – Kulturzentrum und Museum

Ende der 1990er-Jahre aufwendig restauriert, zählt das ab 1275 erbaute Dominikanerkloster nun zu den besterhaltenen mittelalterlichen Klosteranlagen in Nordostdeutschland und hat sich zu einem bedeutenden Kultur- und Museumsstandort entwickelt. Es vereinigt folgende Einrichtungen unter seinem Dach: das Kulturhistorische Museum (Erw. 5 Euro), das Historische Stadtarchiv, die Stadtbibliothek und das Veranstaltungszentrum »Kulturarche« sowie das »KlosterCafé«.

Prenzlau, Uckerwiek 813, Uckermark, Tel. (03984) 752 61, dominikanerkloster-prenzlau.de

Familiengarten Eberswalde

Auf dem weitläufigen Gelände (Eintritt für Erwachsene 4 Euro) gibt es viel zu entdecken: einen Märchenwald mit Kletterhäusern, Wasserspiele (Badehose mitnehmen!), einen kleinen Irrgarten, einen 30 Meter hohen Kran mit Aussichtsplattform und mörderische Rutschen, Schafe auf dem Drachenberg und vieles mehr. Der Familiengarten bietet improvisierte Freiräume, um selbst aktiv zu werden, Picknicken und sogar Grillen (nach Anmeldung) ist möglich. Auch Bistro und Imbiss befinden sich auf dem Gelände. Lustig ist auch das Frisbee-Golf und die Tretbootfahrt durch die unterirdischen Kanäle des ehemaligen Walzwerks.

Eberswalde, Am Alten Walzwerk 1, Barnim, Tel. (03334) 38 49 10, familiengarten-eberswalde.de,

Fledermausmuseum Julianenhof

In einem Mitte des 19. Jahrhunderts in märkischer Feldstein-Ziegel-Bauweise errichteten Gutshof-Stallgebäude eröffnete 2006 das Fledermausmuseum. Zu sehen gibt es die Ausstellung »Fledermäuse in Brandenburg«, Interessantes zu den Fledertieren der Welt sowie Fledermaus-Sammlungsobjekte. Außerdem im Angebot: Erlebnistour durch den Eiskeller und »Nachtfalterkino« im Fledermausgarten. Highlight sind die zwölf hier lebenden Fledermausarten, von denen sich manche über eine Kamera in ihrem Dachbodenquartier beobachten lassen. 2022 wurden hier im Ausflug mehr als 1900 Fledermäuse gezählt. Beachtlich!

Märkische Höhe, Julianenhof 15, Märkisch-Oderland, Tel. (033437) 152 56, fledermausmuseum-julianenhof.de,

Gedenkstätte & Museum Seelower Höhen

Der Museumsbau erinnert an einen Gefechtsstand: ein schmaler Quader, der halb in den Hang gebaut und von Büschen umgeben ist. Im Frühjahr 1945 wurde hier die letzte Schlacht zwischen der Wehrmacht und der Roten Armee ausgetragen. Die Dauerausstellung (Eintritt für Erwachsene 4 Euro) macht mit Medienstationen, Filmen und Dia-Ton-Vorträgen die Geschichte erlebbar. Das Zeitzeugenarchiv sammelt Erlebnisberichte von Militärs und Zivilpersonen verschiedener Nationen sowie militärische Dokumente.

Seelow, Küstriner Str. 28a, Märkisch-Oderland, Tel. (03346) 597, seelowerhoehen.de

Glashütte Annenwalde

Ein Jahrhundert lang wurde in Annenwalde Glas hergestellt. Doch nach dem Beginn der industriellen Produktion gab der letzte Glasmacher im Jahr 1865 auf. Heute ist hier an historischem Ort ein Atelier mit Galerie untergebracht. Im angrenzenden Skulpturenpark sind Objekte des Bildhauers und Glasgestalters Werner Max Kothe zu sehen, der die Glashütte mittlerweile an Susan Jancke übergeben hat. Die Fusing-Glastechnik kann in verschiedenen Kursen kennengelernt werden.

Templin OT Densow, Annenwalde 28, Uckermark, Tel. (03987) 20 02 50, glashuette-annenwalde.de

Golfpark Schloss Wilkendorf

Wilkendorf hat gleich zwei 18-Loch-Golfplätze in absoluter Ruhe und intakter Natur: den Westside-Platz, der unter der Woche auch ohne Platzreife bespielt werden kann, und den anspruchsvollen und preisgekrönten Sandy-Lyle-Platz. Für Einsteiger gibt es eine 6-Loch-Anlage, eine Driving Range, Schnupperkurs und Einsteigerprogramm. Ein Restaurant gibt es auch.

Altlandsberg, Am Weiher 1, Märkisch-Oderland, Tel. (03341) 33 09 60, golfpark-schloss-wilkendorf.com

Grimnitzsee

Das Wasser ist klar, und die Strände verfügen über familienfreundliche, flache Einstiege. Fisch- und Seeadler sowie Biber leben hier. Mit etwas Glück bekommt man die Tiere in den Abendstunden zu Gesicht. Öffentliche Badestelle in Joachimsthal. Angeln ist erlaubt.

Joachimsthal, Barnim

Kartbahn Schönerlinde

Die Anlage mit ihren langen Geraden und engen Kurven wirkt wie ein verkleinerter Formel-1-Parcours. Kinder können im Doppelsitzer mitgenommen werden oder fahren auf speziellen Kinderkarts. Preise zwischen 15 und 37 Euro pro Fahrt für 10 Minuten. In den Schulferien gibt es die 9-PS-Karts für Schüler und Schülerinnen zum Preis von 12 Euro.

Wandlitz OT Schönerlinde, Alter Heerweg 3-4, Barnim, Tel. (030) 74 77 73 01, kartbahn-schoenerlinde.de

Kartbahn Templiner Ring

Ein guter Kilometer Spaß und abwechslungsreiches Fahren für Jung und Alt. Zur Auswahl stehen diverse Karts: 6,5 PS (Bambinis: 1,25–1,40 Meter), 9 PS, 13 PS und 13 PS Doppelkarts. Dank der Flutlichtanlage kann im Winter ab der Dämmerung gefahren werden (Voranmeldung).

Templin, Carl-Friedrich-Benz-Str. 2, Uckermark, Tel. (03987) 40 99 60, kart-templin.de

Kloster Chorin

Das ehemalige Zisterzienserkloster Chorin zählt nicht nur zu einem der bedeutendsten Baudenkmäler der frühen Backsteingotik in Brandenburg, es ist auch ein beliebter und attraktiver Veranstaltungsort mit Kapellenkonzerten und jährlich wechselnden Sonderveranstaltungen. Im Sommer finden die CHORINale (Infos unter klassikauseberswalde.de) sowie der Choriner Musiksommer (Infos unter choriner-musiksommer.de) statt.

Chorin, Amt Chorin 11a, Barnim, Tel. (033366) 703 77, kloster-chorin.org

Luftfahrtmuseum Finowfurt

Auf einem Teil des ehemaligen Militärflugplatzes Finow befindet sich eine der größten luftfahrthistorischen Sammlungen Deutschlands (Eintritt für Erwachsene 8 Euro). Ein wenig verloren, irgendwie gestrandet, wirken die circa 20 Originalflugzeuge – vom Düsenjet bis zum Ultraleichtsegler – aus der Zeit von 1945 bis 1985, darunter der größte einmotorige Doppeldecker der Welt, die AN-2, und eine in Restaurierung befindliche TU-134 der Interflug. Es gibt einen Museumsshop mit Touristinformation.

Schorfheide OT Finowfurt, Museumsstr. 1, Barnim, Tel. (03335) 72 33, luftfahrtmuseum-finowfurt.de

Museumspark Rüdersdorf

Von hier stammt der Baustoff, aus dem das Brandenburger Tor und das Schloss Sanssouci gemacht wurden: Schon vor über 760 Jahren wurde in Rüdersdorf Kalkstein abgebaut. Ein Förderverein unterstützt die Erhaltung der stillgelegten Produktions- und Verwaltungsbauten. Der Museumspark (Erw. 7 Euro) gehört zu den bedeutendsten Industriedenkmälern Deutschlands und ist auch für Geologen eine Fundgrube. Ganzjährig werden verschiedene Führungen zu Fuß oder mit dem Geländewagen angeboten. Anfang Juli findet im Park das traditionelle »Rüdersdorfer Bergfest« statt.

Rüdersdorf bei Berlin, Heinitzstr. 9, Märkisch-Oderland, Tel. (033638) 79 97 97, museumspark.de

Nationalpark Unteres Odertal

Der einzige Auen-Nationalpark Deutschlands gehört zugleich zu den artenreichsten Lebensräumen des Landes. Im Besucherzentrum (Eintritt frei) informiert eine Ausstellung über die Natur im unteren Odertal. Interaktives Entdecken macht sie auch für kleine Besucher spannend: Tierstimmen-Quiz, Flug auf dem Rücken einer Wildgans, Hochwasser-Nachahmung am Modell. Dazu das 15000 Liter fassende Oder-Aquarium mit über zwanzig heimischen Fischarten.

Schwedt/Oder OT Criewen, Park 2, Uckermark, Tel. (03332) 267 70, nationalpark-unteres-odertal.eu/de/

Naturparkzentrum und Agrarmuseum Barnim Panorama

Im Barnim Panorama präsentieren sich das Besucherzentrum des Naturparks Barnim und das Agrarmuseum Wandlitz unter einem Dach – eine bundesweit einmalige Kombination (Erw. 6 Euro). Es gibt Ausstellungen, Themenräume mit interaktiven Elementen und Panoramablick auf den Wandlitzer See, Traktorschau, Naturerlebnis- und Entdeckerpfad, Schaugarten. Umfangreiches museumspädagogisches Angebot. Kostenfrei nutzbare E-Bike-Ladestation.

Wandlitz, Breitscheidstr. 8–9, Barnim, Tel. (033397) 36 05 05, barnim-panorama.de

NaturThermeTemplin

Die Familientherme besteht aus einer quirligen Badelandschaft mit Wasserrutschen, Wellenbad und Grottengang, Strömungskanal, Whirlpool, Außenbecken

und einer Saunalandschaft, die angenehm ruhig bleibt. Acht verschiedene Saunen, drei davon im großzügigen Gartenbereich, eine im neu eröffneten Saunaruhehaus mit zwei Ruheräumen und Duschen, separates Wellness- und Therapiezentrum. Direkt nebenan: Indoor-Spielplatz Ottis Spielewelt.
Templin, Dargersdorfer Str. 121, Uckermark, Tel. (03987) 20 12 00, naturthermetemplin.de

Oberuckersee

Der Oberuckersee gehört zu den schönsten Seen Brandenburgs – über acht Kilometer lang, hügelige Uferlandschaft und eine verwunschene Insel, die vor rund 900 Jahren bewohnt und ein bedeutendes slawisches Siedlungszentrum war. Mehrere offizielle Badestellen. Am leicht zu erreichenden Ostufer hält auch die Regionalbahn.
Oberuckersee OT Warnitz, Uckermark

Oderbruch Museum Altranft – Werkstatt für ländliche Kultur

Aus der Zeit nach der Trockenlegung des Oderbruchs Mitte des 18. Jahrhunderts stammen die ersten Wohnhäuser, die heute unter Denkmalschutz stehen. Die Ausstellung im Schloss präsentiert das Europäische Kulturerbe Oderbruch mit seinem Wassersystem, den hier lebenden Menschen, der Landwirtschaft und ländlichen Baukultur in historischen und künstlerischen Objekten, Filmen, Texten und Fotografien (Erw. 8 Euro). Der Dorfrundgang führt durch die historischen Gebäude des Gutsbauerndorfs. Siehe auch Text Seite 110.
Bad Freienwalde OT Altranft, Am Anger 27, Märkisch-Oderland, Tel. (03344) 33 39 11, oderbruchmuseum.de

Rennbahn Hoppegarten

Als in Hoppegarten am 17. Mai 1868 der Startschuss für das erste Pferderennen gegeben wurde, waren Otto von Bismarck und Wilhelm I. zugegen. Schnell entwickelte sich Hoppegarten zum Zentrum des gesellschaftlichen Lebens, bis zu 40000 Zuschauer kamen zu den Renntagen. Heute ist Hoppegarten jene Mischung aus großer Vergangenheit und wackeliger Zukunft, wie man sie oft in Brandenburg findet. Ein paar Damen mit Hut verirren sich zu den Rennen, Hipster aus Mitte führen ihre Anzüge spazieren, dazwischen sitzen Familien mit Kindern auf der Wiese neben der langen Geraden, und ein paar Wettjunkies starren gebannt auf die Bildschirme mit den aktuellen Quoten. Am 9. April 2023 ist Saisonstart.
Hoppegarten, Goetheallee 1, Märkisch-Oderland, Tel. (03342) 389 30, hoppegarten.com

Schermützelsee

Inmitten des Naturparks Märkische Schweiz liegt dieser schöne Badesee, der mit seinen etwa 40 Metern Tiefe und seinem Fischreichtum auch als Tauchrevier gilt. Ein schöner Wanderweg (7,5 km) führt einmal herum. Für sportliche Wanderer geeignet ist der Panoramaweg. Das Strandbad Buckow (Erw. 4 Euro) punktet mit Sprungturm und Ruderbootverleih.
Buckow, Märkisch-Oderland, Tel. (0172) 9535809

Schiffshebewerk Niederfinow

1934 wurde das gigantische, damals größte Schiffshebewerk der Welt eingeweiht, das bis heute und damit am längsten überhaupt in Betrieb ist. Direkt daneben wurde im Oktober 2022 das neueste und nun größte Hebewerk eingeweiht. Beide Hebewerke werden für einige Jahre parallel betrieben. Vom Sportboot bis zum Lastschiff transportieren 10000 Tonnen schwere Tröge bis zu 110 Meter lange Schiffe in wenigen Minuten über einen Höhenunterschied von 36 Metern. Von der Besucherplattform (Erw. 5 Euro) aus blickt man auf das Trogfahrgeschehen in der Stahlkonstruktion sowie in die Landschaft des Oderbruchs und auf die Einfahrt zum Finowkanal, die mit über 400 Jahren älteste schiffbare Wasserstraße nach Berlin. Mit einem Kombiticket (Erw. 12 Euro) kann auch das neue Hebewerk von innen besucht werden. Neben täglichen Führungen ohne Voranmeldung werden regelmäßig Sonderführungen angeboten (mit Anmeldung). Siehe auch Text Seite 110.
Niederfinow, Hebewerkstr. 70a, Barnim, Tel. (033362) 71 82 50, schiffshebewerk-niederfinow.com

Schloss Neuhardenberg

Das Schloss ist eines der wenigen erhaltenen Gesamtkunstwerke des preußischen Klassizismus. Über die wechselhafte Geschichte des Hauses informiert die ständige Ausstellung »Schloss Neuhardenberg. Ein Ortstermin«. Zum Ensemble gehört außerdem die von Schinkel entworfene Dorfkirche. Der ganzjährig geöffnete Park wurde von Lenné und Pückler gestaltet. Heute beherbergt das Ensemble das Schloss mit Tagungs- und Veranstaltungsräumen, ein elegantes Hotel und das Restaurant »Landgasthaus Brennerei«. Von Frühjahr bis Herbst hochkarätige Kulturveranstaltungen.
Neuhardenberg, Schinkelplatz, Märkisch-Oderland, Tel. (033476) 60 00, schlossneuhardenberg.de

Stiftung Waldwelten – Forstbotanischer Garten

Auf einem etwa 140 Hektar großen Waldareal am Stadtrand vermitteln Umweltpädagogen Wissen über die Bedeutung der Wälder und ihre Funktion für das Ökosystem. Auf Anfrage gibt es geführte Touren für Gruppen und mit dem »WaldWelten-Erlebnis-Rucksack« kann man selbstständig den Stiftungswald erkunden (5 Euro/Rucksack). Es gibt ihn an den Wochenenden bei der Touristinformation Eberswalde (Steinstr. 3, Tel. (03334) 64520). Dazu jahreszeitliche Feste und Kulturveranstaltungen wie etwa die jährliche »WaldWeihnacht« am 3. Adventswochenende.
Eberswalde, Am Zainhammer 5, Barnim, Tel. (03334) 65 74 76, waldwelten.de

Stolper Turm

Der auch »Grützpott« genannte Turm (2,50 Euro) hat einen Durchmesser von 18 Metern und ist damit der wohl dickste Bergfried Deutschlands. Eine außen angebrachte Wendeltreppe führt bis ins Obergeschoss, wo man einen schönen Blick auf den Nationalpark Unteres Odertal hat. Eine Ausstellung widmet sich der Geschichte des Turmes sowie des Ortes. Über den Tourismusverein Angermünde sind von April bis September Führungen ab sechs Personen buchbar (20 Euro/Pers.).
Angermünde OT Stolpe, Uckermark, Tel. (03331) 29 76 60, angermuende-tourismus.de

Strandbad Bötzsee

Vom Nicht- bis zum Langstreckenschwimmer kommen in diesem Strandbad alle auf ihre Kosten (Erw. 5 Euro). In der Saison ist ein Rettungsschwimmer im Einsatz. 3-Meter-Sprungturm, Spielplatz und Ruderbootverleih. Einziges barrierefreies Strandbad im östlichen Berliner Umland. Am 7. Juli ist Strandbadfest.
Petershagen/Eggersdorf, Altlandsberger Chaussee, Märkisch-Oderland, Tel. (03341) 414 92 22, doppeldorf.de

Strandbad Wandlitzsee

Schon in den 1920er- und 1930er-Jahren avancierte das Seebad Wandlitz zum Badeort für Künstler, Fabrikanten und Bankiers. Im Mai 1999 wurde das direkt gegenüber

dem Bahnhof liegende Strandbad wiedereröffnet (Erw. 3 Euro). Es gibt Beachvolleyball, Tischtennis, Federball, Spiel- und Wasserspielplatz, Boots- und Stand-up-Paddle-Verleih. Direkt nebenan befindet sich eine Surfstation mit Surfschule, die etwa Bretter und Zubehör vermietet (Surfcenter Wandlitz, Tel. (033397) 60480, surfshop-berlin.de).
Wandlitz, Prenzlauer Chaussee 154, Barnim, Tel. (033397) 36 07 91, wandlitz.de

Strandbad Wolletzsee

Mitten in den Wäldern des Biosphärenreservats Schorfheide-Chorin liegt das Strandbad (Erw. 3 Euro) mit Liegewiese, Schwimminsel mit Wasserrutsche, neuer Steganlage mit Sprungturm, vier Beachvolleyball-Feldern, Tischtennisplatten, Ruderboot-, Tretboot- und SUP-Board-Verleih, Spielplatz mit verschiedenen Spielgeräten und einem Kindermatschbereich sowie Imbisskiosk. Diverse Sport- und Kulturveranstaltungen. Im Juni und Juli findet je einmal die »Lange Nacht im Strandbad Wolletzsee« statt.
Angermünde, Am Wolletzsee, Uckermark, Tel. (03331) 324 31, angermuende.de

Strandbad Wukensee

Laut einer Umfrage des RBB das schönste Strandbad Brandenburgs, auf jeden Fall aber eins der traditionsreichsten, 1926 eröffnet (Erw. 4 Euro). Hübsche altmodische Umkleidekabinen säumen den Badebereich, große Kastanien und Birken spenden Schatten. Es gibt Wasserrutsche, Sprungbrett, ein großes Piratenschiff zum Klettern sowie Beachsoccer-, Volleyball- und Wasserballfeld. Restaurant mit schönem Biergarten.
Biesenthal, Ruhlsdorfer Str. 41, Barnim, Tel. (03337) 49 03 80, strandbad-wukensee.de

Straußenhof Berkenlatten

Strauße können bis zu drei Meter groß werden, sie sind die größten Vögel der Erde, fliegen können sie aber nicht. Dieses und mehr kann man bei einer Hofführung erfahren. Im Hofladen gibt es Straußeneier, Straußenei-Lampen, Staubwedel aus Federn, Fleisch- und Wurstwaren vom Strauß und regionale Produkte. Ferienhäuser auf dem Hof. Im angeschlossenen Barfuß-Erlebnispark geht man auf einem 800 Meter langen Rundgang durch Schlamm und über Kieselsteine.
Gerswalde OT Berkenlatten, Berkenlatten 7, Uckermark, Tel. (039887) 50 87, straussenhof-berkenlatten.de

Theater am Rand

Der Musiker Tobias Morgenstern und der Schauspieler Thomas Rühmann (»In aller Freundschaft«) haben im Oderbruch ein bemerkenswertes Theater geschaffen. In der von ihnen entwickelten Art des erzählenden Theaters interpretieren sie bekannte Stücke von Florian Illies, Sten Nadolny, Vladimir Sorokin und anderen. Etwa zur Hälfte besteht das Repertoire aus Eigenproduktionen. Dazu musikalische Lesungen und Konzerte. Den Eintrittspreis bestimmen die Zuschauer, die hinterher entscheiden, wie viel ihnen die Aufführung wert war (empfohlen werden 15 bis 25 Euro).
Oderaue OT Zäckericker Loose, Zollbrücke 16, Märkisch-Oderland, Tel. (033457) 665 21, theateramrand.de

Uckermärkische Bühnen Schwedt

15 Schauspieler umfasst das Ensemble von Intendant André Nicke, 832 Plätze hat der große Saal. Das Programm bietet Schauspiel, Kinder- und Jugendtheater, Musicals, Kabarett und Comedy, Lesungen, Konzerte und Shows, die Karten kosten zwischen 6 Euro (Kindertheater) und 27 Euro, bei Konzerten und Gastspielen auch mehr. Auch 2023 richten die Bühnen wieder die jährlichen »Odertal-Festspiele« aus (Mai-Sept.).
Schwedt/Oder, Berliner Str. 46–48, Uckermark, Tel. (03332) 53 81 11, theater-schwedt.de

Unteruckersee

Der See erstreckt sich von der Ortsmitte aus sieben Kilometer nach Süden und bietet mehrere kleine Badestellen mit klarem Wasser. Schön ist aber auch das Seebad Prenzlau (Uckerpromenade 46, Tel. (03984) 834864, in der Saison täglich ab 10 Uhr geöffnet, Infos unter seebad-prenzlau.de). Es lockt mit günstigen Eintrittspreisen (Erw. 2 Euro), einem 6-Meter-Sprungturm, Rutschen, Spielplatz, Volleyball- und Basketballplatz, Strandkörben und einem Bistro.
Prenzlau, Uckermark

Werbellinsee

Der See ist glasklar, sehr tief und wunderschön in ein kleines Tal eingebettet. Sehr gute Infrastruktur: Campingplätze, Pensionen, Bootsverleiher, Fahrgastschiffe und Ausflugsrestaurants. Angeln, Motorbootfahren, sogar Wracktauchen ist erlaubt. es gibt viele trubelige Strände, aber auch einsame Badestellen.
Werbellin, Barnim

Wildpark Schorfheide

Der privat geführte, 105 Hektar große Wildpark ist ideal für Familienausflüge (Erw. 10 Euro) und bekannt für sein Wolfsrudel, dessen melodiöses Heulen bei den »Vollmondwolfsnächten« zu hören ist. Auch seltene Haustierrassen wie das Wollschwein und heimische Raubtiere wie der Luchs sind zu sehen. Dazu: Wolfsinformationszentrum Brandenburg mit selbsterklärender Ausstellung »Wolf & Mensch«, Abenteuerspielplatz, Streichelzoo sowie die Kräuterküche.
Schorfheide OT Groß Schönebeck, Prenzlauer Str. 16, Barnim, Tel. (033393) 658 55, wildpark-schorfheide.de

Wolf Kahlen Museum – Intermedia Arts Museum

Wolf Kahlen galt in den 1960er- und 70er-Jahren als Mitbegründer der Medienkunst. Das Museum – ständige Sammlung von Arbeiten der Medienkünste seit 1956 und Kahlens Lebenswerk – zeigt Videoinstallationen, Klangkunstwerke, Zeichnungen, Architektur, NetArt, VideoBank On Demand, Textwerke, frühe Gemälde und Skulpturen. Sonderausstellung 2023: »Was sind intermediale Künste? Internationale Beispiele« (Mai-Dez.). Die Videokunstreihe trägt 2023 den Titel »Videos über Video – Internationale Videos über Video«.
Bernau, Am Pulverturm / Grünstr. 16, Barnim, Tel. (03338) 75 31 75, wolf-kahlen.net/museum

Zoologischer Garten Eberswalde

In eine Mischwaldlandschaft eingebettet, beherbergt der Zoo rund 1300 Tiere aus fünf Kontinenten. Höhepunkte sind das begehbare Kängurugehege, völlig frei in den Bäumen lebende Affen, das Löwengehege mit einem begehbaren Tunnel und die großzügigen Freianlagen. Zehn Abenteuerspielplätze, sprechender Baum, Streichelzoo, Baumwipfelpfad, kostenlose Parkplätze.
Eberswalde, Am Wasserfall 1, Barnim, Tel. (03334) 227 33, zoo.eberswalde.de

Essen & Trinken

Bergschlösschen

Vom Bergschlösschen blickt man auf die Stadt Buckow und die wunderschöne Umgebung des Ortes. Zimmer gibt es im Hotel und im Gästehaus (DZ ab 125 Euro/Nacht,

inkl. Frühstück). Die saisonal ausgerichtete bürgerliche Küche verwendet gute Produkte auch regionaler Erzeuger und serviert etwa heimisches Wild, Havelländer Apfelschwein, Ruppiner Lamm sowie Fisch aus märkischen Gewässern. Dazu Einfallsreiches auch für Vegetarier wie Birne-Lauch-Gemüse mit Blauschimmelkäse, Nüssen und Kartoffel-Sellerie-Püree oder Linsen Dal mit Bulgur. Für bis zu 30 Personen buchbar: die »Feldsteinscheune«.
Buckow (Märkische Schweiz), Königstr. 38, Märkisch-Oderland, Tel. (033433) 573 12, bergschloesschen.com, €€€

Biohof Ihlow

Das winzige Dorf Ihlow hat sich zu einer Künstlerkolonie mit Ateliers, einem beeindruckend sortierten Scheunenantiquariat und eben diesem Biohof entwickelt. Bio-Café/Restaurant mit Lebensmittelverkauf, schönem Garten, Frühstück (sonntags als Buffet), Mittagessen, Kaffee und Kuchen sowie Abendessen (alles in Bioqualität). Dazu zwei Ferienwohnungen (ab 90 Euro/Nacht/1–2 Pers.), eine Unterkunft in einem Wagen auf der Wiese oder im Rundzelt (ab 50 Euro/Nacht/1-2 Pers.) und die Möglichkeit, auf einer Wiese ein Zelt aufzuschlagen oder im eigenen Bus zu übernachten.
Oberbarnim OT Ihlow, Ihlower Ring 14, Märkisch-Oderland, Tel. (0173) 844 52 16, biohof-ihlow.de

Bonum gustUM Regionalladen

BonUM gustUM (lat. = der gute Geschmack) bietet Waren des täglichen Bedarfs mit der Ausrichtung auf regionale Produkte an. Das Sortiment umfasst etwa 800 Artikel. Auf einer gemütlichen Terrasse, ausgerichtet zu einem kleinen Tierbestand (Esel, Ziegen, Schafe, Enten, Hühner) kann man selbst gebackenen Kuchen, Kaffeespezialitäten oder regionale Tagesangebote genießen. E-Auto Schnellladestation vorhanden (22 kW, jederzeit zugänglich).
Flieth-Stegelitz, Suckower Str. 31, Uckermark, Tel. (039887) 69 93 06, regionalladenflieth.de

Café EigenArt

Café mit romantischem Garten im Boitzenburger Land. Angeboten wird selbstgebackener Kuchen, auch glutenfrei, sowie die britischen Spezialitäten Scone und Crumble. Saal für bis zu 50 Personen (nur auf Voranmeldung), zwei Ferienwohnungen. Dazu Hofladen mit Obstsäften, Honig, Kräuterlikören, handgefertigten Seifen und Verkauf von Pflanzen, neuen und alten Büchern, Antiquitäten, Schnickschnack, Geschenk- und Saisonartikeln.
Boitzenburger Land OT Wichmannsdorf, Dorfstr. 10, Uckermark, Tel. (0160) 441 76 44, cafe-eigenart.de

Café Wildau

Ansprechender Neubau in idyllischer Alleinlage am bewaldeten Ufer des Werbellinsees inmitten des Biosphärenreservats Schorfheide. Das Restaurant bietet viel Regionales, vor allem Wild aus der Schorfheide, unregelmäßig auch Sonntagsbrunch für 39 Euro. Das Hotel, eingerichtet im Landhausstil von Hausherrin Caren von Hertzberg, bietet Komfort in zwölf individuell gestalteten Zimmern. Zusätzlich gibt es direkt an das Hotel angrenzend vier Ferienwohnungen sowie eine Pension am Werbellinkanal mit neun Zimmern.
Schorfheide OT Eichhorst, Wildau 19, Barnim, Tel. (033363) 526 30, cafe-wildau.de, €€€

Carlsburg

Aus über hundert Metern Höhe reicht die Aussicht über die leicht bergige und dicht bewaldete Landschaft bis zum Oderbruch – das ist der wichtigste Grund für einen Besuch. Dazu gibt es solide märkische Küche, je nach Saison Wildgerichte mit Rotkohl oder Waldpilzen und selbst gebackenen Kuchen. Von Februar bis Dezember finden regelmäßig Abendveranstaltungen statt.
Falkenberg, Burgstr. 9, Märkisch-Oderland, Tel. (033458) 205, carlsburg.de, €€€

Der Hofladen Danewitz

Familie Hübner betreibt den Hof als Familienbetrieb und verkauft die Produkte im eigenen Hofladen. Es gibt Obst und Gemüse, sieben Sorten Kartoffeln, hausgemachte Fruchtaufstriche und Gelee, Eier, Obstsäfte und Liköre, Kräuteröle und -essige, auch Wurst und Fleisch von den eigenen Schweinen und Rindern, Schweine- und Gänseschmalz sowie Enten und Gänse. Erdbeeren können selbst gepflückt werden.
Biesenthal OT Danewitz, Dorfstr. 22, Barnim, Tel. (03337) 45 19 45, derhofladen.hpage.com

Gasthaus Stobbermühle

Im Ortskern, malerisch an einem Bach gelegen, bietet die Stobbermühle Doppelzimmer (105 Euro) mit Badewanne und Suiten (130-250 Euro) mit Whirlpool. Am üppigsten ist die Hochzeitssuite »Venedig« ausgestattet, die man am besten nach einem Besuch im hauseigenen Standesamt bezieht. In der rustikalen Wein- und Bierstube und dem gediegenen Kaminzimmer serviert die Küche Solides, aber auch Ambitioniertes (Gourmetmenü ab zwei Personen 98 Euro/Pers.) vorwiegend aus Produkten regionaler Erzeuger. Große Terrasse am Bach.
Buckow (Märkische Schweiz), Wriezener Str. 2, Märkisch-Oderland, Tel. (033433) 668 33, stobbermuehle.de, €€€

Gasthof zum grünen Baum

Die Küche des Traditionshauses gibt sich kreativ, nennt die Speisenkomponenten »Uckermärker«, die man frei kombinieren darf, verwendet dafür vorwiegend regionale und saisonale Zutaten. Auch vegane und vegetarische Speisen. Fünf modern eingerichtete Doppelzimmer (ab 90 Euro/Nacht).
Boitzenburger Land, Templiner Str. 4, Uckermark, Tel. (039889) 56 99 95, boitzenburger.de, €€€

Gut Kerkow

Das Gut liegt am Rand des Biosphärenreservats Schorfheide-Chorin und hat sich der ökologischen Landwirtschaft verschrieben. Futteranbau, Tierhaltung, Schlachtung, Verarbeitung und Verkauf finden direkt vor Ort statt. Im Hofladen gibt es frisches Bio-Fleisch- und -Wurst aus eigener Metzgerei, zudem zahlreiche regionale Bioprodukte.
Angermünde OT Kerkow, Greiffenberger Str. 8, Uckermark, Tel. (03331) 262 90, gut-kerkow.de

Haus Lichtenhain

1995 zogen Michael und Daisy von Arnim in die Uckermark – die Familie stammt aus dem Schloss Boitzenburg. Die neue Gräfin von Arnim wollte in der wenig bevölkerten Region etwas bewegen und entdeckte die heimischen Äpfel als Geschäftsidee. Ihre Produkte gibt es im Hofladen Lichtenhain und online. Vier liebevoll eingerichtete Ferienwohnungen. Apfel-Café.
Boitzenburger Land, Lichtenhain 25, Uckermark, Tel. (039889) 82 50, haus-lichtenhain.de

Hofladen Gut Temmen

Der Hofladen bietet Wurst- und Fleischspezialitäten vom Temmener Edelschwein und Weiderind wie die Temmener Stracke

zum Verkauf. Dazu gibt es ein ausgewähltes Zukaufssortiment. 1500 Rinder und 300 Schweine werden auf einem idyllisch gelegenen Biohof in einem ehemaligen Rittergut gezüchtet. Darüber hinaus bietet das Gut fünf gemütliche Doppelbettzimmer mit kleiner Küchenzeile und Bad zur Übernachtung an (ab 52 Euro/Nacht, Hunde nach Absprache).
Temmen-Ringenwalde, Lindenallee 3a, Uckermark, Tel. (039881) 208, gut-temmen.de,

Landgasthaus Brennerei

Nach einem ausgiebigen Spaziergang durch den von Lenné und Fürst Pückler geschaffenen Schlosspark bietet sich ein Besuch in der »Brennerei« mit ihrer gutgemachten, modernen Küche mit regionalen Bezügen an. Arrangements für längere Aufenthalte im eleganten Hotel sowie Kulturveranstaltungen mit Ausstellungen, Lesungen, Konzerten und Gesprächen werden angeboten.
Neuhardenberg, Schinkelplatz, Märkisch-Oderland, Tel. (033476) 60 05 30, schlossneuhardenberg.de,
€€€

Landgasthof zum Mühlenteich

Riesiges kulinarisches Programm von Flammkuchen und Forelle Müllerin über knusprige Landente mit hausgemachtem Rotkohl und Klößen bis zu Dry-Aged-Rind. Die verschiedenen kleinen Räume versprühen ländlich-süddeutschen Charme. Im Sommer empfiehlt sich die große Terrasse. Der namensgebende Teich ist ein paar Schritte entfernt, dort befindet sich auch eine Liegewiese.
Petershagen-Eggersdorf OT Eggersdorf, Karl-Marx-Str. 32, Märkisch-Oderland, Tel. (03341) 426 60, landgasthof.de, **€€**€

Lobetaler Bio – Milchladen

Die Bio-Molkerei ist ein Betrieb der Hoffnungstaler Werkstätten gGmbH, die an diversen Standorten im Land Brandenburg soziale Projekte unterhält. Im Milchladen gibt es alle selbst produzierten Produkte zu kaufen. Außerdem kann man tagesfrischen Joghurt und im Frühjahr und Sommer Frozen Joghurt genießen, während man bei der Produktion zuschaut. Erhältlich sind auch Bio-Eier aus den Mobilställen direkt gegenüber der Molkerei.
Biesenthal, Sydower Feld 1, Barnim, Tel. (03337) 43 04 34, lobetaler-bio.de,

Ökodorf Brodowin – Hofladen

Brodowin, das Dorf der sieben Seen, ist Teil des Biosphärenreservats Schorfheide. 1990 beschlossen die lokalen Genossenschaftsbauern, die Landwirtschaft umzustellen und biologisch-dynamisch zu wirtschaften. Heute ist das »Ökodorf« ein Vorzeigehof und der Name wahrscheinlich allen Kunden und Kundinnen der Berliner Biomärkte ein Begriff. Über 170 festangestellte Mitarbeitende beschäftigt der Hof. Auf 1600 Hektar Land werden Tiere gehalten, Gemüse und Getreide angebaut. In regelmäßigen Betriebsführungen kann man den Hof und die Molkerei besichtigen und im Hofladen Gemüse, Milchprodukte, Honig, Säfte, Fleisch und vieles mehr einkaufen. Besonderes Highlight ist das alljährliche Hoffest, das dieses Jahr am 13. und 14. Mai stattfindet.
Chorin OT Brodowin, Brodowiner Dorfstraße 89, Barnim, Tel. (033362) 600 22, brodowin.de,

Milchschafhof Pimpinelle

Der Milchschafhof Pimpinelle im Oderbruch verarbeitet die frische Schafmilch seiner Milchschafherde zu Schnitt-, Hart- und Weichkäse, Quark und Joghurt. Im Hofladen gibt es neben den Milchprodukten auch Bio-Lammfleisch, Wurst, Wolle und Felle.
Neuhardenberg OT Quappendorf, Lindenstr. 20, Märkisch-Oderland, Tel. (033476) 60 68 24, milchschafhof-pimpinelle.de,

Ökohof Engler

Kornelia und Lutz Engler verkaufen auf ihrem Hof Suppenhühner, Gemüse, Obst, sortenreine Apfelsäfte alter Sorten, Marmelade und Stauden aus eigener Erzeugung – alles in Bioqualität. Ein kleiner Hofladen bietet Getränke, Waren des täglichen Bedarfs sowie am Wochenende Kaffee und Kuchen. Kleiner Stellplatz für Wohnmobile, Wohnwagen oder Zelt. Am Hof befindet sich auch der Bibelgarten, der von Mitte Mai bis Mitte September besucht werden kann. Außerdem bietet man den Verkauf von Baumpatenschaften für Apfelbäume alter, allergikerfreundlicher Sorten für die 2023er-Ernte. Neu ab August 2023: Lohnmosterei, in der auch kleinere Mengen von Äpfeln, Birnen oder Quitten sortenrein gepresst und in Drei- oder Fünf-Liter-Bags abgefüllt werden können.
Chorin OT Serwest, Serwester Dorfstr. 72, Barnim, Tel. (0171) 207 06 03, oekohof-engler.de,

Uckermärker Brauerei

Braumeister Mark Mangold produziert je nach Jahreszeit Pils, Zwickel, Dunkles oder Schwarzes bester Qualität. Bei Verkostungen mit Führung (ab zehn Personen, mit Voranmeldung) lernt man viel über Herstellung und Abfüllung. Nach Absprache auch Braukurse für Gruppen ab sechs Personen. Im dazugehörigen Braustübl serviert man

herzhafe Speisen, am Wochenende Flammkuchen aus dem eigenen Holzbackofen (wird nur wetterabhängig betrieben). Ferienwohnungen ab 62 Euro für eine Person (weitere Pers. je 12 Euro), Frühstück auf Wunsch (14 Euro/Pers.), Mittag- und Abendessen à la carte (Nov. bis Feb. nur nach Voranmeldung).
Chorin OT Golzow, Alte Handelsstr. 49, Barnim, Tel. (03334) 42 05 57, choriner.de,

UMBio – Gutes aus der Uckermark

Etwa eine Autostunde nördlich von Berlin liegt die kleine Bio-Landwirtschaft mit angeschlossener Mosterei. Hier werden landwirtschaftliche Bioprodukte aus der Uckermark hergestellt, veredelt und vertrieben: Obst, Nüsse und Saft von Streuobstwiesen, Gemüse aus dem Hofgarten, Honig der eigenen Bienen, Wild und Wildprodukte aus den umliegenden Wäldern. Im Herbst kann man sein eigenes Obst zu Saft pressen lassen.
Oberuckersee OT Grünheide, Gutshof 1, Uckermark, Tel. (039863) 63 90 75, umbio.de,

Ziegenhof Zollbrücke

Hier gibt es alles von der Ziege: Weich- und Frischkäse, Quark, Milch, Ziegenmolkebrot und -brötchen, Fleisch und Wurst und sogar Eis aus Ziegenmilch.
Oderaue OT Zäckericker Loose, Zollbrücke 20, Märkisch-Oderland, Tel. (0173) 613 15 69, ziegenhof-zollbruecke.de,

Zur Goldenen Kartoffel

In der Gaststube prasselt ein offener Kamin, am Wochenende duftet es in der Bäckerei nach frisch gebackenem Hefekuchen, Brötchen und Brot aus dem Holzbackofen. Die Wände sind aus Backstein, die Decken sind von Holzbalken durchzogen. Deftige Küche meist aus regionalen Produkten befreundeter Erzeuger, von Ochsenbäckchen mit Schwarzbiersauce über Rippe vom Weiderind bis zum Kalbsschnitzel mit Pilzen, Pflaumenrahmsauce und Zapfenkroketten. Regionale Produkte, Wurst und Fleisch heimischen Wilds im Hofladen. Übernachtung im Hotel (DZ ab 149 Euro, inkl. Frühstück). Neu: zwei Wellnesszimmer mit Infrarot Hydrosoft Duo Wellnesskabine.
Prötzel, Wriezener Str. 11, Märkisch-Oderland, Tel. (033436) 492, zur-goldenen-kartoffel.de, €€€

Übernachten

Bahnwaggons an der Oder

Die fünf umgebauten Bahnwaggons gehören zu einem historischen Hafenensemble mit schönem Blick auf die Oder. Bis zu vier Personen finden jeweils in den drei Schlafwagen Platz (60 Euro/Nacht/2 Pers.), in denen es Kühlschrank, Kaffeemaschine, Wasserkocher und WLAN gibt, aber weder Kochgelegenheit noch Bad. Wasseranschluss und Sanitärraum gibt es im benachbarten Verladeturm, in dem sich auch eine Ferienwohnung und das Turmcafé befinden.
Letschin OT Groß Neuendorf, Hafenstr. 1a, Märkisch-Oderland, Tel. (030) 50 56 24 71, verladeturm.de,

Baumhaushotel Uckermark

Urlaub auf dem Baum mit eigener Veranda inmitten der Natur: Die sechs Baumhäuser bieten Platz für bis zu sechs Personen (ab 125 Euro/Nacht/2 Pers.). Das Frühstück wird mit Waren aus dem Hofladen bestückt.
Templin, Gut Gollin 1, Uckermark, Tel. (039882) 61 99 41, baumhaushotel-uckermark.de,

Bäumi-Hof

Nahe des Oberuckersees bietet der stilvoll ländliche Hof Doppelzimmer, Einraum-Apartments für zwei Personen und Ferienwohnungen für zwei bis sechs Personen. Die Apartments haben eine Miniküche, die Ferienwohnungen verfügen alle über eine vollausgestattete Küche, Balkon oder Terrasse. Frühstück kann man dazu buchen, Hunde dürfen nach Absprache mitgebracht werden (beides gegen Aufpreis). Kostenfreies WLAN für alle Gäste.
Oberuckersee OT Seehausen, Dorfstr. 16, Uckermark, DZ 70,00 - 80,00 Euro, Tel. (039863) 783 02, bäumi-hof.de,

Camping am Dreetzsee

Der Campingplatz liegt am Südufer des Dreetzsees. Er ist Partner des Netzwerks »Natürlich Uckermark – Ferien fürs Klima« das sich aus nachhaltig wirtschaftenden Gastgebern zusammensetzt. Es gibt 190 Touristenstellplätze sowie Ferienhäuser. Dazu Restaurant, Tauchbasis, Badeinsel, Boots- und Fahrradverleih.
Boitzenburger Land OT Thomsdorf, Am Dreetzsee 1, Uckermark, Tel. (039889) 746, dreetzseecamping.de,

Camping am Oberuckersee

Der naturbelassene Campingplatz liegt in einem lichten Kiefernwald in absolut erholsamer Lage. Mit Blick auf den Oberuckersee kann man hier auf den Terrassen sein Zelt, den Wohnwagen oder das Wohnmobil aufstellen. Man findet eine Seebadestelle, Steganlage, Getränke- und Eisverkauf, Brötchenservice und WLAN (gegen Gebühr). Eine Reservierung wird empfohlen. Hunde auf Anfrage. Der Radfernweg Berlin-Usedom führt direkt am Campingplatz vorbei.
Oberuckersee OT Warnitz, Lindenallee 2, Uckermark, Tel. (039863) 459, camping-oberuckersee.de,

Das schwarze Haus

Das von dem Berliner Architekten Thomas Kröger entworfene Haus erhielt zahlreiche Auszeichnungen. Beauftragt haben ihn die Besitzer, die Modedesignerin Johanna Michel und Bauingenieur Dirk Preuß. Herausgekommen ist ein Gesamtkunstwerk. Es ist puristisch eingerichtet mit elf Schlafplätzen auf zwei Etagen, einem großen Wohnraum mit Kamin und offener Küche. Obwohl ganz in Schwarz gehalten, strahlt es eine warme, behagliche Atmosphäre aus. Durch seine langen Fensterfronten scheint das Haus mit der Landschaft verbunden. Kein Zimmer schottet sich im sechs Meter hohen Wohnraum ab, mit Schiebetüren können Räume flexibel abgetrennt werden. Man kann das Haus von November bis März auch nur für ein Wochenende mieten (260 Euro/Nacht/4 Personen, jede weitere Person 30 Euro). Weiteres Objekt: »Die kleine Acht« – acht Schlafplätze auf zwei Etagen, ein großer Wohnraum mit Kamin und offener Küche (Lindenhagen, Woltersberger Weg 8, die kleineacht.de).
Gerswalde OT Pinnow, Pinnow 26a, Uckermark, Tel. (09333) 22 25 62, das-schwarzehaus.de,

Die kleine Acht

Nach dem »Schwarzen Haus« das zweite Objekt der Betreiber Johanna Michel und Dirk Preuß. Ebenfalls vom Berliner Architekten Thomas Kröger entworfen, bietet es acht Schlafplätze auf zwei Etagen, einen großen Wohnraum mit Kamin und eine offene Küche. Zwischen November und März kann man das Haus auch nur über das Wochenende mieten (260 Euro/Nacht/4 Personen, jede weitere Person 30 Euro).
Lindenhagen, Woltersberger Weg 8, Uckermark, Tel. (09333) 22 25 62, diekleineacht.de,

Erlenhof im Oderbruch

Die Skuddenschafe, eine alte ostpreußische Rasse, leben auf dem Hof und sind fleißige Rasenmäher. Neben sechs Schäferwagen (ab 45 Euro/Nacht/2 Personen) kann man auch in einer Blockhütte (ab 70 Euro/Nacht/2 Personen) übernachten. Im Hofladen gibt es Fleisch und Wurst von den Skudden und vieles mehr rund um das Schaf. Das Schönewetter-Café hat in der Sommersaison geöffnet. Ebenfalls im Angebot: Vermietung von Fahrrädern und Pedelecs. Kaffeeklatsch, Strick-, Häkel- und Spinnradkurse.

Letschin OT Kienitz Nord, Kienitzer Oderstr. 51, Märkisch-Oderland, Tel. (033478) 389 80, erlenhof-im-oderbruch.de,

Feriendomizil Alter Garten

Das ehemalige Gutshaus wurde nach baubiologischen Vorgaben saniert und beherbergt sieben stilvolle Ferienwohnungen für zwei bis sechs Personen (ab 69 Euro/Nacht/2 Pers). Drinnen gibt es einen Kamin, draußen wartet ein gepflegter Garten mit Streuobstwiese und Gartensauna. Außerdem: Kochkiste mit Kräutern, Meditation und Yoga sowie Bildhauerworkshops.

Temmen-Ringenwalde, Dorfstr. 35, Uckermark, Tel. (039881) 49 99 05, altergarten-feriendomizil.de,

Ferienhaus Melzow

Die ehemalige Stallscheune ist heute ein schmuckes Gästehaus, das mit ökologischen und historischen Baustoffen saniert wurde. Sechs Personen finden auf 140 Quadratmetern Platz (ab 70 Euro/Nacht). Dazu Terrasse, Grill, Lagerfeuerplatz und Tischtennisplatte. Badesee ganz in der Nähe.

Melzow, Grünheider Str. 8, Uckermark, Tel. (039863) 73 22, ferienhaus-melzow.de,

Ferienhof am Gamengrund

Familienbetrieb nach Bioland-Richtlinien. Die Produkte können direkt auf dem Hof gekauft werden. Ausgebaute Bauernhäuser bieten fünf Ferienwohnungen; rustikal-gemütliche Einrichtung (74–119 Euro/Nacht/4 Pers.). Weitere Wohnung in kleinem Fachwerkhaus mit Blick auf die Obstwiese. Für Kinder gibt es eine 200 Quadratmeter große Spielscheune und einen Badesee. Hundemitnahme in zwei Objekten erlaubt.

Höhenland OT Leuenberg, Berliner Str. 1a, Märkisch-Oderland, Tel. (0162) 598 22 05, behringhof.de,

Fontanehotel

Modernes Hotel in der Schorfheide, direkt am Werbellinsee, mit 23 komfortablen Zimmern unterschiedlicher Kategorien (in der Saison kostet das Doppelzimmer ab 145 Euro), Restaurant, eigener Badewiese, Outdoor-Sportbereich und Spielplatz. Besonderes Highlight ist die Dachterrasse. Sonntags Brunch.

Schorfheide OT Altenhof, Am See 7, Barnim, Tel. (033363) 523 90, fontanehotel.com,

Gut Sarnow

Übernachtung in Ferienwohnungen, Einzel- u. Doppelzimmern, dazu Restaurant mit weitem Blick über saftig grüne Koppeln, auf denen die Gutspferde weiden – man kann auf ihnen auch reiten. Die Küche bietet regionale Gerichte, etwa Wild aus eigener Jagd. Vom Kabarett bis zu Lesungen organisieren die Betreiber regelmäßig Kulturveranstaltungen.

Schorfheide, Eichhorster Chaussee 5, Barnim, DZ 95 – 139 Euro, Tel. (033393) 658 25, gut-sarnow.com,

Gut Wolletz

Mitten im Biosphärenreservat Schorfheide-Chorin gelegen, idealer Ausgangspunkt für Wanderungen, Fahrradtouren und Bootspartien. Fünf Apartments bieten auf 28 bis 89 Quadratmetern Platz für bis zu vier Personen (plus Beistellbett). Alle verfügen über Bad, Einbauküche, TV, WLAN und kleine Terrasse. In eine der fünf Wohnungen können nach Rücksprache Hunde mitgebracht werden.

Angermünde OT Wolletz, Zur Kastanienallee 13b, Uckermark, Tel. (0151) 14 03 77 59, gutwolletz.de,

Gutshof Fredenwalde

Auf dem Gutshof im Biosphärenreservat Schorfheide-Chorin kann man in zehn Ferienwohnungen im Kornspeicher, der Remise und dem Torhaus entspannen. Die Wohnungen für zwei bis acht Personen sind bis zu 230 Quadratmeter groß, verfügen überwiegend über Balkon oder Terrasse, Kamin oder Kaminofen, WLAN und Grill. Im Pferdestall zehn Micro-Apartments. Die Nutzung von Pool, Sauna und Tennisplatz ist frei.

Gerswalde, Ort Groß Fredenwalde 14, Uckermark, Tel. (0160) 479 85 69, gutshof-fredenwalde.de,

Gutshof Kraatz

Mit historischen Baustoffen saniert, bietet der Gutshof mit seiner Wagenremise von 1870 sowie dem Neusiedlerhaus aus den 1930er-Jahren zwei stilvolle Ferienhäuser (ab 120 Euro/2 Pers.). In der Kelterei werden aus alten Apfel- und Birnensorten der Region sortenreine Weine, Schaumweine und Säfte produziert. Im Restaurant gibt es dazu feine Speisen aus regionalen Zutaten.

Nordwestuckermark OT Kraatz, Schloßstr. 7, Uckermark, Tel. (039859) 639 76, gutshof-kraatz.de,

Haus Chorin

Direkt am Amtssee, nur 15 Minuten Fußweg vom Kloster Chorin entfernt, steht dieses moderne Hotel am Rande der Schorfheide. Für Familien und kleinere Gruppen bieten sich zudem die Pensionen »Haus am Wald«, »Haus am Hang« und »Bauernhaus« an. Das Restaurant ist ganzjährig geöffnet. Es gibt eine Minigolfanlage, einen Saunabereich, Fitnessraum und zwei Bowlingbahnen.

Chorin, Neue Klosterallee 10, Barnim, DZ 80 – 115 Euro, Tel. (033366) 500, chorin.de,

Herrenhaus Röddelin

Das Ende des 19. Jahrhunderts erbaute und ab 2014 sanierte Herrenhaus liegt idyllisch am See und bietet auf 320 Quadratmetern Platz für etwa zehn Personen. In den 1930er

Jahren diente die weiße Villa dem Berliner Börsenmakler Bodo Müller als Sommer- und Gästedomizil. Heute zeugen Marmor in den Bädern und Räuchereiche-Parkett von hohen Ansprüchen an Materialien und Innenausstattung. Auf vier Etagen gibt es Küche, Esszimmer, Wohnzimmer, Kaminzimmer und fünf Schlafzimmer mit En-Suite-Bädern. Vermietung nur als komplettes Objekt mit variabler Anzahl Schlafzimmer (ab 330 Euro/Nacht, ab 1980 Euro/Woche, Mindestaufenthalt zwei Tage, in den Ferien Vermietung nur wochenweise). Eigene Badestelle.
Templin-Röddelin, Röddeliner Dorfstr. 26, Uckermark, Tel. (0176) 97 10 37 67, herrenhaus-roeddelin.de,

Hotel 1912

Vom Hotel 1912 aus lässt sich wunderbar die Uckermark und die Region Angermünde mit drei angrenzenden Nationalparks entdecken. Es stehen Einzel-, Doppel- (ab 94 Euro) und Familienzimmer (bis vier Personen) sowie eine Suite zur Verfügung. Frühstücksbuffet besticht mit einem Angebot aus regionalen Zutaten.
Angermünde, Bahnhofsplatz 3, Uckermark, Tel. (03331) 298 02 70, hotel1912.de,

Hotel Döllnsee-Schorfheide

Erst Göring, dann DDR-Bonzen – das 1934 errichtete Schadehaus hat eine wechselvolle Geschichte. Heute ist es ein schmuckes Vier-Sterne-Hotel in direkter Seelage. Man kann im Döllnsee baden, es gibt einen kleinen Strand, einen Badesteg, eine Seesauna, eine Schwimmhalle und einen Wellnessbereich, zudem einen Boots- und Fahrradverleih, auch Stand-up-Paddeln ist möglich. Das Restaurant bietet Fisch und Wild aus der Schorfheide.
Templin OT Groß Dölln, Döllnkrug 2, Uckermark, DZ 84 – 304 Euro, Tel. (039882) 630, doellnsee.de,

Hotel Schloss Reichenow

Das Herrenhaus in sehr ruhiger Lage am See wurde von der Berliner Hoteliersfamilie Eilers entrümpelt, grundrenoviert und zum kuscheligen Vier-Sterne-Wohlfühlhotel umgestaltet. Die 22 Zimmer sind schlicht und stilvoll gestaltet, die Sammlung zeitgenössischer Kunst ist beispielhaft, und die Restaurant-Küche ist regional ausgerichtet. Darüber hinaus sind eine Bar, Veranstaltungsräume, Sauna, Fitnessraum und Liegewiese vorhanden. Das Haus ist vom ADFC als fahrradfreundlich klassifiziert. Anliegender Badesee mit Rundwanderweg.
Reichenow-Möglin, Neue Dorfstr. 1, Märkisch-Oderland, DZ 128 – 148 Euro, Tel. (033437) 27 66 28, schlossreichenow.com,

Landgehöft am Feldrain

Ein niedriges Ferienhaus aus Lehmfachwerk im Boitzenburger Land, beherrscht von einer großen schwarzen Esse mit Kamin, in der früher über dem offenen Feuer gekocht wurde. Bei der Sanierung wurden die historischen Ziegelformate, Dachsteine und Balken wiederverwendet, bei Fenstern und Türen die früheren Formen beibehalten und durch moderne Möbel ergänzt. Auf knapp 300 Quadratmetern finden maximal acht Gäste in vier Schlafräumen Platz. Dazu drei Bäder, Küche, Ess-, Wohn- und ein Kaminzimmer sowie Bibliothek und großes Giebelzimmer. Hunde können nach Absprache mitgebracht werden.
Boitzenburger Land, Buchenhain 23, Uckermark, Tel. (0172) 597 21 15, landgehoeft.de,

Landhaus Fredenwalde

Ein Haus, das – nicht nur – für Pianisten geeignet ist: Im Musikzimmer steht ein komplett überholter Steinway & Sons Flügel B-211 von 1938 (Nutzung gegen Aufpreis). Das 180 Jahre alte Backsteinhaus kann bis zu zwölf Personen beherbergen und liegt auf einem großen Grundstück am Dorfrand, das auch Kindern viel Platz zum Toben bietet. Es verfügt über mehrere Schlafräume, eine große Wohnküche, zwei Badezimmer, Sauna und Wandheizung (ab 240 Euro/Nacht/2 Personen). Schöne Wanderwege vor der Tür und mehrere Badeseen in der Umgebung.
Gerswalde, Ort Groß Fredenwalde 35, Uckermark, Tel. (0177) 443 44 51, landhaus-fredenwalde.de,

Landhaus Parsteinsee

Inmitten von Feldern, Wäldern und Seen bietet der freundliche Ponyhof den Gästen vier Appartements und drei Ferienwohnungen im Landhausstil; Sauna nach Absprache (Doppelzimmer ab 65 Euro). Ausflüge zum Ökodorf Brodowin, Kloster Chorin oder in die umliegenden Naturschutzgebiete sind zu Fuß oder per Rad möglich. Saunanutzung nach Absprache.
Parsteinsee OT Parstein, Angermünder Str. 41, Barnim, Tel. (033365) 714 49, landhaus-parsteinsee.de,

Mein.Lychen

Edles Bed & Breakfast mit vier Zimmern und zwei Studios, alles ohne TV. Das kulinarische Frühstück (ohne Buffet) in drei Gängen und die souveräne Betreuung heben das Haus weit über das Normalniveau. Es gibt eine Bibliothek, ein Jagdzimmer mit Kamin, einen Grillplatz, eine Genussbar und eine Sauna mit Ruheliegen sowie Anlegemöglichkeiten für Paddler. Hunde können nach Anmeldung mitgebracht werden.
Lychen, Berliner Str. 43, Uckermark, DZ 105 – 175 Euro, Tel. (039888) 52 21 88, meinlychen.de,

Naturerlebnishof Uferloos

Das Besondere sind die Übernachtungsmöglichkeiten. In Jurten, eigenem Zelt (Erw. 17 Euro/Nacht) und sogar einem ausgebauten Zirkuswagen (Erw. 40 Euro/Nacht) kann man hier schlafen. Wer es gerne bequemer hat, kann auch eine der vier Ferienwohnungen (DZ 80 Euro/Nacht) mieten. Frühstücks- und Abendbrotbuffet bio und regional. Kanu- und Fahrradverleih.
Letschin OT Kienitz, Deichweg 9, Märkisch-Oderland, Tel. (033478) 389 76, uferloos.de,

Re:hof Rutenberg

Landurlaub auf einem ehemaligen Pfarrhof: Es gibt Unterkünfte für zwei bis fünf Personen, drei loftartige Ferienwohnungen im Stallgebäude, drei Holzhäuser im Garten, zwei geräumige Ferienwohnungen im Pfarrhaus und eine barrierefreie Wohnung im Hofgebäude. Im kleinen Hofladen gibt es morgens frische Brötchen, Basics, Wein, Käse und Eier. Kleiner Sandstrand am Großen Kronsee in fünf Minuten erreichbar.
Lychen OT Rutenberg, Dorfstr. 23, Uckermark, Tel. (039888) 47 99 01, rehof-rutenberg.de,

Rote Scheune

Das Gästehaus im westlichen Drittel der Scheune ist für vier Personen ausgelegt und verfügt über zwei Doppelzimmer, ein Wohnzimmer mit kinderfreundlichem Kamin, eine vollausgestattete Küche, ein Duschbad, WLAN und einen Garten mit Sandkasten (ab 120 Euro/Nacht, Hund hier möglich). Das Haupthaus bietet mit bis zu fünf Schlafzimmern Platz für elf Personen (ab 490 Euro/Nacht).
Gerswalde, Ort Fergitz 7, Uckermark, Tel. (0172) 986 22 99, rote-scheune.com,

Schloss Boitzenburg

Zwischen Lychen und Prenzlau liegt das größte Landschloss Brandenburgs, seit Anfang des 16. Jahrhunderts Stammsitz der Familie von Arnim. Das Unterhaus der Schlossanlage wurde von 1838 bis 1842 nach Entwürfen von Friedrich August Stüler umgebaut, der Park von Peter Joseph Lenné gestaltet. Heute ist das Haus ein Familien- und Kinderhotel. Von März bis Dezember finden am Wochenende und feiertags Schlossführungen statt (Eintritt: 3,50 Euro). Am Mühlenweg 5 steht außerdem eine alte Wassermühle aus dem Jahr 1271 mit Museum (klostermuehle-boitzenburg.de).

Boitzenburger Land, Templiner Str. 13, Uckermark, DZ 60 – 130 Euro, Tel. (039889) 509 30, schloss-boitzenburg.de,

Schuberts Oderbruch-Landpension

Das 1832 nach einem großen Dorfbrand errichtete Fachwerkhaus wurde 2017 denkmalgerecht mit Lehm und Hanf saniert und zu einer Boutique-Pension ausgebaut. Es gibt einen Grill- und Lagerfeuerplatz, eine Panorama-Lehmsauna, einen Fahrradverleih und freies WLAN. Frühstück möglich (10,50 Euro/Person).

Neulewin, Neulietzegöricke 27, Märkisch-Oderland, DZ 75 Euro, Tel. (0178) 131 74 90, schubertsoderbruchlandpension.com,

Vorwerk Krewitz

Auf der Suche nach dem perfekten Ort für eine Familienfeier, ein Arbeitstreffen oder einfach ein entspanntes Wochenende mit Freunden? Das barocke Gutshaus in Krewitz ist ein schöner Ort dafür. Flügeltüren und lange Tafel, herrschaftlicher Salon und eine große Terrasse – das Haus, im 18. Jahrhundert als Verwaltungssitz für Krewitzer Güter errichtet, wurde aufwendig renoviert und wird seit 2014 vermietet. Mitten in der Uckermärker Natur gelegen, bietet es in sechs Schlafzimmern mit jeweils eigenem Bad Platz für bis zu 16 Personen. Im sechs Hektar großen Garten kann man nicht nur Ball spielen oder tanzen, sondern auch still sitzen und die Rehe und Kraniche beobachten, die hier regelmäßig zu Besuch kommen.

Boitzenburger Land, Krewitz 27, Uckermark, Tel. (0044 7766) 33 30 98, vorwerkkrewitz.de,

The Lakeside Burghotel

Der Neubau kommt in altenglischem Gewand daher mit verwinkelten Gängen, Ritterrüstungen und gemalten Burgfräuleins und verfügt über 65 Zimmer inklusive vier Luxusresidenzen. Viele der Zimmer sind im englischen Landhausstil eingerichtet, andere eher modern (Doppelzimmer ab 166 Euro). 700 Quadratmeter Spa-Bereich mit griechisch-römischem Schwimmbad. Die Saunalandschaft umfasst eine Finnische Sauna, Laconium, Aromatherapie, Dampfsauna und Erlebnisduschen. Der Wellnessbereich steht auch Besuchern, die keine Hotelgäste sind, zur Verfügung. Im ambitionierten Restaurant werden Gerichte wie original Wiener Schnitzel mit lauwarmem Kartoffelsalat, Brust vom Schwarzfederhuhn oder heimische Forelle serviert. Das Hotel kooperiert mit dem Golfpark Wilkendorf.

Strausberg, Gielsdorfer Chaussee 6, Märkisch-Oderland, Tel. (03341) 346 90, burghotel-strausberg.de,

Triangel Camping Niederfinow

Eine Schleusung im größten Schiffshebewerk der Welt in Niederfinow dürfte eins der eindrucksvollsten Erlebnisse sein, die ein Wassersportler erleben kann. Der kleine Naturcampingplatz mit Café und Kiosk hat eine Kanuverleihstation (ab 5 Euro/Std., ab 29 Euro/Tag). Für die Nacht: vier individuell gestaltete Holzhütten, ein Bauwagen, acht Caravan-Stellplätze, zwei Wiesen für Zelte.

Niederfinow, Dorfstr. 31, Barnim, Tel. (0172) 380 68 58, camping-niederfinow.de,

Villa am Trumpf

Drei Ferienwohnungen auf drei Etagen, in drei verschiedenen Einrichtungsdesigns. »Vintage«, »Cottage« und »Lounge« bieten auf 64 bis 95 Quadratmetern Platz für zwei bis drei Personen (ab 130 Euro/Nacht). Von allen blickt man auf den See. Das große Foyer können alle Gäste nutzen, auch für kleine Familienfeiern. Große Sonnenterrasse, Liegewiese, Bade- und Angelsteg.

Oberuckersee OT Warnitz, Gramzower Weg 35-37, Uckermark, Tel. (039863) 783 57, villa-am-trumpf.de,

Wassermühle Gollmitz

Schön sanierte Mühle aus dem 17. Jahrhundert mit dem größten Wassermühlenrad Norddeutschlands (Führungen möglich). Übernachtungsmöglichkeiten in vier Ferienwohnungen (ab 60 Euro/Nacht/2 Pers.), der Radlerunterkunft (40 Euro/Nacht/2 Pers.) und auf einer kleinen Zeltwiese (ab 10 Euro/Nacht/Pers.). Abends kann im Hofgarten gegrillt werden. Brauerei mit Bier zum Selbstzapfen.

Nordwestuckermark OT Gollmitz, Mühlenberg 12a, Uckermark, Tel. (039852) 491 41, wassermuehle-gollmitz.de,

Süd-osten

Oder-Spree
Dahme-Spreewald
Oberspreewald-Lausitz
Spree-Neiße
Cottbus
Frankfurt (Oder)

LEGENDE

€€€	günstig
€€€	moderat
€€€	gehoben
	keine EC-Kartenzahlung
	Terrasse
	Außenpool
	Innenpool
	Sauna
	Fitnessraum
	Hundemitnahme möglich

Freizeit & Kultur

Ahoi-Mitsegeln

Auf der zehn Meter langen Segelyacht Bavaria 37 kann man ganzjährig für verschiedene Touren Plätze buchen und ganz ohne Vorkenntnisse mitsegeln, in Begleitung eines Skippers. Nach Wahl entspannt man oder ist aktiv dabei. Auch Buchung des gesamten Schiffs zum Wunschtermin möglich. Seit 2022 ist eine neue Segelyacht in Betrieb.
Bad Saarow, Uferstr., Oder-Spree, Tel. (0151) 26 08 64 91, mitsegeln-saarow.de

Berliner Golf- und Country Club Motzener See e. V.

Bekannter und vorbildlich angelegter Golfplatz. Das Areal umfasst einen 27-Loch Championship Course (um Startzeitreservierung wird gebeten). Es gibt diverse Einsteigerangebote und einen öffentlichen Pay & Play Kurzplatz, der auch ohne Platzreife genutzt werden kann. Hundemitnahme eingeschränkt möglich.
Mittenwalde OT Motzen, Am Golfplatz 5, Dahme-Spreewald, Tel. (033769) 501 30, golfclubmotzen.de

Biosphärenreservat Spreewald

Ein feingliedriges Netz aus Fließen durchzieht den Spreewald und macht ihn zu einer in Mitteleuropa einzigartigen Naturlandschaft. 1990 wurde er zum Biosphärenreservat erklärt, den UNESCO-Status gab es im Jahr darauf. Vom Wasser aus, zu Fuß, über den Gurkenradweg – auf vielerlei Wegen lässt sich die Auenlandschaft mit ihrer artenreichen Tier- und Pflanzenwelt erkunden, allein 52 Libellenarten sind hier heimisch. Das »Haus für Mensch und Natur« gibt in einer Dauerausstellung präzise Informationen, der Eintritt ist frei.
Lübbenau, Schulstr. 9, Oberspreewald-Lausitz, Tel. (03542) 892 10, spreewald-biosphaerenreservat.de

Bootsverleih Richter / Kajaksports

Paddelboote, Kanadier, Tourenkajaks, Komfortboote und Paddelkähne sind im Angebot (ab 21 Euro/2 Std., Buchung und Bezahlung online möglich), um das 475 Kilometer lange, befahrbare Gewässernetz zu erkunden. Verschiedene Touren über mehrere Stunden oder Tage können gebucht werden. Übernachtungen sind im dazugehörigen Kanu-Bike-Hostel in Doppelzimmern (74 Euro/Nacht) oder Apartments (95 Euro/Nacht) möglich.
Lübbenau, Dammstr. 75, Oberspreewald-Lausitz, Tel. (03542) 37 64, bootsverleih-richter.de

Brandenburgisches Landesmuseum für moderne Kunst

Die weltweit umfassendste Sammlung von Kunst aus der DDR und den nachfolgenden künstlerischen Traditionslinien: An zwei Standorten in Cottbus und Frankfurt (Oder) werden gleichzeitig mehrere Ausstellungen gezeigt (Eintritt je Ausstellung 4 Euro). Die Sammlung umfasst Malerei, Fotografie, Grafik, Plakatkunst und Skulptur. In Cottbus ist das BLMK im 1927 erbauten und aufwendig sanierten Dieselkraftwerk beheimatet. In Frankfurt (Oder) gibt es sowohl im Packhof (Carl-Philipp-Emanuel-Bach-Str. 11, Tel. (0335) 4015629) als auch in der Rathaushalle (Marktplatz 1, Tel. (0335) 28396183) Ausstellungen.
Cottbus, Uferstr. / Am Amtsteich 15, Cottbus, Tel. (0355) 49 49 40 40, blmk.de

Brauereimuseum

Fürstenwalde besaß einst 104 Brauhäuser, im Mittelalter war es die zweitgrößte Braustadt in Brandenburg. Im Museum lässt sich die Brauereigeschichte, die bis ins 15. Jahrhundert zurückreicht, interaktiv erleben. Auch über Böttcher, Töpfer und Zinngießer, den Hopfenanbau, die Landwirtschaft und die Mühlen im Ort informiert die Ausstellung. Und frisch gebrautes Bier kann man natürlich auch kosten. Führungen nach Anmeldung möglich, mit Bier, Schmalzstullen und Gewürzgurke (11,50 Euro) oder mit Bier und rustikaler Platte (19,50 Euro).
Fürstenwalde/Spree, Am Markt 1, Oder-Spree, Tel. (0162) 965 68 25, brauereimuseum-fuerstenwalde.de

Burg Beeskow

Die Burg, in einer Urkunde von 1316 erstmals erwähnt, ist trotz eines Brandes 1945 weitestgehend erhalten. Heute ist der gesamte Komplex ein Kultur- und Bildungszentrum. Zu sehen ist im »museum oder-spree« die Jahresausstellung zum Thema »abreißen und aufbauen«. Das Musikmuseum macht fast 200 Jahre Musikgeschichte erlebbar. Viele Veranstaltungen wie Hoffeste, Konzerte, Theater- und Opernaufführungen bieten viel Sehens- und Hörenswertes für Klein und Groß. Vom 30 Meter hohen Bergfried (mit Kinderausstellung »Burg[spiele]«)

hat man einen wunderbaren Blick auf die Stadt und die Umgebung.
Beeskow, Frankfurter Str. 23, Oder-Spree, Tel. (03366) 35 27 27, burg-beeskow.de

Burg Friedland

Die Anlage aus dem 13. Jahrhundert, die im 16. Jahrhundert auch ein Ordensamt der Johanniter beherbergte, ist die kleinste der drei Streleburgen. Sie präsentiert sich umgeben von der neu restaurierten Burgmauer wieder in ihrer ganzen Schönheit. Neben kostenlosen Führungen gibt es zahlreiche traditionelle und jährlich wechselnde Veranstaltungen, Konzerte und Ausstellungen.
Friedland, Pestalozzistr. 3, Oder-Spree, Tel. (033676) 459 78, friedland-nl.de,

Burg Storkow

Bereits 1209 urkundlich erwähnt, gehört die Burg zu den ältesten in Brandenburg. Es gibt ein Kultur- und Bildungszentrum mit Tourist-Information, Bibliothek, Freilichtbühne, Räume für Tagungen, Feiern und Hochzeiten, das Besucherzentrum des Naturparks Dahme-Heideseen, Ausstellungen und ein Burgstübchen. Besondere Veranstaltungen 2023: alínæ lumr Festival (18.-20. Aug.), Regionales Hoffest Burg Storkow (17. Sept.), Storkower Herbstpoesie 6.-8. Okt.), Weihnachtsmarkt (8.-10. Dez.).
Storkow (Mark), Schloßstr. 6, Oder-Spree, Tel. (033678) 731 08, storkow-mark.de,

Calauer Witzerundweg

Hier sollen sie herkommen, die Kalauer. Wer sie lesen und gleichzeitig noch die Stadt kennenlernen will, begibt sich auf den Witzerundweg. Dieser führt einen auf 1,36 Kilometern durch Calau. An historisch bedeutenden Bauten, touristisch interessanten Punkten und Privathäusern sind 25 Tafeln mit je einem Kalauer und Infos zu Gebäude und Stadtgeschichte angebracht.
Calau, Cottbuser Str. 32, Oberspreewald-Lausitz, Tel. (03541) 895 80, calau.de,

Dahme-Schifffahrt Teupitz

Die Reederei bietet von Ostern bis Oktober verschiedene Rundfahrten über die Teupitzer Gewässer an. Von Juli bis Mitte September findet immer mittwochs um 13.15 Uhr die »Große Fahrt« statt, eine circa fünfstündige Zehn-Seen-Fahrt nach Prieros, einschließlich Landgang (Erw. 22 Euro).
Teupitz, Markt 16, Dahme-Spreewald, Tel. (033766) 415 55, dahme-schifffahrt.de,

Die Gämse – Boulderhalle Wildau

Südöstlich von Berlin gelegen, zu Fuß nur etwa drei Minuten vom S-Bahnhof Wildau entfernt, ist die Boulderhalle ein Platz für alle Generationen (Erw. 9,50 Euro), wechselnde Routen bieten für jeden etwas. Geeignet für Veranstaltungen wie Kindergeburtstage, Klassenausflüge oder Teambuilding.
Wildau, Schwartzkopffstr. 6, Dahme-Spreewald, Tel. (03375) 525 59 37, diegaemse.de,

Erlebnispark Teichland

Ein Ort mit Attraktionen: Sommerrodelbahn, ein 16 Meter hoher Kletterfelsen, Zipline-Parcours in luftiger Höhe über 460 Meter, Bungeetrampolin, riesige Wasserbälle, Minigolf, Labyrinth und Elektrorace für die Kleinen. Es wird kein genereller Eintritt erhoben, man bezahlt nur, was man nutzen möchte, und zwar mit Chips, die man an der Kasse erwirbt (Erw. 3 Euro, Kinder 2,50 Euro pro Chip). Hunde an der Leine erlaubt.
Teichland OT Neuendorf, Zum Erlebnispark 1, Spree-Neiße, Tel. (035601) 90 90 23, erlebnispark-teichland.de,

Freilandmuseum Lehde

Das Museum ist auf einem Wanderweg oder mit Paddelboot zu erreichen. Auf den vier historischen Hofanlagen zeigt das Museum, wie man im 19. und frühen 20. Jahrhundert auf dem Lande lebte. Wäsche waschen, melken üben oder in Holzpantinen laufen lernen: Erlebnisstationen zum Mitmachen (Erw. 6 Euro). Leinenpflicht für Hunde.
Lübbenau OT Lehde, An der Giglitza 1a, Oberspreewald-Lausitz, Tel. (03573) 870 24 40, museums-entdecker.de,

Großer Müllroser See

Im Freibad am naturbelassenen Ostufer mit weitläufigem Strand ist der Eintritt frei. Es gibt zwei Volleyballspielfelder, Trimm-dich-Pfad mit Fitnessgeräten, Spielplatz, Imbiss, sanitäre Anlagen, Campingplatz und gebührenpflichtigen Parkplatz. Das Strandbad am Westufer (Erw. 2 Euro) bietet Wasserrutsche, Steganlage und Imbiss. Ein etwa neun Kilometer langer Wanderweg umrundet den See. Hunde an der Leine sind erlaubt.
Müllrose, Am Ostufer (Freibad), Beeskower Str. 33 (Strandbad), Oder-Spree,

Hurricane Factory

Im größten deutschen Windtunnel für Bodyflying und Indoor Skydiving fliegt man nur mit dem eigenen Körper im Wind – ein professioneller Instruktor begleitet alle Flüge. Vorkenntnisse sind nicht erforderlich. Kinder können ab fünf Jahren mitmachen. Unmittelbar an der S-Bahn-Station Waßmannsdorf gelegen.
Schönefeld OT Waßmannsdorf, Waßmannsdorfer Allee 3, Dahme-Spreewald, Tel. (03379) 321 73 80, hurricanefactory.com/berlin/,

IBA-Terrassen

Die Internationale Bauausstellung ist lange vorbei, doch die Terrassen am ehemaligen Tagebau Meuro bleiben als Besucherzentrum Lausitzer Seenland geöffnet. 2018 wurde der Hafen mit einem kleinen Hafenfest eingeweiht. Die Flutung des künstlichen Großräschener Sees wird voraussichtlich 2025 abgeschlossen sein. Bistro mit regionalem Imbiss und Großräschener Wein direkt am Weinberg mit Blick auf den See. Weinbergführungen und Weinproben mit dem Winzer auf Anmeldung (weinbauwobar.de).
Großräschen, Seestr. 100, Oberspreewald-Lausitz, Tel. (035753) 261 11, iba-terrassen.de,

Kleist-Museum

Das direkt an der Oder gelegene Kleist-Museum, Brandenburgs größtes Literaturmuseum, zeigt Leben, Werk und Wirken Heinrich von Kleists in seiner Geburts- und Studienstadt. »Rätsel. Kämpfe. Brüche. Die Kleist-Ausstellung« bietet originale Exponate, beeindruckende Rauminstallationen und viel Interaktion für Groß und Klein (Erw. 7 Euro). Sonderausstellungen, Salon-Nachmittage, Lesungen, Vorträge, wissenschaftliche Konferenzen und literarisch-musikalische Veranstaltungen.
Frankfurt (Oder), Faberstr. 6–7, Frankfurt (Oder), Tel. (0335) 387 22 10, kleist-museum.de

Kletterwald Bad Saarow

Der Kletterwald liegt in Sichtweite zum Scharmützelsee und ist nach Motiven des eigens für ihn verfassten Kinderbuchs ge-

staltet. Auf zehn verschiedenen Parcours gibt es über hundert Kletterelemente in bis zu zwölf Metern Höhe. Es gibt auch zwei Kleinkindparcours (ab drei) mit Spielplatz. Bogenschießanlage, zwei Exit Outdoor Games, Monkey Climbing, Waldbistro sowie Blockhütte und Tipi für Veranstaltungen.
Bad Saarow, Seestr. 47, Oder-Spree, Tel. (033631) 40 48 31, kletterwald-badsaarow.de,

Kloster Neuzelle

Inmitten der malerischen Landschaft am Rande des Schlaubetals gelegen, ist das Kloster Neuzelle eines der wenigen noch vollständig erhaltenen Klosterensembles in Europa. Im spätgotischen Kreuzgang mit Klostermuseum erfährt man etwas über die Geschichte der Klosteranlage, das Museum Himmlisches Theater zeigt die europaweit einzigartigen Passionsdarstellungen vom Heiligen Grab. Auch die beiden Barockkirchen lassen sich besichtigen. In den Sommermonaten finden Veranstaltungen statt: Konzerte, Theaterabende, Barockgarten bei Nacht, Klostergartentag. Der barocke Klostergarten wurde nach historischem Vorbild wiederhergestellt.
Neuzelle, Stiftsplatz 7, Oder-Spree, Tel. (033652) 81 40, klosterneuzelle.de

Lagune Cottbus

In der Lagune Cottbus gibt es ein Wellenbad, eine »Black Hole-Turborutsche«, ein Sportschwimmbecken mit Sprungturm sowie ein Planschbecken für die Kleinsten (Erwachsene 10 Euro/4 Std.). Der Wellnessbereich verfügt über ein Dampfbad, vier Saunen und einen Kaminraum. Das Freibad ist von Mai bis September geöffnet – ausgestattet mit einer Beachvolleyball-Anlage und Klettergerüsten.
Cottbus, Sielower Landstr. 19, Cottbus, Tel. (0355) 494 98 40, lagune-cottbus.de

Museum Schloss Lübben

Aus der ehemaligen Burganlage wurde ein Renaissanceschloss, das heute das Stadt- und Regionalmuseum beherbergt (Erw. 4,50 Euro). Neben der Geschichte Lübbens und der Niederlausitz erfährt der Besucher und die Besucherin auch etwas über Brauchtum und Trachten des Spreewalds. Anschauen, anhören, anfassen – multimediale Vermittlung macht Geschichte hier auch für Kinder spannend.
Lübben, Ernst-von-Houwald-Damm 14, Dahme-Spreewald, Tel. (03546) 18 74 78, museum-luebben.de

Museum Utopie und Alltag

An zwei Standorten zeigt das Museum Alltagskultur (Eisenhüttenstadt) und Kunst (Beeskow, Frankfurter Str. 23. Tel. (03366) 352727) aus der DDR. In der als Flächendenkmal geschützten Planstadt Eisenhüttenstadt präsentiert es eine umfangreiche Sammlung, die es erforscht und in Ausstellungen vorstellt (Erw. 4 Euro). Das Museum setzt immer wieder mit Sonderausstellungen, Publikationen und Veranstaltungen Impulse im Erinnerungsdiskurs zur DDR. Ausstellungen 2023: »Grenzen der Freundschaft«. Tourismus zwischen der DDR, ČSSR und Polen (bis 30. Apr.), Grafische Mappenwerke in der ostdeutschen Kunst (3. Juni bis 17. Sept.).
Eisenhüttenstadt, Erich-Weinert-Allee 3, Oder-Spree, Tel. (03364) 41 73 55, utopieundalltag.de

Naturpark Schlaubetal

Seine Vielfalt an Landschaftsstrukturen verdankt der Naturpark dem Lauf der Schlaube. Wildromantische Bachtäler, ein ausgedehntes Heidegebiet, Dorfidylle und Badeseen liegen nah beieinander. Wanderer und Radfahrer finden ein gut ausgebautes, weitläufiges Wegenetz. Für Hunde besteht Leinenpflicht. Geführte Touren werden etwa über die Naturwacht vermittelt, Tel. (033673) 55097. Der Naturparkkalender informiert online über Veranstaltungen. Gasthöfe bieten regionale Gerichte an.
Siehdichum OT Schernsdorf, Siehdichum 1, Oder-Spree, Tel. (033655) 59 17 32, schlaubetal-naturpark.de,

Ostdeutscher Rosengarten Forst

Auf einer Fläche von 17 Hektar erwarten den Besucher Zehntausende Rosen in fast tausend Sorten, saisonale Themengärten, weitläufige Rasenflächen, alter Baumbestand, romantische Wasserspiele sowie steinerne Zeugnisse der Gartenkunst aus der Gründerzeit (Rosenpark Erw. 6 Euro). Erlebnisspielplatz »Dornröschenpark« und Restaurant und Café »Rosenflair«. Traditionell am letzten Juni-Wochenende: »Rosengartenfesttage« mit Schnittrosenschau, Bühnenprogrammen, illuminiertem Romantikpark und »Nacht der 1000 Lichter«. Parkführungen und »Romantische Nachtführungen« sind online buchbar. 2023 feiert der Rosengarten 110. Jubiläum (Veranstaltung dazu am 9. Juni).
Forst (Lausitz), Wehrinselstr. 42, Spree-Neiße, Tel. (03562) 98 93 50, rosengarten-forst.de,

Planetarium Cottbus

Das Raumflugplanetarium Juri Gagarin zeigt vielmehr als nur den Sternenhimmel: Unterhaltung und Wissenschaft in 360 Grad für Kinder und Erwachsene.
Cottbus, Lindenplatz 21, Cottbus, Tel. (0355) 71 31 09, planetarium-cottbus.de

SaarowTherme

Moderne Architektur aus Naturstein und Holz mit großer Glasfront, meist sehr voll (Thermalbad ab 25 Euro, Sauna ab 30 Euro). Geboten werden Thermalsolebecken mit bis zu 36 Grad drinnen wie draußen; außerdem Liegewiese und Dachterrassen mit Blick auf den Scharmützelsee, Saunalandschaft mit allem Schnick und Schnack. Übernachten kann man in Ferienapartments.
Bad Saarow, Bad Saarow Kur GmbH, Am Kurpark 1, Oder-Spree, Tel. (033631) 86 80, SaarowTherme.de

Satama Sauna Resort & Spa am Scharmützelsee

Neben verschiedenen Innensaunen gibt es im Saunagarten Erd- und Feuersauna, sibirische Banja, Stolln-, Theater- sowie eine Märchensauna (Erw. ab 40,90 Euro). Nach der Abkühlung in der Eisgrotte kann man in einem der Ruheräume entspannen. Dazu ein reichhaltiges Angebot an Wellness- und Beauty-Anwendungen, Restaurant und Bar, Übernachtungsmöglichkeiten in Lodges und Ferienhäusern. Kleiner beheizter Pool im Garten und direkter Seezugang.
Wendisch Rietz, Strandstr. 12, Oder-Spree, Tel. (033679) 758 99 00, satama-saunapark.de

Scharmützelsee

Der zweitgrößte See Brandenburgs, das »Märkische Meer«. Schon in den 1920er-Jahren war Bad Saarow ein beliebter Kurort für betuchte Berliner. Heute wollen die Saarower an der Nordseite des Sees mit feinen Hotels, der Therme, kleinen Sandstränden und Service für Segler an diese Tradition anknüpfen. An der Ostseite ist die Badestelle in Diensdorf-Radlow zu empfehlen, im Süden die Sandbadestelle Wendisch Rietz.
Bad Saarow, Oder-Spree

Schloss und Park Branitz – Fürst-Pückler-Museum

Fürst Hermann von Pückler-Muskau (1785-1871) war Landschaftsarchitekt, Schriftsteller und Weltreisender, ein »fortune hunter«

wie ihn der englische Adel nannte, als er hoch verschuldet die Insel auf der Suche nach einer reichen Gemahlin bereiste. Wieder daheim verkauft er Schloss Muskau und ließ sein Erbschloss in Branitz samt Landschaftsgarten nach englischem Vorbild gestalten und mit einigen Kuriositäten versehen: dem Pyramidensee, dem Pleasureground samt allerlei ungewöhnlichen Skulpturen wie der goldenen Ananas. Ein riesiger Garten mit Sichtachsen – zum Lustwandeln. Das Schloss beherbergt heute das Fürst-Pückler-Museum und die Cottbuser Carl-Blechen-Sammlung.
Cottbus, Robinienweg 5 (Parkplatz Kastanienallee 29), Cottbus, Tel. (0355) 751 50, pueckler-museum.de

Schlossinsel Lübben

Spaziergänge durch den Park lassen sich mit einem Picknick oder einem Besuch des Labyrinths und des Klanggartens verbinden. Die Insel ist auch Kulisse für Kunst und Musikveranstaltungen. Über eine Brücke gelangt man zur Spreelagune.
Lübben, Ernst-von-Houwald-Damm 15, Dahme-Spreewald, Tel. (03546) 30 90, luebben.de

Schwielochsee

Größter natürlicher See Brandenburgs mit vielen Badestellen, die meisten verfügen über sanitäre Anlagen und Gastronomie. Campingplätze gibt es rundum.
Schwielochsee, Dahme-Spreewald

Senftenberger See

Der See war das erste große Flutungsprojekt im Lausitzer Land. Klares Wasser, touristisch gut erschlossen, hier können Urlauber nahezu jeden Wassersport betreiben. Angeln ist von bestimmten Uferbereichen aus erlaubt. Hundestrände sind ausgewiesen.
Senftenberg, Oberspreewald-Lausitz, senftenberger-see.de

Slawenburg Raddusch

Mit ihrer runden, flachen Form wirkt die Slawenburg wie ein Fremdkörper in der Ebene. Es handelt sich um die Adaption einer frühmittelalterlichen Burg, wie sie die slawischen Stämme als Schutz und Gemeindezentrum erbauten. Innen beherbergt der Bau eine hochmoderne Ausstellung von Fundstücken aus dem Braunkohle-Tagebau in der Lausitz (Erw. 10 Euro). Bedeutende Originalfunde erzählen die Geschichte der Niederlausitz. Der »Zeitsteg« mit seinen Landschaftsinseln führt den Besucher durch 12000 Jahre Niederlausitzer Pflanzenwelt. Dazu Erlebnisangebote wie Kinderspiele des Mittelalters und Familientage mit besonderem Programm. Burg-Gastronomie mit regionalen Produkten.
Vetschau OT Raddusch, Zur Slawenburg 1, Oberspreewald-Lausitz, Tel. (035433) 592 20, slawenburg-raddusch.de

Spreehafen Burg

Seit 1913 starten die Kähne vom Spreehafen Burg zu Erkundungstouren. Zur Auswahl stehen verschiedene Exkursionen: im Sommer etwa die Schleusen-, Kolonisten- oder Mondscheinkahnfahrt, im Winter Glühwein- und Lichterkahnfahrten. Exklusiv sind die Kamin-, die Frühstückskahnfahrt, die Fahrt im Holzkahn und der Kahn der Sinne. Auch Kajaks, Kanadier und Fahrräder kann man ausgeleihen. Es gibt ein Terrassencafé, Gurken- und Souvenierstand.
Burg (Spreewald), Am Hafen 1, Spree-Neiße, Tel. (035603) 758 00, spreehafen-burg.de

Spreelagune

Der Wasserwanderrastplatz Spreelagune eignet sich nicht nur für eine Ruderpause, sondern auch zum Verweilen und Sonnen am Sandstrand. Die Schlossinsel erreicht man über eine barrierefreie Holzbrücke, das Stadtzentrum in wenigen Gehminuten. Campingplatz nebenan.
Lübben, Ernst-von-Houwald-Damm 15, Dahme-Spreewald, luebben.de

Spreewald Therme

Aus 1350 Metern Tiefe sprudelt seit 1999 Sole-Thermalwasser mit einer Quelltemperatur von 31 Grad, seit 2005 gibt es die Therme (Erw. ab 18 Euro). Neben den Thermalbecken mit unterschiedlichem Salzgehalt drinnen und draußen gibt es verschiedene Saunen und Dampfbäder, Kosmetik und Massage. Besonders schön sind die Trockensaunen und die Finnische Sauna im Außenbereich. Übernachten kann man im angrenzenden »Spreewald Thermenhotel«, das über einen wettergeschützten Bademantelgang angeschlossen ist.
Burg, Ringchaussee 152, Spree-Neiße, Tel. (035603) 188 50, spreewald-therme.de

Spreewald-Museum Lübbenau

In diesem Museumskaufhaus in der Lübbenauer Altstadt lässt sich erkunden, wie Einkaufen vor 100 Jahren im Spreewald aussah (Erwachsene 6 Euro). Typische Läden und Handwerkerbetriebe wurden eingerichtet, darunter Fleischer und Bäcker, Kürschner und Schuhmacher, aber auch eine Kneipe. Anfassen und Mitmachen ist erwünscht, etwa beim Puzzeln von Schuhleisten oder beim Brotformen. Originale Spreewaldbahn mit Dampflok und kombiniertem Personen- und Gepäckwagen aus dem Jahr 1897.
Lübbenau, Topfmarkt 12, Oberspreewald-Lausitz, Tel. (03573) 870 24 20, museums-entdecker.de

Spreewaldring Kart-Center

Auf 800 Metern mit scharfen Kurven, schnellen Geraden und großer Flutlichtanlage bietet die Kartbahn viel Abwechslung (Erw. 15 Euro). Für Kinder zwischen drei und sechs Jahren gibt es eine Extrabahn mit Elektroautos und einen Spielplatz. Mittwochs ist Happy Day mit günstigeren Preisen. Familien-, Firmen- und Sommerfeiern auf Anfrage.
Schönwald OT Waldow, Waldhaus 1, Dahme-Spreewald, Tel. (035477) 40 40, kart-center.de

Spreewelten Lübbenau

Spaßbad mit Wellenbad, Wildwasserkanal, zwei interaktiven Rutschen, beheiztem Außenbecken, Thermalbad mit Massagedüsen und Hamam (Bad: Erw. ab 16 Euro, mit Sauna 26 Euro). Die Saunalandschaft verfügt

über 14 Saunen, einen Außenbereich und Solebecken. Besonderheit: 26 Pinguine, mit denen man nur durch eine Glasscheibe getrennt um die Wette schwimmen kann. Über einen Bademantelgang erreicht man das »Hotel Spreewelten« (DZ ab 160 Euro).
Lübbenau, Alte Huttung 13, Ober-spreewald-Lausitz, Tel. (03542) 89 41 60, spreewelten.de

Staatstheater Cottbus

Das denkmalgeschützte Große Haus zählt zu den schönsten Jugendstilbauten Deutschlands. Musiktheater, Schauspiel, Ballett und Philharmonisches Orchester setzen Impulse für das kulturelle Leben in der Stadt und in der ganzen Region. Mit großen Stoffen der Weltliteratur, Repertoireklassikern in modernen Regiehandschriften sowie Uraufführungen und besonderen Formaten präsentiert das einzige Staatstheater im Land Brandenburg ein vielfältiges Programm auf höchstem Niveau.
Cottbus, Schillerplatz 1, Cottbus, Tel. (0355) 782 42 42, staatstheater-cottbus.de

Stand-up-Paddling Spreewald

Verleih und Verkauf von Boards und Zubehör (10 Euro/Std., 50 Euro/Tag) sowie wasserfeste Karten, Tourenvorschläge. Es gibt auch Boards mit Windsurfoption und Segel. Schnupper- und Anfängerkurse (10 bzw. 35 Euro). Touren werden individuell erstellt und auch geführt angeboten.
Burg, Naundorfer Str. 17, Spree-Neiße, Tel. (035603) 838, sup-spree.de

Teupitzer See

Kaum hat man die Autobahn verlassen, befindet man sich in einer wild-romantischen Umgebung. Teupitz konnte sich seinen dörflichen Charakter bewahren. Um den sauberen See herum, an den sich im Norden der Schweriner See anschließt, liegen mehrere Campingplätze, so etwa »Relax Camping« (relaxcamping.de) an der südwestlichen Seite. Badestellen: Teupitz und Egsdorf.
Teupitz, Dahme-Spreewald

Tierpark Senftenberg

Gepflegte Parkanlage mit hübschen Gehegen und Volieren (Erw. 3,50 Euro). Traditionell werden Hausschafrassen, Minischweine und Alpakas gehalten und gezüchtet, auch Sitticharten, Pfauen und Wassergeflügel gibt es. Bei Kindern sind die Zwergziegen im Streichelgehege sowie die Erdmännchen und Pferde besonders beliebt. Highlight ist das begehbare Gehege mit Varis und Kattas! Am 7. Mai 2023 ist Tierparkfest. Gastronomie von Ostern bis Oktober.
Senftenberg, Steindamm 24, Ober-spreewald-Lausitz, Tel. (03573) 367 48 60, tierpark-senftenberg.de

Werlsee

Im Mittelalter gehörte der im Berliner Urstromtal gelegene See, indem sich die auch »Liebesinsel« genannte Insel Lindwall befindet, zum Besitz des Zisterziensterklosters Zinna. Am Nordufer gibt es einen breiten Strand zum Sonnen, einen Kletterwald und eine Strandbar. Am von Fichtenwald umgebenen Südufer findet man zu jeder Tageszeit ein schattiges Plätzchen. Angler können hier etwa auf Weißfische, Barsche, Hechte, Karpfen und Aale treffen.
Grünheide (Mark), Oder-Spree

Wettermuseum Lindenberg

Der Standort Lindenberg hat in der Meteorologie Tradition – seit 1905 wird hier das Wetter erforscht. Das Museum (Erw. 6 Euro) nutzt ein unter Denkmalschutz stehendes ehemaliges Gebäude des Observatoriums für seine Ausstellungen. Es präsentiert Geschichte und Gegenwart von Drachenflug bis Laserstrahlen, verschafft Einblicke in die Entwicklung meteorologischer Messinstrumente, zeigt, wie aus Messwerten Wettervoraussagen entstehen und vermittelt grundsätzliche Einsichten zum Klimawandel. Neben Erlebnisausstellung, Audioführungen und Experimentiershows gibt es auch Lernwerkstatt und Schülerlabor sowie zahlreiche Ausstellungsstücke und Infotafeln im Außenbereich Auf Anfrage auch Gruppenführungen außerhalb der Öffnungszeiten. Kaffee und Snacks im Bistro.
Tauche OT Lindenberg, Herzberger Str. 21, Oder-Spree, Tel. (033677) 625 21, wettermuseum.de

Wolziger See

Im Winter schießen Eissegler über das Wasser, im Sommer durchkreuzen ihn Segel- und Motorboote. Aber trotz des Verkehrs ist der Wolziger See ein hervorragender Badesee, da die Bootsschneise abseits der Naturbadestellen in Kolberg und Wolzig verläuft. Parkplätze sind – wenn auch eingeschränkt – vorhanden.
Heidesee, Dahme-Spreewald

Essen & Trinken

Amiceria

Das Restaurant bietet authentische italienische Küche aus überwiegend regionalen Produkten: Antipasti, frische Pasta aus der eigenen Manufaktur, hausgemachte Steinofenpizza, Fisch- und Fleischgerichte, Kaffeespezialitäten und Cocktails. Sehr freundlich sind auch die guten italienischen Weine kalkuliert. Die ehemals weitere »amiceria« in Strausberg ist jetzt ein »Freilich am See« und bietet bayerisch inspirierte Klassiker und Neuinterpretationen (Haus am Straussee, Fichteplatz 1, Tel. (03341) 3494890).
Bad Saarow, Kurpark Kolonnaden, Ulmenstr. 2a, Oder-Spree, Tel. (033631) 59 84 38, amiceria.de,
€€€

AS am See

Andreas Staack bietet im kleinen, freundlich gestalteten Bistro ein täglich wechselndes Menü in fünf Gängen – für preiswerte 60 Euro pro Person – und viele gute Weine. Der See ist doch ein paar Schritte entfernt, dafür liegt das Restaurant nahe der Therme. Eigener Parkplatz, Sommerterrasse.
Bad Saarow, Seestr. 9, Oder-Spree, Tel. (033631) 59 92 44, asamsee.de,
€€€

Bollwerk 4 im Deutschen Haus

Das Jugendstil-Haus in Fürstenberg, dem alten Teil von Eisenhüttenstadt, beher-

bergt ein ungewöhnliches Restaurant. Das Gemüse kommt aus der bio-zertifizierten Gärtnerei eines Freundes im Ort, der sich dem Anbau alter Sorten verschrieben hat. Auf der Karte steht neben verfeinert Deftigem von Wild und Fisch auch Pferdefleisch, etwa als Roulade (29,50 Euro), sowie ein vegetarisches und ein veganes Menü. Ein Anruf vor dem Besuch ist ratsam. Im »Wein-Späti« gibt es erlesene Weine auch außer Haus.
Eisenhüttenstadt, Lindenplatz 1, Oder-Spree, Tel. (03364) 74 02 64, bollwerk4.de, €€€

Cavalierhaus Branitz

Zwischen alten Bäumen mitten im Branitzer Park, in unmittelbarer Nachbarschaft zum ehemaligen Schloss des Fürsten Pückler, liegt das »Cavalierhaus«. Küchenchef Tim Sillack hat es aufwendig renoviert und im April 2020 neu eröffnet. Tagsüber gibt es regionale Klassiker, von Donnerstag bis Sonntag – nur nach Reservierung – fürstlich-moderne Küche im Gourmet-Restaurant »Lou«. Wer nach dem Dessert nicht nach Hause mag, kann ein Gästezimmer nehmen (DZ ab 169 Euro). Dazu Cafébetrieb und im »Kleiner Cavalier« To-go-Angebot.
Cottbus, Am Kavalierhaus 9, Cottbus, Tel. (0355) 49 39 70 30, cavalierhaus-branitz.de, €€€

Garten Steinhöfel

Im Garten Steinhöfel finden Ausstellungen und die Reihe »Kochende Gärten« statt. Hier kann man nach Anmeldung Kochkurse unter freiem Himmel absolvieren, der Schwerpunkt liegt auf der Zubereitung alter Gemüsesorten (Termine und genauere Infos unter kochende-gaerten.de). Die Garten Steinhöfel Saison startet 2023 aller Voraussicht nach am 7. Mai mit dem Frühlingsfest und endet am 24. September mit dem Apfelfest.
Steinhöfel, Str. der Freundschaft/Ecke Berkenbrücker Weg, Oder-Spree, Tel. (0176) 31 37 00 95, landkunstleben.de,

Hof Marienhöhe

Seit über 90 Jahren wird auf dem Hof biodynamisch gewirtschaftet. Der älteste deutsche Demeterhof bietet Fleisch vom Rind und Schwein, Obst und Gemüse sowie Käse, Quark, Honig und Bio-Kosmetik. Alljährlich im Mai: großer Kräutermarkt mit einem Angebot von über hundert Topfkräutern.
Bad Saarow, Marienhöhe 3, Oder-Spree, Tel. (033631) 26 05, hofmarienhoehe.de,

Schloss Beuchow

1746 errichtet hat das Schloss in Lübbenau schon unterschiedlichste Zwecke erfüllt – vom Herrensitz, über Gefangenenlager, Unterkunft für Kriegsflüchtlinge und Kindertagesstätte. Seit der Renovierung vor gut zehn Jahren beherbergt das Fachwerkgebäude mit den grünen Fensterläden fünf Ferienwohnungen unterschiedlicher Größe, drei im Erdgeschoss und zwei Maisonettes im Obergeschoss. Drumherum gibt es eine große Parkanlage mit Spielplatz. Frühstück (sonntags Brunch) und regionale Speisen gibt es im Restaurant »Alte Kirche«. Man betreibt auch ein Landwarenhaus mit Produkten der eigenen Landwirtschaft und von Manufakturen und Höfen aus Brandenburg und einen Imbiss.

Lübbenau OT Groß Beuchow, Beuchower Hauptstr. 18, Oberspreewald-Lausitz, Tel. (03542) 888 61 36, schloss-beuchow.de

Hotel Kaisermühle

Historische Wassermühle von 1680 im neuen Gewand. Die Speisen orientieren sich an Saison und Region, werden aber mit Esprit zubereitet. Lokale Jäger, Fischer und Landwirte bringen ihre Waren frisch ins Haus. Die Zimmer sind unverwechselbar gestaltet (DZ ab 99 Euro). Zu Fuß oder per Fahrrad kann man das Schlaubetal erkunden.
Müllrose, Forststr. 13, Oder-Spree, Tel. (033606) 880, hotel-kaisermuehle.de, €€€

Köllnitzer Fischerstuben / Naturgut Köllnitz

Schon mindestens seit dem 13. Jahrhundert wird in der Groß-Schauener Seenkette gefischt. Die Fischerei Köllnitz wurde durch Integration ökologischer Landwirtschaft zum Naturgut Köllnitz erweitert. Es umfasst Restaurant, Hotel, Hofladen und eine Manufaktur für Fischspezialitäten. Serviert werden altbekannte Klassiker – nicht nur Fisch –, ergänzt durch moderne Neuinterpretationen. Der frische Wildfang wird direkt aus dem See in Hofladen, Restaurant und Räucherei angeboten. Große Hochzeitswiese mit Seeblick, Grillhütte zur Vermietung an Gruppen. Gäste können Ruderboote mieten und selbst angeln oder die Ruhe der Sielmann Naturlandschaft Groß Schauener Seen genießen. Zudem gibt es eine interaktive Ausstellung der Heinz Sielmann Stiftung und einen Naturwanderpfad mit Aussichtsturm.
Storkow (Mark) OT Groß Schauen, Groß Schauener Hauptstr. 31, Oder-Spree, Tel. (033678) 610 84, koellnitz.de, €€€

Landware – Landwarenhaus

Im historischen, denkmalgeschützten Landwarenhaus aus den 1950er-Jahren werden alte und neue Spreewald-Spezialitäten angeboten. Das Sortiment umfasst

Lebensmittel aus eigener Landwirtschaft sowie Produkte von brandenburgischen Höfen und Manufakturen. Im Landware-Imbiss werden regionale Snacks vom Team des Restaurants »Alte Kirche« im Schloss Beuchow zubereitet . Wer länger bleiben möchte: Auf Schloss Beuchow gibt es auch fünf moderne Ferienwohnungen (Schloss Beuchow, Restaurant »Alte Kirche«, Beuchower Hauptstr. 10, Tel. (03542) 8886136).
Lübbenau OT Groß Beuchow, Beuchower Hauptstr. 10, Oberspreewald-Lausitz, Tel. (0151) 22 67 50 10, landware.de,

Le Gâteau Rose

Moderne Patisserie aus der hauseigenen Tortenmanufaktur. Exklusiv nur hier: die namensgebende Torte »Le Gâteau rose«, die nach einem über 100 Jahre alten Familienrezept gebacken wird und das Herzstück des Cafés ist. Das große internationale Frühstücksangebot mit Frühstücksklassikern und -spezialitäten, Eierspeisen und Stullen gibt es den ganzen Tag . Auf Bestellung gibt es Torten für jede Gelegenheit und Feierlichkeit. Online-Tortenkonfigurator.
Bad Saarow, Kurpark Kolonnaden / Seestr. 11, Oder-Spree, Tel. (033631) 44 87 90, gateaurose.de,

Leutloff's am See

In der Villa am kleinen See in der Ortsmitte leben Heideruth und Hartmut Leutloff für die Gastronomie, und das seit vielen Jahren. Filet vom Zander mit Meerrettich-Mousseline und Rote-Bete-Jus und zweierlei von der Barbarie Ente mit Marktgemüse und Kartoffel-Mousseline ergänzen die Klassiker, zu denen in der Saison auch die Spargelkarte gehört. Der Patron hat eine riesige Weinkarte mit konkurrenzlos günstigen Preisen. Terrasse mit Seeblick. Pensionszimmer (DZ 110 Euro). Hunde auf Anfrage.
Zeuthen, Schulzendorfer Str. 5-6, Dahme-Spreewald, Tel. (03372) 723 66, wirtshaus-zeuthen.de, €€€

Restaurant O'Vino

Im Resort-Hotel über dem Scharmützelsee ist das Restaurant O'Vino vom Hotelbetrieb weitgehend getrennt und bietet italienisch-mediterrane Gerichte und Pizza. Schöne Terrasse mit Seeblick, gute Weine. Als Alternative bieten sich die rustikale »Pechhütte« an der belebten Uferpromenade mit Steaks und Burger-Varianten sowie das Restaurant SeeBadSaarow mit japanisch-peruanischer Nikkei-Küche an.
Bad Saarow, Seestr. 49, Oder-Spree, Tel. (033631) 432 86 23, o-vino.de, €€€

Restaurant zur Kräutermühle

Das rustikale Restaurant mit Biergarten serviert frische Landhausküche, auch Vegetarisches und Kindergerichte (Online-Reservierung empfohlen). Der Festsaal bietet Platz für bis zu 150 Gäste, die Pension verfügt über 40 Doppel- und Mehrbettzimmer. In der Pension sind Hunde nicht erlaubt.
Burg, Kurparkstr. 7b, Spree-Neiße, Tel. (035603) 614 42, kraeutermuehlenhof.de, €€€

SeeBadSaarow

Japanisch-peruanische Küche am Scharmützelsee. Das Hotel Esplanade hat dafür das alte Badecafé modernisiert und geht dort mit Fisch und Fleisch, Nikkei Cuisine und neu interpretierten regionalen Klassikern auch preislich in die Vollen. Weiterhin gibt es das »O'Vino« oben am Hotel mit italienisch-mediterranen Gerichten sowie die rustikale »Pechhütte« an der Uferpromenade.
Bad Saarow, Seestr. 36, Oder-Spree, Tel. (033631) 64 69 43, seebad-saarow.de, €€€

Speisenkammer Burg

Der bescheidene Rahmen der kleinen Gaststätte am Fließ täuscht: Marco Giedow bietet eine der besten Küchen des Landes. Aus regionalen Produkten komponiert er modern inspirierte Gerichte. Kleine, feine Weinkarte. Anreisen mit dem Boot möglich. Zimmer im separat geführten Ferienhof.
Burg, Waldschlösschenstr. 48, Spree-Neiße, Tel. (035603) 75 00 87, speisenkammer-burg.de, €€€

Spreewaldresort Seinerzeit

Schick saniertes Ensemble mit Brauerei, Gästehaus, Restaurants und großem Biergarten mit Kahnanleger und Weidendom. Das Restaurant »Feine Küche« bietet ausgezeichnete Spreewälder Gerichte sowie Fisch- und saisonale Spezialitäten, die Brauerei selbstgebrautes Bier, dazu Deftiges im Brauereirestaurant und Biergarten. Im April beginnen die Kahnfahrten direkt am Fährhafen, wo auch eine Grillhütte steht.
Schlepzig, Dorfstr. 53, Dahme-Spreewald, Tel. (035472) 66 20, seinerzeit.de, €€€

Stork Club Destillerie

Bastian Heuser, Steffen Lohr und Sebastian Brack betreiben auf einem prächtigen Vierseithof eine Whiskybrennerei mit Verkauf, Führungen, Verkostungen und Gastronomie. Im Kupfer-Brennkessel wird unter Verwendung von Brandenburgischem Roggen und fruchtiger belgischer Hefe Roggen-Whisky gebrannt – »Stork Club« heißt er. Es gibt auch Geiste und Liköre – alles ist regional. Eigene Kahn-Anlegestelle.
Schlepzig, Dorfstr. 56, Dahme-Spreewald, Tel. (035472) 65 91 42, stork-club-whiskey.com,

Un-Kraut-Laden im Hotel »Zum Stern«

Die Kräutermanufaktur des »Spreewaldkochs« Peter Franke ist vor ein paar Jahren ins Hotel »Zum Stern« umgezogen und wird dort unter dem Begriff »Un-Kraut-Laden« betrieben. Hier kann man viele außergewöhnliche Produkte rund um Kräuter kaufen.
Werben, Burger Str. 1, Spree-Neiße, Tel. (035603) 660, hotel-stern-werben.de/kraeutermanufaktur.html

Urban's Eis & Kaffeeladen

Selbstgemachtes Eis aus Bio-Milch und natürlichen Zutaten wie Nüssen und Früchten. Dazu viele Sorten, die schräg klingen, aber immer schmecken: Quarkeis mit Leinöl, Himbeer mit rosa Pfeffer und – Gurkeneis.
Burg, Hauptstr. 39, Spree-Neiße, Tel. (035603) 448, cafe-urban.de

Weinfreundin Cottbus

Diplom-Sommeliere Maeriaen Neuenfeldt arbeitete im Wiener »Sacher«, im Berliner »Aigner« und der »Bleiche« in Burg. In ihrer Vinothek bietet sie nun handverlesene und naturnah ausgebaute Weine aus Österreich und Deutschland, dazu Käse und Flammkuchen. Auch Kulturveranstaltungen und Menüs mit Weinbegleitung. Grillabende und Weinverkostungen. Reservierung erbeten.
Cottbus, Karl-Liebknecht-Str. 102, Cottbus, Tel. (0151) 52 54 58 79, weinfreundin-cottbus.de, €€€

Wilde Klosterküche im Klosterhotel

Küchenchef Manuel Bunke und sein Team bieten eine saisonale À-la-carte-Speisekarte sowie wechselnde Menüs. Die WKK verfolgt das Leaf-to-Root- sowie das Nose-to-Tail-Konzept. Gemüse und Obst eigenen Anbaus und aus Kooperationen – etwa mit dem Klostergarten Neuzelle – werden ganzheitlich verwendet; halbe oder ganze Tiere werden im Haus zerlegt und weiterverarbeitet. Ein weiterer Fokus liegt auf dem Einsatz regionaler Wildkräuter sowie alter, vergessener Obst- und Gemüsesorten.
Neuzelle, Bahnhofstr. 18, Oder-Spree, Tel. (033652) 82 39 91, wildeklosterkueche.de, **€€**€

Übernachten

Aja Bad Saarow

Erfolgreicher Ableger des mittlerweile geschlossenen A-ROSA am Scharmützelsee: Bei aja wird nur bezahlt, was genutzt wird, das ergibt einen bemerkenswert niedrigen Grundpreis. Das moderne junge Flair wirkt fröhlich und staubfrei, Zimmer und Spa sind großzügig geschnitten, die Restaurants einfach und vor allem für Familien konzipiert. Eigener Strand und vier Golfplätze. Übernachtung im Paket mit Halbpension und Spa-Nutzung ab 89 Euro pro Person im DZ.
Bad Saarow, Am Golfplatz 2, Dahme-Spreewald, Tel. (033631) 402 25 25, aja.de,

Ferienhaus- und Campingpark »Ludwig Leichhardt«

Der Naturcampingplatz am Schwielochsee erinnert an den 1813 in der Mark Brandenburg geborenen Entdecker, Zoologen, Botaniker und Geologen Ludwig Leichhardt, der in Zentralaustralien verschollen ist. Stellplätze für Zelte und Wohnwagen sind vorhanden, teils mit direktem Seeblick, dazu Vier-Sterne-Ferienhäuser und ein Gehege mit Bennett-Kängurus.
Schwielochsee OT Zaue, Ludwig-Leichhardt-Weg 1, Dahme-Spreewald, Tel. (035478) 522, camping-am-schwielochsee.de,

Gut Klostermühle

Am Südufer des Madlitzsees liegt dieses Hotel mit großem Wellnessbereich, Schwimmbad und Saunen (DZ ab 139 Euro/Nacht). In außergewöhnlicher Architektur, die Historie und Moderne miteinander verbindet, bietet es individuell gestaltete Zimmer, Ferienwohnungen und -häuser. Gastronomie für Ausflugsgäste nur nach Reservierung.
Briesen OT Alt Madlitz, Mühlenstr. 11, Oder-Spree, Tel. (033607) 592 90, gutklostermuehle.com,

Hafencamp Senftenberger See

Das Hafencamp bietet Übernachtungsmöglichkeiten in der Campinghütte (ab 40 Euro), auf der Campingwiese (ab 23 Euro/2 Pers. und Zelt), in der Hafenlodge (ab 80 Euro) und im Baumhaus (ab 125 Euro). Bei Expeditours kann man Kajaks, Kanadier, Ruder-, Tret-, Segel- und Motorboote, SUP-Boards, Tretroller und Fahrräder mieten (expeditours.de, Tel. (03573) 8086766).
Senftenberg OT Großkoschen, Str. zur Südsee 2, Oberspreewald-Lausitz, Tel. (03573) 80 06 00, hafencamp-see.de,

Hotel-Resort Märkisches Meer

Schmuck am See gelegene Anlage: Die Zimmer haben teils Seeblick, das Restaurant Theo's bietet regionale Speisen. Skipper-Bar, Innenpool mit Blick auf den See, drei Saunen, Fitnessraum und Wellnessanwendungen. Außerdem Fahrradverleih. Am hauseigenen Anleger werden Boote vermietet, der Privatstrand hat eine Liegewiese.
Diensdorf-Radlow, Hauptstr. 2, Oder-Spree, DZ 139 – 239 Euro, Tel. (033677) 625 50, maerkischesmeer.de,

Kuhnle-Tours

Die Hausboote sehen zwar aus wie Fischkutter aus dem Bilderbuch, sie sind aber mit allem ausgestattet, was man für einen Urlaub auf dem Wasser braucht (134–720 Euro/Tag). Auch für Neulinge, dank gründlicher Einweisung, leicht zu bedienen. Barrierefreie Boote vorhanden. Diverse Ausgangsbasen.
Zeuthen, Dorfaue 5b, Dahme-Spreewald, Tel. (039823) 26 60, kuhnle-tours.de,

Naturcampingplatz am Springsee

Weitläufiges Gelände, auf dem man im eigenen Zelt oder Caravan oder gemieteten Baumzelt, Ferienhaus, Bungalow, Wohnwagen oder Schlaffass übernachten kann. Dazu Imbiss, Boots- und Fahrradverleih, Spielplatz, Badestelle mit Liegewiese, Beachvolleyballfeld und eingezäunter Hundespielplatz auf 5000 Quadratmetern.
Storkow (Mark) OT Limsdorf, Am Springsee 1, Oder-Spree, Tel. (033677) 440, springsee.de,

Rüsterhof

»Beliebtester Ferienhof 2022 in Brandenburg« und perfekter Ausgangsort für Touren durch die märkische Landschaft. Es gibt sechs hübsch restaurierte Ferienhäuser für bis zu acht Personen sowie eine Ferienwohnung für zwei Personen, dazu Sauna und Gemeinschaftshaus. Fahrrad- und Bootsverleih, Reitunterricht und Streichelgehege.
Rietz-Neuendorf, Sauener Str. 11, Oder-Spree, Tel. (033672) 720 44, ruesterhof.de,

Schloss Lübbenau im Spreewald

Komfortable Zimmer im historisierenden Landhausstil bietet dieses Vier-Sterne-Haus im imposanten Schloss. Im Marstall und der »Kanzlei« befinden sich weitere Apartments, Doppelzimmer und Suiten. Im Schlossrestaurant Linari kocht der langjährige Küchenchef Dirk Lehmann überwiegend mit regionalen Produkten nach dem Motto: »Unsere Speisekarte schreibt die Natur!« Gute Weine, hübsche Terrasse.
Lübbenau, Schlossbezirk 6, Oberspreewald-Lausitz, DZ 100 – 180 Euro, Tel. (03542) 87 30, schloss-luebbenau.de,

Süd-westen

Potsdam-Mittelmark
Teltow-Fläming
Elbe-Elster
Brandenburg an der Havel

LEGENDE

- €€€ ... günstig
- €€€ ... moderat
- €€€ ... gehoben
- EC ... keine EC-Kartenzahlung
- ... Terrasse
- ... Außenpool
- ... Innenpool
- ... Sauna
- ... Fitnessraum
- ... Hundemitnahme möglich

Freizeit & Kultur

Archäologisches Landesmuseum

Über 10000 Exponate erzählen im Landesmuseum die 130000 Jahre Kulturgeschichte Brandenburgs von der Altsteinzeit bis in die Gegenwart (Erw. 5 Euro). Das Paulikloster stammt aus dem 13. Jahrhundert und ist ein herausragendes Beispiel norddeutscher Backsteingotik.
Brandenburg an der Havel, Neustädtische Heidestr. 28, Brandenburg an der Havel, Tel. (03381) 410 41 12, landesmuseum-brandenburg.de

Ballonreisen Schäfer

Am Ballonhof Beelitz wird ganzjährig inmitten einer alten Streuobstwiese gestartet. Im Sommer bei Sonnenaufgang oder zwei Stunden vor Sonnenuntergang, im Winter auch mittags. Das Programm dauert vier Stunden und kostet 240 Euro pro Person – Ballonfahrertaufe mit Sekt und persönlicher Taufurkunde eingeschlossen.
Beelitz, Treuenbrietzener Str. 31, Potsdam-Mittelmark, Tel. (033204) 419 55, ballonreise.de

Baumkronenpfad »Baum & Zeit«

Beelitz-Heilstätten, ein geheimnisvoller, lange sich selbst überlassener Ort mit weitläufiger Parkanlage. Wie groß und pittoresk diese historische Anlage ist, davon erhält man von oben den besten Eindruck: Der Pfad führt auf 800 Metern Länge in schwindelerregender Höhe durch die Baumwipfel – ein Erlebnis. Benachbarter Barfußpark.
Beelitz-Heilstätten, Straße nach Fichtenwalde 13, Potsdam-Mittelmark, Tel. (033204) 605 80, baumundzeit.de

Beetzsee

Der Beetzsee im Naturpark Westhavelland ist das Sport- und Erholungsgebiet der Stadt Brandenburg. Abseits der Hauptstrände finden sich an dem etwa 22 Kilometer langen See kleine Buchten, gen Norden zunehmend einsamere. In Bollmannsruh gibt es ein gut sortiertes Sport- und Wassersportzentrum mit vielen Leihmöglichkeiten (Bollmannsruh 11, natursportprojekt.de). Das Strandbad Massowburg ist frei zugänglich.
Brandenburg an der Havel, Brandenburg an der Havel

Bischofsresidenz Burg Ziesar

Vor über 1000 Jahren wurde die Burg zum ersten Mal erwähnt, im 15. Jahrhundert von Bischöfen herrschaftlich ausgebaut. Die Dauerausstellung im Burgmuseum (Erw. 7 Euro) erzählt aus dieser Zeit. Seit 2019 läuft eine Dauerausstellung mit Werken des Malers und Bühnenbildners Otto Altenkirch. Der Bergfried mit Turmaufsatz, die »Bischofsmütze«, kann separat bestiegen werden (Erw. 2 Euro). Die Burgkapelle gehört zu den bedeutendsten mittelalterlichen sakralen Bauwerken Nordostdeutschlands. Im September Mittelalterfest mit Markt, Lagerleben und Workshops.
Ziesar, Mühlentor 15a, Potsdam-Mittelmark, Tel. (033830) 127 35, burg-ziesar.de

Dom St. Peter und Paul Brandenburg

Die Grundsteinlegung des Doms fand 1165 statt. Gemeinsam mit der gesamten Dominsel ist er einer der wichtigsten historischen Orte in der Mark Brandenburg. Sehenswert sind das historische Domensemble mit Kreuzgang und Friedgarten, der Böhmische Altar sowie die original erhaltene Barockorgel von Joachim Wagner aus dem Jahre 1723, die 2023 ihr 300-jähriges Jubiläum feiert. Das Museum zeigt den Brandenburger Domschatz mit sakraler mittelalterlicher Kunst. Übernachten lässt es sich in modernen Hotelzimmern in der ehemaligen Domkurie (Burghof 11, Tel. (03381) 7943124, hotel-brandenburger-dom.de, DZ ab 108 Euro). Saisonale deutsche Speisen bietet das Restaurant Remise (Burghof 10, Tel. (03381) 7943120, domevents.de). Parkmöglichkeiten auf dem Parkplatz am Grillendamm 4.
Brandenburg an der Havel, Burghof 10, Brandenburg an der Havel, Tel. (03381) 211 22 24, dom-brandenburg.de

Einsteinhaus

Zwischen 1930 und 1932 bewohnte Albert Einstein gemeinsam mit seiner Ehefrau Elsa fast ganzjährig das eigentlich als Sommersitz errichtete Holzhaus. Regelmäßig lud er Wissenschaftler, politische Aktivisten, Schriftsteller, Philosophen, Journalisten und Künstler zu sich ein. Das Haus ist in Holzfertigbauweise konstruiert, die der Architekt Konrad Wachsmann entwickelt hat. In einer 40-minütigen Führung bekommt man einen Einblick in das Privatleben Einsteins und auch etwas über die Relativität von Zeit und Raum vermittelt (Erw. 5 Euro, barrierearmer Zugang vorhanden).
Caputh, Am Waldrand 15–17, Potsdam-Mittelmark, Tel. (0331) 27 17 80, einsteinssommerhaus.de

Event-Theater

Hank Teufer gründete dieses erste freie Theater in Brandenburg an der Havel im Jahr 2000. Neben dem Fontane-Klub, einem kulturellen Zentrum für Kleinkunst und Programmkino, bespielt das event-theater zu jeder Jahreszeit historische Orte der Stadt mit Schauspiel und Musiktheater. Bekannte Formate sind der Comedy Frühling, der Brandenburger Klostersommer, das KlangGut-Musikfestival und die Brandenburger Weihnachtsbühne. Im Rahmen des Brandenburger Klostersommers kommt am 3. Juni 2023 »Himmlische Hunde«, das Fellnasen-Musical, zur Uraufführung – die Brandenburger Antwort auf »Cats«.
Brandenburg an der Havel, Ritterstr. 69, Brandenburg an der Havel, Tel. (03381) 79 32 77, event-theater.de

Fläming-Therme Luckenwalde

Ein 25 Meter langes Sportbecken, Erlebnisbecken mit Strömungskanal, Wasserfall, zwei Riesenrutschen sowie eine Kleinkindwelt stehen zur Verfügung. Die großzügige Saunalandschaft bietet insgesamt fünf Saunen, darunter etwa die Karpatensauna im Saunagarten. Das Tagespaket für Erwachsene (Bad u. Sauna) gibt es für 23,60 Euro.
Luckenwalde, Weinberge 40, Teltow-Fläming, Tel. (03371) 400 20, flaeming-therme.de

Freizeit- und Erlebnisbad Bad Belzig

Hauptattraktionen des barrierefreien Freibades sind die 55 Meter lange Wasserrutsche, der Strömungskanal sowie der Seestern mit vier Meter Durchmesser. Dazu Beachvolleyballanlage, Spielplatz und gastronomische Versorgung.
Bad Belzig, Weitzgrunder Str. 8, Potsdam-Mittelmark, Tel. (033841) 310 11, bad-belzig.de

Galerie am Klostersee – Skulpturenpark

In Skulpturenpark, Galerie und Kunsthalle am Ufer des Klostersees sind Werke zeitgenössischer Künstler zu sehen. Wechselnde Ausstellungen, Künstlersymposien und ein Artist-in-Residence-Programm erweitern die künstlerischen Positionen fortlaufend. Im Gästehaus des Vereins finden Teilnehmende an Seminar- und Klassenfahrten sowie Kurzurlauber eine einfache Unterkunft. Das Ufercafé bietet selbst gemachte Kuchen, Snacks und Suppen. Auch Ruderboote laden zum Verweilen am Klostersee ein.
Kloster Lehnin OT Lehnin, Zum Strandbad 39, Potsdam-Mittelmark, Tel. (03382) 73 41 23, kunstortlehnin.de

Golf & Country Club Seddiner See

Ein Golf-Resort für fortgeschrittene Sportler. Nord- und Südkurs gehören zu den schönsten Anlagen Deutschlands, der vom Amerikaner Robert Trent Jones entworfene Südplatz gilt als einer der anspruchsvollsten Golfplätze Deutschlands. Die Golfanlage ist seit 2010 Mitglied der »Leading Golf Clubs of Germany«. Öffentliches Clubrestaurant.
Michendorf, Zum Weiher 44, Potsdam-Mittelmark, Tel. (033205) 73 20, gccseddinersee.de

Großer Seddiner See

Die Badestellen liegen im Süden, besonders schön ist der Strand bei Kähnsdorf mit flach abfallendem Einstieg – ideal für Familien. Der See gilt als gutes Anfängerrevier für Windsurfer und Segler. Tret- und Ruderboote gibt es zu mieten. Auf einem etwa zehn Kilometer langen Rundweg lässt sich der See umwandern.
Seddiner See, Potsdam-Mittelmark

Großer Zeschsee

Scheinbar unberührte Natur gibt es an diesem ruhigen, klaren See im Naturschutzgebiet Großer und Westufer Kleiner Zeschsee. Hier erfrischten sich früher bereits derer zu Solms an der ehemaligen »Fürstenbadestelle«. Am Ostufer gibt es ein frei zugängliches Waldbad mit flachem Uferbereich, feinem Sand und Kletterfelsen. Ein Wanderweg umrundet den See. Ruderbootfahren ist erlaubt. Eiscafé im Ort.
Zossen, Teltow-Fläming

Industriemuseum Brandenburg

Im Mittelpunkt des Industriemuseums steht die Erhaltung, Pflege und Präsentation des Siemens-Martin-Ofens, der über 100 Jahre die Stahlherstellung prägte. Man kann die Anlage selbstständig erkunden oder sich bei einer Führung die technischen Abläufe erklären lassen. Toll für Kinder: Kräne, Loks und Fahrzeuge können erkundet werden.
Brandenburg an der Havel, August-Sonntag-Str. 5, Brandenburg an der Havel, Tel. (03381) 30 46 46, industriemuseum-brandenburg.de

Kloster Lehnin

Das ehemalige Zisterzienserkloster zu Lehnin, einstige Begräbnisstätte der Askanier und Hohenzollern, ist mit seiner Abteikirche ein gut erhaltenes Zeugnis mittelalterlicher Architektur. Das Klostergelände sowie die Klosterkirche sind frei zugänglich, das Klostermuseum (Klosterkirchplatz 4) gegen drei Euro Eintritt. Immer einen Besuch lohnen die Lehniner Sommermusiken (Juli/Aug.). Gästehäuser vorhanden.
Kloster Lehnin, Klosterkirchplatz 1–19, Potsdam-Mittelmark, Tel. (03382) 70 33 21, zentrum-kloster-lehnin.de

Kloster Marienstern

Im Zuge der Reformation wurde das Kloster um 1540 aufgelöst, die 60 Nonnen siedelten um. Seit 1981 gehört das Ensemble der Stadt Mühlberg. Patres der Claretiner leben heute hier im Pfarrhaus. Die Klosterkirche in zisterziensischer Backsteingotik, der neu errichtete Kreuzgang, das Äbtissinnenhaus, die Propstei (heute Museum) und die Überreste des Nonnengangs können besichtigt werden (Führung Erw. 3,50 Euro).
Mühlberg/Elbe, Güldenstern 1, Elbe-Elster, Tel. (035342) 87 92 70, kloster-marienstern.de

Kristall Wohlfühltherme Ludwigsfelde

13 unterschiedliche Saunen gibt es in der textilfreien Therme – acht innen, fünf außen –, ein abwechslungsreiches Aufguss-Angebot, Romantik-Garten und Saunahütten, dazu zwei Dampfbäder und ein Hamam (Erw. ab 19,50 Euro). Es gibt verschiedene Solebecken, Natronbecken, Außenbecken mit Strömungskanal, Whirlpool, Massagedüsen, Sprudelbänke, Poolbar und ein Sport-Schwimmbad (nicht textilfrei) mit 25-Meter-Becken.
Ludwigsfelde, Ostverbinder 10, Teltow-Fläming, Tel. (03378) 51 87 90, kristall-therme-ludwigsfelde.de

Marienbad

Die Schwimmhalle verfügt über ein 50-Meter- und ein 25-Meter-Schwimmbecken mit Sprunganlagen (Erw. ab 4,40 Euro). Das Spaßbad ist in einem Rundbau untergebracht und bietet ein großes Becken mit Gegenstromkanal, zwei Rutschen, zwei Whirlpools, ein Baby- und Kleinkindbecken (Erw. ab 6 Euro, mit Sauna ab 14,90 Euro). Saunalandschaft mit Aromadampfbad, Meditations-, Soft- und Ruhesauna, Finnischer Sauna und zwei Abkühlbecken. Das

50-Meter-Becken wird in der Saison dank Cabriodach zum Freibad. Barrierefrei.
Brandenburg an der Havel, Sprengelstr. 1, Brandenburg an der Havel,
Tel. (03381) 32 27 80,
marienbad-brandenburg.de

Mitteldeutsches Marionettentheatermuseum

Ein Museum für die ganze Familie mit vielen Mitmach-Angeboten: In »Kaspers Welten« ist Anfassen erlaubt. Hier zeigt der Kasper seine Abstammung vom Narren des Mittelalters sowie seine deutsche und internationale Verwandtschaft und erklärt auch das Erbe der mitteldeutschen Wandermarionettenspieler (Erw. 4 Euro). Neben dem Museum: Lubwartturm mit Aussichtsplattform (Erw. 2 Euro)
Bad Liebenwerda, Burgplatz 2,
Elbe-Elster, Tel. (035341) 124 55,
museumsverbund-lkee.de

Motzener See

Er ist die Wiege der deutschen Freikörperkultur. Aber auch Badehosenträger genießen diesen See, der einer der saubersten Brandenburgs ist. Ideal für Familien ist das Strandbad Kallinchen (Am Strandbad, Erw. 4 Euro): große Liegewiese, Beachvolleyball, Tischtennis, Großschach, Minigolf, Wasserrutsche, Kinderspielplatz, Boots- und Fahrradverleih. Eine weitere Badestelle gibt es am gegenüberliegenden Ufer in Motzen.
Zossen OT Kallinchen, Teltow-Fläming,
kallinchen.de

Museum Mühlberg 1547

1547 trafen in Mühlberg die Heere einer katholischen Allianz unter Kaiser Karl V. auf den protestantischen Schmalkaldischen Bund. Das Museum in der Propstei des ehemaligen Zisterzienserinnenklosters stellt diese für die Reformation wichtige Schlacht modern inszeniert und interaktiv erlebbar vor, daneben widmet es sich der Stadtgeschichte sowie der Geschichte der Mühlberger Lager (Erw. 4 Euro). Wechselnde Sonderausstellungen.
Mühlberg/Elbe, Klosterstr. 9,
Elbe-Elster, Tel. (035342) 83 70 00,
museumsverbund-lkee.de

Museum Schloss Doberlug

Die prachtvolle Renaissanceanlage, deren Ursprünge auf ein Zisterzienserkloster aus dem 12. Jahrhundert zurückgehen, gehörte einst zum Besitz der Kurfürsten von Sachsen. Seit 2017 erzählt das Museum in einer ständigen Ausstellung die Geschichte von Kloster, Schloss und Planstadt Doberlug sowie des sächsischen Brandenburgs (Erw. 6 Euro). 2023 wird eine weitere Dauerausstellung zur mitteleuropäischen Adelskultur eröffnet, mit der die ostpreußische Adelssammlung Dohna-Schlobitten präsentiert wird. Zum Schlossareal gehören auch das Refektorium und die Kirche des ehemaligen Zisterzienserklosters.
Doberlug-Kirchhain, Schlossplatz 1, Elbe-Elster, Tel. (035322) 688 85 20,
museumsverbund-lkee.de

Naturpark Hoher Fläming

Im Land der Ritterburgen und Riesensteine gibt es viel zu entdecken. Der Hohe Fläming – »kleinstes Mittelgebirge Deutschlands« und ein Paradies für Stillesucher – bietet ausgeschilderte Wanderwege und Radrouten. Das Naturparkzentrum ist der wichtigste Anlaufpunkt für Naturparkbesucher: Es informiert über Wander- und Fahrradwege, verleiht Fahrräder (5 Euro/bis 5 Std., ab 10 Euro/Tag) und bietet Veranstaltungen. Die neue Erlebnisausstellung (Erw. 5 Euro) ist gut geeignet für Kinder und weitgehend barrierefrei. Den Kunstwanderweg zwischen Bad Belzig und Wiesenburg säumen Skulpturen und Objekte (kunst-land-hoher-flaeming.de).
Rabenstein OT Raben,
Brennereiweg 45, Potsdam-Mittelmark,
Tel. (033848) 600 04,
hoher-flaeming-naturpark.de

Peter-Huchel-Haus

Peter Huchel war einer der bedeutendsten deutschen Dichter des 20. Jahrhunderts. Fast 20 Jahre lebte er in dem zwischen hohen Kiefern stehenden Haus. Heute ist es ein lebendiger Ort der Literatur, an dem Lesungen, Konzerte, Ausstellungen und Podiumsdiskussionen stattfinden. Die Dauerausstellung widmet sich dem Leben und Werk Peter Huchels (Erw. 3 Euro).
Michendorf OT Wilhelmshorst, Hubertusweg 41, Potsdam-Mittelmark,
Tel. (033205) 629 63, peter-huchel-haus.de

Pomologischer Schau- und Lehrgarten

Auf drei Hektar wachsen hier in der Streuobstregion Hohenleipisch-Döllingen über 400 verschiedene Obstgehölze alter und neuer Sorten – etwa Äpfel, Birnen, Kirschen, Quitten, Pflaumen, Nüsse und Wildobst. Während eines Rundgangs oder bei einer Führung erfährt der Besucher Wissenswertes über die Herkunft, Eignung und Verwendung der verschiedenen Obstsorten. Verkauf alter Sorten auf Vorbestellung. Es können auch Streuobstprodukte aus dem Naturpark Niederlausitzer Heidelandschaft wie Fruchtaufstriche, Saft und Spirituosen erworben werden.
Plessa OT Döllingen,
An der Umgehungsstraße, Elbe-Elster,
Tel. (035341) 615 12,
essbarer-naturpark.de

Sänger- und Kaufmannsmuseum

Ein 1850 gegründetes Kolonialwarengeschäft bildet das Kernstück des Museums. Das Urbild des Tante-Emma-Ladens illustriert die Waren- und Werbewelt um 1900. Das Museum erzählt zudem die Entstehung des Sängerliedes und die Geschichte des gemeinsamen Gesangs vom Mittelalter bis zur Gegenwart (Erw. 4 Euro).
Finsterwalde, Lange Str. 6/8,
Elbe-Elster, Tel. (03531) 307 83,
museumsverbund-lkee.de

Schloss und Schlossgarten Caputh

Zwischen dem Templiner und Schwielowsee befindet sich das einzige erhaltene Barockschloss des Großen Kurfürsten in der Potsdamer Kulturlandschaft (Erw. 8 Euro). Der Schlosspark wurde von Lenné umgestaltet.
Schwielowsee OT Caputh, Straße der Einheit 2, Potsdam-Mittelmark,
Tel. (033209) 703 45, spsg.de

Schwielowsee

»Der Schwielowsee ist breit, behaglich, sonnig und hat die Gutmütigkeit aller breit angelegten Naturen.« So beschrieb Fontane die Vorzüge des nicht weit von Potsdam liegenden Sees. Vier Anlaufpunkte bieten sich: Geltow, Caputh (mit Strandbad, seebad-caputh.de), Ferch (mit Strandbad und Campingplatz) und Petzow.
Schwielowsee, Potsdam-Mittelmark

Spargel- und Erlebnishof Klaistow

Trubeliger Erlebnis-Bauernhof mit Riesen-Spielplatz, Streicheltieren, Kletterwald und Wildgehege. Anbau von Beelitzer Spargel, Erdbeeren, Heidelbeeren, Kürbissen und Kartoffeln sowie Haltung von Freilandhühnern und -gänsen. Der Hofladen bietet Obst, Gemüse und hausgemachte bäuerliche Produkte, im Hofrestaurant wird saisonale Landküche serviert, Bäckerei und

Heimat-Fleischerei gehören auch zum Hof. Zahlreiche Events für Hofgäste. Im Sommer: Selbstpflücke, Maislabyrinth und Kartoffel-Stoppeln. Im Herbst: größte Kürbisausstellung in der Region. Ab November: »Klaistower Winterzauber« mit Rodelbahn, Eisstockschießen und Weihnachtsfeiern.
Beelitz OT Klaistow, Glindower Str. 28, Potsdam-Mittelmark, Tel. (033206) 610 70, spargelhof-klaistow.de

Strandbad Werder

Schönes Strandbad mit vielen Sportmöglichkeiten wie Volleyball und Badminton direkt am Plessower See (Erw. 4 Euro). Am Ufer gibt es eine Seeterrasse. Aufblasbares Trampolin im See, Verleih von SUP-Boards, Kajaks, Schlauchbooten, Tretbooten für vier Personen, Strandliegen und Sonnenschirmen. Nicht ganz leicht zu finden, dafür selten überlaufen.
Werder (Havel), Am Plessower See 58, Potsdam-Mittelmark, Tel. (03327) 421 11, strandbad-werder.de

Wakeboard- und Wasserski-Anlage Großbeeren

Neben Wasserski und Wakeboard auch Minigolf, Beachvolleyball, Abenteuerhüpfburg, Aquapark und vieles mehr. Große Beachbar mit Drinks und Speisen. Eintritt ins Naturfreibad (inkl. Aquapark): Erw. 5 Euro.
Großbeeren, Bahnhofstr. 49, Teltow-Fläming, Tel. (033701) 908 73, wakeparkberlin.de

Wildnisschule Hoher Fläming

Ob Fährtenlesen, Bogenbau, Wolfstracking, die geheime Sprache der Vögel, Naturhandwerk oder Wissenswertes über die Pflanzen der Wildnis – hier kann man einiges lernen. Neben Kursen für Erwachsene und Familien gibt es im Frühling, Sommer und Herbst auch Camps für Kinder und Jugendliche.
Bad Belzig, Grützdorfer Weg 1, Potsdam-Mittelmark, Tel. (0151) 11 14 08 58, wildnisschule-hoherflaeming.de

Essen & Trinken

Am Humboldthain

Perfekte Lage am Stadtpark, verlässlich guter Service und gehobene, aber unkomplizierte Regionalküche mit Anspruch: Küchenchef Jasper Krombholz bietet zum Beispiel Kalbsbäckchen nach Ossobuco-Art mit Thymian-Polenta oder Zanderfilet mit Roten und Gelben Beeten und Meerrettich.
Brandenburg an der Havel, Plauer Str. 1, Brandenburg an der Havel, Tel. (03381) 33 47 67, am-humboldthain.de, €€€

Filterhaus

Restaurant im denkmalgeschützten Filterhaus auf dem Gelände der historischen Vulkan-Fiber-Fabrik. Die Küche serviert handgemachte Speisen, etwa Grillgerichte aus dem X-Oven wie Beelitzer Maispoulardenbrust mit Süßkartoffeln, Seitlingen und wildem Brokkoli.
Werder (Havel), Adolf-Damaschke-Str. 56, Potsdam-Mittelmark, Tel. (03327) 572 44 57, restaurant-filterhaus.de, €€€

Finsterwalder Brauhaus

Im urigen Brauhaus (Führung 30 Min./6,50 Euro, inkl. Verkostung) werden nur unfiltrierte Bierspezialitäten wie das Finsterwalder Pilsner gebraut. Neben dem Pils ist ein dunkles Lager und mindestens ein Saison-Bier am Hahn. Dazu gibt es frisches Treberbrot sowie regionale Küche. Diverse Musik- und Kulturveranstaltungen sind auch im Angebot.
Finsterwalde, Sonnewalder Str. 13, Elbe-Elster, Tel. (03531) 22 86, finsterwalder-brauhaus.de

Gasthof und Pension Moritz

Von außen sieht er aus wie einer der vielen Gasthöfe in Brandenburg. Innen aber stapeln sich unzählige Bücher bis unter die Decke: Die Fläming-Bibliothek basiert auf der Initiative des Bibliotheksvereins. Die Atmosphäre ist entsprechend behaglich und erinnert an einen Literatursalon des 19. Jahrhunderts. Die Küche ist rustikal-bodenständig.
Rädigke, Hauptstr. 40, Potsdam-Mittelmark, Tel. (033848) 602 92, gasthof-moritz-raedigke.de

SteinTherme Bad Belzig

Im Solebecken dümpelt man fast so wohlig wie im Toten Meer – immerhin liegt der Salzgehalt der jodhaltigen Flüssigkeit, die hier aus dem Boden heraufsprudelt, mit 20 Prozent fast genau so hoch wie in der israelischen Touristenattraktion. Das salzige Wasser tut Herz und Kreislauf gut, entspannt Muskeln und Gelenke und befreit die Atemwege. Das Solebad ist nur eines der vielen Wellnessangebote der SteinTherme. Es gibt unterschiedliche Saunen von der Finnischen Trockensauna, über die Biosauna bis zum Dampfbad. Besonders beliebt ist der Licht-Klang-Raum. Massagen und Schönheitsanwendungen kann man auch buchen. Und wen die ganze Erholung hungrig macht, der kehrt in einem der drei Restaurants ein.
Bad Belzig, Am Kurpark 15, Potsdam-Mittelmark, Tel. (033841) 388 00, steintherme.de

Goldener Hahn

Frank Schreiber zaubert in der offenen Küche ausgefeilte Gerichte, mit denen er sich einen festen Platz in den nationalen Gourmet-Ranglisten gesichert hat. Seine Menüs (auch vegetarisch) sind fair kalkuliert. Iris Schreiber serviert dazu beste deutsche Weine. Außerdem: Kulinarische Lesungen mit passendem Drei-Gänge-Menü.
Finsterwalde, Bahnhofstr. 3, Elbe-Elster, Tel. (03531) 22 14, goldenerhahn.com, €€€

Inspektorenhaus

Im schlicht-gemütlichen kleinen Restaurant in der Altstadt bietet Benjamin Döbbel eine bodenständig-moderne Küche mit Anspruch. Das Regionale und Saisonale steht bei Produkten und Zubereitungen wie Tarte von der Esskastanie mit Fichtenstaub oder der geschmorten Keule vom Beelitzer Kaninchen im Mittelpunkt. Gute Weine. An Feiertagen geöffnet.
Brandenburg an der Havel, Altstädtischer Markt 9, Brandenburg an der Havel, Tel. (03381) 328 21 39, inspektorenhaus.de, €€€

Landhaus Alte Schmiede

Küchenchef Dirk Krause pflegt eine bodenständige Regionalküche mit gutem Draht zu umliegenden Erzeugern, die auch preislich auf dem Boden bleibt. Das angeschlossene Hotel bietet individuell gestaltete Zimmer (DZ ab 120 Euro).
Niemegk-Lühnsdorf, Dorfstr. 13, Potsdam-Mittelmark, Tel. (033843) 92 20, landhausalteschmiede.de, €€€

Restaurant Korbbogen

Besonders zwischen Mai und Oktober, der Zeit der Lehniner Sommermusiken, füllt sich das Hotel (DZ ab 121 Euro), das nur wenige Minuten vom Kloster Lehnin entfernt liegt. Im Restaurant mit idyllischem Gastgarten wird regionaltypisch und österreichisch gekocht.
Kloster Lehnin, Friedensstr. 13, Potsdam-Mittelmark, Tel. (03382) 76 50, hotel-markgraf.de/restaurant, €€€

Restaurant Philippsthal

Die gehobene Landhausküche Guido Kachels pendelt freihändig zwischen Jüterboger Strohschwein und mediterranem Oktopus. Das denkmalgeschützte Gasthaus zählt zu den angenehmsten des Berliner Umlands – und wird insbesondere für Hochzeitsfeiern gern gebucht.
Nuthetal OT Philippsthal, Philippsthaler Dorfstr. 35, Potsdam-Mittelmark, Tel. (033200) 52 44 32, restaurant-philippsthal.de, €€€

Schloss Diedersdorf

2000 Plätze zählt der größte Biergarten des Landes, dessen Angebot durch einige Restaurants von deftig-rustikal bis dezent gehoben ergänzt wird. Zimmer im Landgasthof und Suiten im Gutshaus. Für Kinder: Ponyreiten, Spielplatz, Spielschloss. Sonntagsbrunch. Über das Jahr verschiedene Veranstaltungen.
Großbeeren OT Diedersdorf, Kirchplatz 5-6, Teltow-Fläming, Tel. (03379) 353 50, schlossdiedersdorf.de,

Werft

Das Restaurant befindet sich in der großen, stilvoll sanierten Werft am Rande der historischen Altstadt. Die immer mal wieder neu justierte Küche bietet unter dem jetzigen Küchenchef überwiegend internationale Klassiker mit etwas Trendigem. Große Terrasse an der Havel. Barrierefrei.
Brandenburg an der Havel, Hauptstr. 77, Brandenburg an der Havel, Tel. (03381) 328 17 98, werft-brandenburg.de, €€€

Zur Alten Brauerei

Die Alte Brauerei, geführt in der 9. Generation, ist ein echter Klassiker, besonders in der Spargelzeit von April bis Juni. In einem alten Hof mit Fachwerk-Stallungen, erbaut um 1650, bekommt der Gast rustikale regionale Küche.
Beelitz, Mühlenstr. 30, Potsdam-Mittelmark, Tel. (033204) 357 77, zuraltenbrauerei.de, €€€

Übernachten

Elisabeth am See

Wohnen auf 180 Quadratmetern im historischen Backsteinhaus mit Spa-Lounge, modernster Haustechnik, hochwertiger Ausstattung und privater Seeterrasse. Das Haus ist auch ein Ort für wechselnde Kunstausstellungen. Sieben Nächte (Mindestaufenthalt) für bis zu vier Personen 2235 Euro. Auch längerfristige Aufenthalte, Konferenzen, Seminare, Filmdrehs und Fotoshootings sind möglich.
Schwielowsee, Krughof 50, Potsdam-Mittelmark, Tel. (0151) 17 31 95 77, elisabeth-am-see.com,

Haus am Havelbogen

An der Havel gelegenes Architektenhaus im Bauhausstil, das 2010 erbaut wurde und über zwei Ferienwohnungen verfügt. Die Gartenwohnung hat eine großzügige Verglasung zur Terrasse hin, eine Sauna, Parkett und helle Sichtbetonwände. Die Terrassenwohnung im OG verfügt über eine freistehende Badewanne und ist hell und modern gestaltet. Die Wohnungen eignen sich für vier Personen und verfügen über WLAN.
Werder (Havel), Am Havelbogen 7, Potsdam-Mittelmark, Tel. (03327) 78 10, haus-am-havelbogen.de,

Hotel Bollmannsruh

An der Nordseite des Beetzsees liegt das moderne Hotel, eingebettet in einen Naturpark. Es stehen 73 komfortable Einzel- und Doppelzimmer, Junior-Suiten mit Balkon und Seeblick sowie Ferienwohnungen zur Verfügung (Hunde auf Anfrage). Park-Sauna mit Seezugang und Fitnessraum. Golfplatz in der Nähe.
Päwesin, Bollmannsruh 10, Potsdam-Mittelmark, DZ 75,00 - 180,00 Euro, Tel. (033838) 47 90, hotel-bollmannsruh.de,

Pension Landei

Neben gemütlichen Doppelzimmern (ab 59 Euro/Nacht) und einer Ferienwohnung für bis zu vier Personen (ab 69 Euro/Nacht) bietet die Pension auch ein »Strohhotel«. Umgeben von Stroh und Heu verbringt man hier Nächte ohne Schnickschnack (15 Euro/Nacht/Pers., Schlafsack nicht vergessen!).
Beelitz OT Schäpe, Schäpe 4, Potsdam-Mittelmark, Tel. (033204) 400 35, pension-landei.de,

Potsdam

LEGENDE

€€€ .... günstig
€€€ .... moderat
€€€ .... gehoben
.... keine EC-Kartenzahlung
.... Terrasse
.... Außenpool
.... Innenpool
.... Sauna
.... Fitnessraum
.... Hundemitnahme möglich

Freizeit & Kultur

a/e Galerie

Im Galerienzentrum Potsdams in unmittelbarer Nähe zum Potsdamer Kunstverein und der Galerie M des BVBK liegt diese privat geführte Galerie. Sie präsentiert nicht nur zeitgenössische Künstler aus Berlin und der Region, sondern bietet Fotografen aus dem Nahen und Mittleren Osten und seit 2022 aus der Ukraine eine Plattform. Die Galerie ist beim EMOP 2023 dabei und zeigt vom 3. März bis 6. April zum Thema »Carpe diem« 14 Fotografen und Fotografinnen.
Charlottenstr. 13, Tel. (0178) 602 82 10, ae-galerie.de,

Belvedere Pfingstberg

Die zwischen 1847 bis 1863 entstandenen, von der italienischen Hochrenaissance angeregten Aussichtstürme eröffnen einen grandiosen Blick auf Potsdam (Erw. 6 Euro). Im Eintrittspreis enthalten ist auch die Besichtigung der Sonderausstellungen im kleinen Pomonatempel. Der Förderverein Pfingstberg e. V. bietet von April bis Oktober an jedem ersten Sonntag im Monat Führungen an. Unter dem Titel »Kultur in der Natur« gibt es im Sommer zudem verschiedene Kulturveranstaltungen.
Pfingstberg, Tel. (0331) 20 05 79 30, spsg.de

Biosphäre Potsdam

20000 tropische Pflanzen, rund 140 verschiedene Tierarten, eine Lufttemperatur von 23 bis 28 Grad, stündliches Gewitter mit Blitz, Donner und Regen über dem Urwaldsee, ein Wasserfall, das dichte Grün und die exotischen Tiere erzeugen Dschungelatmosphäre. Besucher lernen auf dem Rundgang Wissenswertes zum tropischen Regenwald (Erw. 12,50 Euro).
Georg-Hermann-Allee 99, Tel. (0331) 55 07 40, biosphaere-potsdam.de

Bornstedter Friedhof

Der lange Arkadengang der schmucken Kirche von Schinkel-Schülern führt zu einem der schönsten historischen Friedhöfe Brandenburgs. Hier liegen der »Lange Kerl« Heinrich Wilhelm Wagenführer, der Goethe-Forscher Henry Wood, Hitler-Attentäter Kurt Freiherr von Plettenberg, Museumsgründer Karl Hans Bröhan, Gartenbaumeister Peter Joseph Lenné sowie Architekt Ludwig Persius begraben. Öffentliche Führungen an jedem ersten Samstag des Monats um 14.30 Uhr oder nach individueller Vereinbarung (Anmeldung erforderlich unter Tel. (0178) 4734354).
Ribbeckstr. 40, Tel. (0331) 52 05 68, bornstedter-friedhof.de,

Extavium

Das Extavium erstrahlt nach dem Umbau in neuem Glanz. Hier können Kinder herausfinden, was mit Schokoküssen im Vakuum passiert, wie man seinen Schatten einfriert und wie lange man auf dem Energiefahrrad strampeln muss, um eine Tasse Wasser zum Kochen zu bringen. Auch cool: Wärmebildkamera mit extra großem Monitor und Selfie-Funktion. Mit über 80 Wissenschaftsexponaten in der Mitmachausstellung und einem wechselnden Experimentierkurs-Programm bietet das Extavium viel Spannendes. 2023: themenbezogene Experimentierkurse zum Wissenschaftsjahr »Unser Universum«.
Am Kanal 57, Tel. (0331) 60 12 79 59, extavium.de

Filmpark Babelsberg

Der Ausflug in den Filmpark Babelsberg lohnt sich nicht nur für Sandmännchen-Fans: Man kann etwa eine Bootsfahrt in Janoschs Traumland Panama unternehmen oder die spektakuläre Stuntshow und das 4-D-Actionkino besuchen. Auf dem Freigelände sind angeleinte Hunde erlaubt.
Großbeerenstr. 200, Tel. (0331) 721 27 50, filmpark-babelsberg.de,

Hans Otto Theater

Diese Theaterlandschaft am Wasser liegt in unmittelbarer Nachbarschaft zur Tanzspielstätte Fabrik und dem Waschhaus. Das architektonische Herz ist das Große Haus des Kölner Architekten Gottfried Böhm: viel Glas, viel Licht und wasserseitig eine muschelartige Überdachung. Theatergastronomie: Otto – Essen & Trinken am Theater. Weitere Spielstätten: Reithalle (Schiffbauergasse 16), Reithalle Box, Sommerbühne am Tiefen See.
Schiffbauergasse 11, Tel. (0331) 981 18, hansottotheater.de

Heiliger See

Es soll Touristen gegeben haben, die entgeistert die Polizei riefen, weil sich Nackte am Nordufer des Sees tummelten. In einer Parkanlage am Schloss Cecilienhof! Eine offizielle Badestelle gibt es hier nicht, aber

das kümmert kaum jemanden – und das, obwohl die Wasserqualität im Sommer nicht immer optimal ist.
Am Neuen Garten

Huckleberrys Tour

Hier kann man Flöße mieten, um das Revier rund um Potsdam zu erkunden. Sie sind führerscheinfrei, recht spartanisch eingerichtet, haben aber Koch- und Schlafmöglichkeiten. Weitere Stationen in Brandenburg und Berlin.
Schiffbauergasse 9, Tel. (030) 20 67 49 02, huckleberrys-tour.de,

Marina am Tiefen See

In der Nähe des Hans Otto Theaters liegt Potsdams Marina mit Restaurant, Havelterrasse, Yachthafen, Bootsanleger und Fahrradverleih. Motorboote mit 15-100 PS (mit und ohne Führerschein), komfortable Charteryachten für Bootsurlaube für zwei bis acht Personen, Kajaks und SUP-Boards können hier gemietet werden. Gästefloß mit Terrasse zum Übernachten.
Schiffbauergasse 8, Tel. (0331) 817 06 17, marina-am-tiefen-see.de,

Marmorpalais

Direkt am Ufer des Heiligen Sees gelegen, ist das Marmorpalais das erste innen und außen klassizistisch gestaltete Schloss in Potsdam. Innen wurde die Sommerresidenz Friedrich Wilhelms II. von Carl Gotthard Langhans entworfen. Die Räume des Königs, der Grottensaal und der Konzertsaal wurden umfassend restauriert. Besichtigungen nur mit Führung (Erw. 8 Euro).
Im Neuen Garten 10,
Tel. (0331) 969 42 00, spsg.de

Museum Barberini

Der Software-Milliardär Hasso Plattner hat der Stadt 2017 dieses Kunstmuseum im barocken Barberini-Palais gestiftet. Neben der impressionistischen Sammlung des Stifters zeigt das Museum im Jahr 2023 außerdem: bis 11. Juni »Sonne. Die Quelle des Lichts in der Kunst«, ab 8. Juli »Wolken und Licht. Impressionismus in Holland«. Am 18. November beginnt die Ausstellung »Munch. Lebenslandschaften«. Ratsam: Tickets online kaufen (ab 16 Euro, mit festgelegter Eintrittszeit). Parkmöglichkeiten in der Garage am Hauptbahnhof (siehe S. 132).
Alter Markt/Humboldtstr. 5-6,
Tel. (0331) 236 01 44 99,
museum-barberini.de

Museum Fluxus+

Das Museum für moderne Kunst zeigt in der Dauerausstellung Werke der Fluxus-Bewegung, darunter Arbeiten von Wolf Vostell und anderen zeitgenössischen Künstlerinnen und Künstlern (Erw. 7,50 Euro). Sie umfasst Installationen und Kunstwerke, Korrespondenzen, Fotos, Bücher, Filme und Videos. Zudem gibt es wechselnde Sonderthemen.
Schiffbauergasse 4f,
Tel. (0331) 601 08 90, fluxus-plus.de

Neuer Garten

Der Neue Garten ist der erste englische Landschaftsgarten in Potsdam. Der Gartenarchitekt Johann August Eyserbeck entwarf die Anlage, die sich weniger an der barocken Strenge Sanssoucis orientierte als an der geschwungenen Wegführung englischer Gärten. Peter Joseph Lenné hat die Anlage im 19. Jahrhundert um einige Sichtachsen erweitert. Beim Gang durch den Garten kommt der Besucher unter anderem an der Orangerie, am Schloss Cecilienhof und am Marmorpalais vorbei.
Am Neuen Garten, Tel. (0331) 969 42 00, spsg.de,

Nikolaisaal Potsdam

Das Programm des Konzerthauses reicht vom großen Sinfonieabend über Kammermusiken bis hin zu musikalischen Lesungen, Jazz, Filmlivekonzerten, Weltmusik und Pop. Großen Zuspruch findet auch die Foyerreihe »The Voice in Concert«. Die Musikfestspiele Potsdam Sanssouci finden 2023 vom 9. bis 25. Juni unter dem Motto »In Freundschaft« statt.
Wilhelm-Staab-Str. 10-11,
Tel. (0331) 288 88 28, nikolaisaal.de

Schloss Cecilienhof

Das Schloss im englischen Landhausstil wurde 1913 bis 1917 als Wohnsitz für das letzte deutsche Kronprinzenpaar Wilhelm und Cecilie im Neuen Garten erbaut. Weltberühmt wurde das Schloss aber erst durch die Potsdamer Konferenz im Jahr 1945, das letzte Gipfeltreffen der Anti-Hitler-Koalition von Winston Churchill, Harry S. Truman und Josef Stalin. Die Originaleinrichtung der Konferenzräume ist erhalten (Erwachsene 12 Euro, freie Besichtigung). Die Kronprinzenwohnung ist nur mit Führung zu besichtigen (Erwachsene 8 Euro).
Im Neuen Garten 11,
Tel. (0331) 969 42 00, spsg.de

Schloss Charlottenhof

1825 schenkte Friedrich Wilhelm III. das klassizistische Schloss mit Rosengarten und Landschaftspark seinem Sohn Kronprinz Friedrich Wilhelm (IV.) und dessen Frau Elisabeth. Das einstöckige Haus mit zehn Zimmern gilt es als ein Hauptwerk von Karl Friedrich Schinkel. Besichtigung nur mit Führung (Erw. 6 Euro).
Geschwister-Scholl-Str. 34a,
Tel. (0331) 969 42 00, spsg.de

Schloss Sanssouci

Der Park ist ein weltberühmtes Ensemble von unterschiedlichen Gartenanlagen auf rund 300 Hektar mit zahlreichen Schlössern, allen voran Schloss Sanssouci. 1744 erwarb Friedrich der Große den »wüsten Berg«, einen Hügelzug zwischen Potsdam und Bornstedt, um sich vom Baumeister Georg Wenzeslaus von Knobelsdorff ein Sommerschloss errichten zu lassen. Der Eintritt erfolgt zu festen Einlasszeiten (Erw. 14 Euro). Außerdem sehenswert: die von Ludwig Persius erbaute Friedenskirche, das Neue Palais und die Neuen Kammern sowie die Historische Mühle.
Maulbeerallee, Tel. (0331) 969 42 00, spsg.de

Stadtbad Park Babelsberg

Zwischen Humboldtbrücke und Matrosenhaus, eingebettet in eine der schönsten Parkanlagen Potsdams, liegt am Ufer des Tiefen Sees ein Strandbad (Erw. 5,90 Euro) mit Liegewiese, Sandstrand und sauberem, aber etwas trübem Wasser. Außerdem: Strandkorb-, Sonnenliegen- und Tretbootverleih sowie Imbiss.
Am Babelsberger Park 2,
Tel. (0331) 661 98 34, blp-potsdam.de

Waldbad Templin

Das Strandbad (Erw. 5,90 Euro) liegt wunderschön am Templiner See zwischen Potsdam und Caputh. Es gibt eine große Wasserrutsche, Kleinkindbadeteich mit kleiner Rutsche, FKK-Bereich, Wakeboardanlage, Tretboote, Strandkörbe, Liegenverleih, Umkleiden, Gastronomie und Spielplatz.
Templiner Str. 110, Tel. (0331) 661 98 37, blp.potsdam.de

Weisse Flotte Potsdam

Neben den klassischen Routen wie der »Schlösserrundfahrt« bietet die Weisse Flotte auch Charterfahrten und besondere

Touren wie die »Nächtlichen Schlösserimpressionen« oder die »Brunchfahrt« an. Die Schiffe der Weissen Flotte können auch exklusiv gechartert werden..
Lange Brücke 6, Tel. (0331) 275 92 10, schifffahrt-in-potsdam.de

Wildpark Potsdam

Höfische Tradition und klassische Landschaftsgärtnerei spiegeln sich in dieser Anlage wider, die Peter Joseph Lenné im Auftrag von Friedrich Wilhelm IV. anlegte. Die Häuser der Forstbeamten entwarf Ludwig Persius. Auf dem 875 Hektar großen Areal befindet sich auch eine Waldschule (Im Wildpark 2, (0331) 95130284).
Werderscher Damm

Essen & Trinken

Café Matschke Am Neuen Garten

Unweit des Heiligen Sees speist man hier in Wohnzimmeratmosphäre. Es gibt saisonale Gerichte, hausgebackene Kuchen sowie einige russische Spezialitäten. Im Galeriecafé finden wechselnde Ausstellungen, Konzerte und Lesungen statt.
Alleestr. 10, Tel. (0331) 280 03 59, matschkes-galeriecafe.de,

Confiserie Felicitas

Kunstwerke aus feinster belgischer Rohschokolade erhält man in der Bio-Schokoladen-Manufaktur: Pralinen, Hohlfiguren, individuelle Schokoladenkarten, Trinkschokoladen und auf Bestellung auch Sonderanfertigungen. In der Mitmach-Werkstatt kann man den Chocolatiers bei der Arbeit zuschauen und selbst aktiv werden.
Gutenbergstr. 26, Tel. (0331) 201 24 70, felicitas-schokolade.de

Drachenhaus

Es ist nicht nur für chinesische Touristen ein seltsames Erlebnis, in der sehr europäischen Parkanlage Sanssouci eine Kopie der Ta-Ho-Pagode aus Kanton zu sehen. Aber sie ist nun mal da, und das seit 1770. Heute wird das Drachenhaus gastronomisch genutzt. Alexander Hortig bewirtet seine Gäste mit frischer Küche und besonderem Augenmerk auf regionale Bioprodukte, auch Vegetarisches. Feine Kuchen und Torten.
Maulbeerallee 4, Tel. (0331) 505 38 08, drachenhaus.de, €€€

Gartencafé Uschakoff

Hübsches Gartencafé auf dem Gelände des Museums Alexandrowka, auch ohne Museumsticket zugänglich.
Alexandrowka/Russische Kolonie 2, Tel. (0157) 50 97 46 52, alexandrowka.de,

Kneipe Hafthorn

Sympathische Hinterhofkneipe im Holländerviertel, spärlich von Kerzen und Lampen erleuchtet. Das junge, zuweilen lebhaft diskutierende oder flirtende Publikum schätzt die Snacks, kleinen Speisen und selbst gemachten Burger. Es gibt sechs verschiedene Biere vom Fass sowie monatlich wechselnde Speisen- und Bier-Specials. Lauschiger Sommer-Biergarten.
Friedrich-Ebert-Str. 90, Tel. (0331) 280 08 20, hafthorn.de,

Kochzimmer

Schlicht-stilvolles Bistro mit hohem Anspruch. Küchenchef David Schubert hat den Michelin-Stern aus der Beelitzer Zeit längst zurück. »Neue Preußische Küche« heißt das Konzept, das für kleinteilige, genau abgestimmte Gourmet-Gerichte steht, die aber mit der Region nichts zu tun haben. Gute Weine, sehr präsenter Service. Versand von Sterne-Menü-Boxen (kochzimmer.shop).
Am Neuen Markt 10, Tel. (0331) 20 09 06 66, restaurant-kochzimmer.de, €€€

Lewy

Wenige Meter von der belebten Fußgängerzone Potsdams entfernt liegt dieses sympathische Wein-Bistro, das stets mindestens 24 offene Weine bietet. Die monatlich wechselnde Speisekarte bietet etwa Klassiker wie geschmorte Ochsenbäckchen mit gerösteten Rübchen und Kartoffel-Steinpilz-Mousseline. Serviert werden auch Weinbegleiter wie französische und italienische Rohmilchkäse sowie diverse Antipasti.
Dortustr. 17, Tel. (0331) 200 88 02, lewy-potsdam.de, €€€

Maison Charlotte

Ein französisches Landgasthaus im Holländerviertel – in Potsdam kein Paradox. Das Maison konzentriert sich ganz auf französische Klassiker und bietet etwa in einem dreigängigen »Menu Classique« gebratene Stopfleber, Rinderfilet oder Atlantiksaibling und Crème brûlée. Ordentliche französische Weinkarte, im Winter prasselt das Feuer im Kamin.
Mittelstr. 20, Tel. (0331) 280 54 50, maison-charlotte.de, €€€

Meierei Brauhaus

Der Biergarten bietet einen der schönsten Blicke über den Jungfernsee, das hausgebraute Bier schmeckt, die bodenständige Küche ist gut und bezahlbar. Saisonal gibt es verschiedene Biersorten wie Potsdamer Schwarze und Berliner Weiße.
Im Neuen Garten 10, Tel. (0331) 704 32 11, meierei-potsdam.de,

Mikes Heimatküche

Überraschung am Stadtrand: Auf der Rückseite eines modernen Geschäftshauses bietet Mike Waesche eine handwerklich grundsolide, moderne deutsch-mediterrane Küche mit kleinen Seitenblicken in Richtung Gourmet – großartig sind vor allem die Maultaschen. Herzlicher Service durch Natalie Lämmle, kleine Terrasse im Hof.
Potsdamer Chaussee 12, Tel. (033201) 24 98 06, mikesheimatkueche.de, €€€

Restaurant Zweihunderteins

Restaurant mit viel Atmosphäre im denkmalgeschützten S-Bahnhof Griebnitzsee, nur ein paar Schritte vom See entfernt. Junge heimische Küche mit internationalen Einflüssen. Im Sommer lockt der Biergarten unter Eichen mit Blick auf den Griebnitzsee.

Rudolf-Breitscheid-Str. 201,
Tel. (0331) 70 44 80 02,
zweihunderteins.com, €€€

Schloss Kartzow

Im Gutshaus auf halber Strecke zwischen Nauen und Potsdams Innenstadt kann man tagen, stilvoll heiraten und angenehm wohnen (DZ ab 160 Euro) – oder einfach nur gut essen. Gekocht wird modern, Menü wechselt alle 14 Tage. Unbedingt reservieren.
Kartzower Dorfstr. 16,
Tel. (033208) 232 30, schloss-kartzow.de,
€€€

Zanotto

Mitspieler in der italienischen Oberliga. Der recht eigenwillige Chris Zanotto will mehr als die übliche deutsch-italienische Einheitsküche bieten. Für 59 Euro gibt es ein opulentes Menü aus einer bunten Vielzahl warmer und kalter Vorspeisen. Dabei kommen natürlich auch seine Klassiker wie Büffelmilchburrata mit Grimaldi-Tomaten, Risotto, Lasagne und andere Gerichte aus handgefertigter Pasta sowie frisch gebackenes Brot auf den Tisch.
Dortustr. 53, Tel. (0157) 52 42 43 04,
daszanottopotsdam.de, €€€

Zur Historischen Mühle

Schon zur Kaiserzeit war die Historische Mühle ein beliebtes Ausflugslokal. Heute betreibt Mövenpick das lichtdurchflutete Restaurant samt hauseigener Konditorei, Café und großer Sommerterrasse, das auch Catering anbietet. Ein schöner Biergarten ist ebenso vorhanden wie ein Spielplatz. Auch vegetarische, vegane und Kindergerichte.
Zur Historischen Mühle 2,
Tel. (0331) 28 14 93,
moevenpick-restaurants.com/sanssouci,
€€€

Naturkundemuseum Potsdam

Mehr als 400000 Sammlungsobjekte aus der Brandenburger Tierwelt beherbergt das Naturkundemuseum Potsdam im ehemaligen Ständehaus der Zauche (Erw. 4 Euro). Vieles davon ist in den Dauerausstellungen »Tierwelt Brandenburgs« und »Tiere im Garten« zu sehen. Es gibt einen neuen Vogelsaal mit Aussichtsplattform zum »Beobachten« von 25 brütenden Vogelarten. Highlight ist die Darstellung eines Kranichbrutplatzes im Erlenbruch sowie ein Balzplatz der Großtrappe, die deutschlandweit nur in Brandenburg und Sachsen-Anhalt vorkommt. Die Schau »In der Spur des Menschen – Biologische Invasionen« zeigt, wie fremde Tier-, Pilz- und Pflanzenarten auf Ökosysteme wirken. Sonderausstellung: »SUS 100 – Mensch verändert Schwein« (bis Aug. 2023).

Breite Straße 13, Tel. (0331) 289 67 07,
naturkundemuseum-potsdam.de

Übernachten

Design Apartments Potsdam

Inmitten des Holländischen Viertels bietet dieses denkmalgeschützte und behutsam in die Moderne sanierte Ensemble elf individuell gestaltete und stylisch eingerichtete Apartments für jeweils bis zu sechs Personen; Garten- und Wintergartennutzung für alle (ab 120 Euro/Nacht).
Kurfürstenstr. 15, Tel. (0331) 20 16 58 40,
designapartments-potsdam.de,

Inselhotel Hermannswerder

Die ruhige Lage auf der Insel Hermannswerder mit prächtigem Blick auf den Templiner See ist ein großes Plus dieses Hotels im eleganten Neobarock der Neunzigerjahre. Sauna und Innenpool vorhanden, im Sommer kann man im See oder im Außenpool baden. Die Küche bietet modern-internationale Klassiker mit regionalen Einflüssen.
Hermannswerder 30, DZ 175 – 315 Euro,
Tel. (0331) 232 00, inselhotel-potsdam.de,

Landhotel Potsdam

Ausgezeichnet als »Gastgeber des Jahres 2023« in Potsdam, nur etwa drei Kilometer vom Park Sanssouci entfernt: Die 58 Zimmer und Suiten sind top ausgestattet. Die Master Suite hat eine eigene Terrasse. Auch Zimmer für Allergiker und Gäste mit Handicap vorhanden. Dazu ein Wellnessbereich mit Sauna und Infrarotkabine – Massagen auf Anfrage buchbar. Im Restaurant serviert man moderne Regionalküche, auch ein vegetarisches Menü.
Reiherbergstr. 33, DZ 109 – 130 Euro,
Tel. (0331) 60 11 90, landhotel-potsdam.de,

Zimmer mit Ausblick

Mitten im Weltkulturerbe gelegen, umgeben von drei Schlössern, dem Babelsberger und Glienicker Park bieten vier Apartments (90 bis 125 Euro/2 Pers.) und ein Doppelzimmer einen wunderbaren Ausblick. Eigener Garten mit Obstbäumen. Potsdamer Innenstadt sowie Badestellen sind mit dem Rad schnell zu erreichen. Weitere sechs Apartments im »parkchâlet potsdam« (Louis-Nathan-Allee 9, 110-255 Euro, parkchalet-potsdam.de).
Lankestr. 2, DZ 60 Euro,
Tel. (0160) 157 10 11,
zimmer-mit-ausblick.net,

Impressum

Tagesspiegel Brandenburg 2023

Herausgeber
Lorenz Maroldt, Christian Tretbar

Themenspeziale und Magazine
Andreas Mühl (Ltg.), Lars Laute

Head of Visual
Thomas Weyres

Artdirektion Axel Völcker, redaktionundgestaltung.de

Redaktion
Heike Gläser (Ltg.), Bettina Homann, Jan Oberländer

Autor:innen
Tilman Birr, Lydia Brakebusch, Felix Denk, Oliver Gerhard, Heike Gläser, Tabea Hertzog, Bettina Homann, Hella Kaiser, Susanne Kippenberger, Susanne Leimstoll, Daniela Martens, Julian Marx, Michael Pöppl, Kirsten Riesselmann, Antje Scherer, Lena Schneider

Bildredaktion
Axel Völcker, Maren Haupt

Fotograf:innen und Illustrator:innen
Tilman Birr, Daniela Bustamante, Espen Eichhöfer, Marcus Glahn, Malte Jäger, Marlene Gawrisch, Kitty Kleist-Heinrich, Karolin Klüppel, Tanya Korniichuk, Madlen Krippendorf, Marzena Kubatz, Julia Nimke, Maria Schiffer, Axel Völcker

Korrektorat Sindy Hübsch

Verlag
Verlag Der Tagesspiegel GmbH
Askanischer Platz 3, 10963 Berlin
www.tagesspiegel.de

Geschäftsführung
Gabriel Grabner, Ulrike Teschke

Verlagsleitung
Philipp Nadler (Vermarktung), Tatjana Polon (Magazine), Caspar Seibert (Vertrieb)

Verkaufsleitung Magazine
Mark Kohne

Key Account/Anzeigenverkauf
Stefan Haase
Tel. 030 290 21 - 155 42
stefan.haase@tagesspiegel.de

Produktionsleitung Marco Schiffner

Herstellungsleitung Daniela Weber

Layout und Produktion
Giuseppe Fraterrigo, Sabine Miethke, Christian Renner

Bildbearbeitung
Giuseppe Fraterrigo, Sabine Miethke

Kartenmaterial Christian Renner

Druck Walstead Kraków Sp. z o.o.

Abo- und Leser:innenservice
Tel. 030 290 21 - 502,
Fax 030 290 21 - 599
leserservice@tagesspiegel.de

Redaktionsschluss
14. Februar 2023

ISBN 978-3-948178-46-8

Bildnachweise

Cover Axel Völcker
S. 3 Axel Völcker
S. 4 – 5 Malte Jäger, Julia Nimke, Maria Schiffer, Oliver Gerhard (2), Madlen Krippendorf, Carolin Klüppel, Marcus Glahn, Daniela Bustamante, Helge Mundt
S. 6 – 7 Oliver Gerhard
S. 8 – 9 Martin Krüger
S. 10 – 11 Tanya Korniichuk
S. 12 Privat, Tanya Korniichuk, Malte Jäger, Marc Zemann
S. 14 – 21 Tanya Korniichuk
S. 22 Marcus Glahn
S. 24 – 27 Malte Jäger
S. 28 – 29 Axel Völcker
S. 30 – 31 Malte Jäger
S. 32 – 33 Axel Völcker
S. 34 – 39 Espen Eichhöfer
S. 40 – 49 Marcus Glahn
S. 50 – 51 Sebastian Gabsch, Promo (4)
S. 52 Promo
S. 54 – 63 Marlene Gawrisch
S. 64 – 71 Julia Nimke
S. 72 – 79 Daniela Bustamante
S. 80 – 85 Promo (4), Rainer Gottwald, Harry Müller (2), Bernd Borchardt (2), Anja und Rolf Dau (2), Michael Kromat (2)
S. 86 – 95 Maria Schiffer
S. 96 – 97 Daniela Bustamante
S. 98 Madlen Krippendorf
S. 100 – 109 Oliver Gerhard, Steffen Heiber (1)
S. 110 – 117 Madlen Krippendorf
S. 118 – 127 Oliver Gerhard
S. 128 – 129 Promo, Getty Images (2), Mauritius Images (2)
S. 130 Lukas Spörl
S. 132 – 139 Helge Mundt (2), Ladislav Zajac (2), PR Bundesregierung (1), Henry Baleszeskul (1), David von Becker (1), Stan Douglas (1), Monika Geilsdorf/Mausolf/VG Bild Kunst Bonn (1), Elias Franke (1), Doreen Reichenbach (2), Sören Stache (1)
S. 140 – 147 Marzena Skubatz
S. 148 – 155 Carolin Klüppel, Erik-Jan Ouwerkerk (1), Kitty Kleist-Heinrich (1)
S. 156 – 157 Peter Diercks (1), Janina Kuhrts (1), Hans-Jürgen Siebert (1), Matthias Creutziger (1), Rüdiger Böhme (1)
S. 163 Patrick Hipp
S. 169 Promo
S. 173 Florian Profitlich
S. 179 Malte Jäger
S. 185 Uwe Tölle
S. 191 Promo
S. 194 Tilman Birr

Warnung vor dem Hunde

TEXT UND FOTO **TILMAN BIRR**

Welches ist das gefährlichste Tier Brandenburgs? Nein, weder Wolf noch Wildschwein noch Elch. Es ist der Hund. Jedenfalls wenn man Brandenburger Eigenheimbesitzern glauben darf. In anderen Gegenden der Welt warnen Schilder vor Skorpionen, Giftschlangen oder Krokodilen. In Brandenburg dagegen hängen an den Zäunen und Gartenpforten Warnungen vor domestizierten Nutztieren, die angeblich ausnahmslos gefährlich, militärisch gedrillt und ziemlich schlecht gelaunt sind.

Dabei zeigen die Halter große Kreativität. Vorbei sind die Zeiten, in denen es im Baumarkt nur fünf solcher Schilder zur Auswahl gab, meist in altertümelnder Sprache: »Warnung vor dem Hunde« oder sogar »Cave canem« – Letzteres würde heute nur noch humanistisch gebildete Pullunderträger mit randlosen Brillen abschrecken, anders gesagt: außerhalb von Wilmersdorf unverständlich.

Aber heute, da sich jeder mit ein paar Klicks ein Schild designen kann, haben sich auch die Warnungen diversifiziert, ja sogar in Drohungen verwandelt. So lesen wir dort zum Beispiel: »Achtung, pflichtbewusster Wachhund. Er wird kommen!« Und falls der Leser nicht wissen sollte, wie ein Hundekopf aussieht, ist daneben noch einer abgebildet. Auf manchem Schild spricht sogar der Hund selbst zu uns: »Ich brauche fünf Sekunden bis zur Tür. Und Du?« Oder: »Ich wohne hier, du nicht.« Der mürrische Ton lässt vermuten: Hier hört ein Hund auf einen Menschen, auf den sonst niemand mehr hört.

Am meisten hat mich aber dieses Schild geängstigt. Rot auf weiß steht hier in klarer Typografie: »Vorsicht, Herdenschutzhund! Bitte Abstand halten«. Das macht klar: Hier wird es ernst. Kein Bild, kein lauer Witz, keine Drohung, die so aufgeblasen daherkommt, dass man sie ohnehin nicht ernstnehmen kann.

Zunächst dachte ich, ein Herdenschutzhund sei ein neurotischer, ständig kampfbereiter ADHS-Köter, der stundenlang im Kreis um seine Herde rennt und alles anbellt, was sich bewegt. Doch eine kurze Internetrecherche klärte mich auf: Der Herdenschutzhund ist grundsätzlich friedlich und liegt sogar meistens dösend in seinem Revier. Bei Gefahr kann er sich jedoch blitzschnell in einen imposanten Verteidiger seines Territoriums verwandeln. Fremden gegenüber ist er deshalb abwartend, zurückhaltend und misstrauisch. Ist der Herdenschutzhund damit nicht ein Spiegelbild des Brandenburgers? Was für ein Schild sollte man in Brandenburg denn sonst an den Zaun hängen? »Vorsicht, Schnatterente – sie wird dich totquatschen«? Das wäre wohl eher etwas für Baden-Württemberg.

Ein Haustier ist in Brandenburg eben mehr als nur ein Haustier, es ist eine Erweiterung der Identität. Vielleicht wird man ja in meiner Friedrichshainer Nachbarschaft diesem Beispiel bald folgen. Ich schlage diesen Text vor: »Achtung, selbstbezogene Katze. Sie wird dich ignorieren.«